우리는
기업
문화
를 만들어 가는 중입니다

븜른
바라보다

우리는 기업문화를 만들어가는 중입니다.

초판발행 2023년 7월 12일

지은이 기고만장 필진 / **펴낸이** 김범석
펴낸곳 바라보다 / **주소** 서울 송파구 위례성대로 10길 17
전화 02-432-0405
등록 제2023-000024호 / **ISBN** 979-11-983660-0-9(13320)

책임편집 김범석 / **기획** 박병관 / **편집** 김범석, 박혜민, 한진규
디자인 표지 금미향 / **내지** 인투 / **전산편집** 인투
영업 윤민혁 / **영업기획** 안동현

홈페이지 http://baravoda.com / **이메일** baraboda360@naver.com

저작권법에 의해 보호를 받는 저작물이므로 무단 복제 및 무단 전재를 금합니다.
잘못된 책은 구입하신 서점에서 교환해 드립니다.

우리는
기업
문화
를 만들어 가는 중입니다

봄름
바라보다

이 책의 내용을 작성한 30인의 필진 (ㄱ, ㄴ, ㄷ 순)

1 김문규_ 신뢰할 수 있는 우습지도, 어렵지도 않은 HR담당자가 되고자 합니다.

2 김빛나_ 함께 일하는 사람들의 성장을 지원하고 좋은 문화를 위해 고민하는 자칭 '은은한 열정녀'입니다.

3 김윤성_ 사람과 사람, 경험과 경험, 일과 일을 연결할 때 즐거움을 느끼는 조직문화 담당자입니다. 스타트업부터 대기업까지 다양한 규모에서 조직문화를 경험했고, HRBP로 성장 중입니다.

4 김인수_ HR 현장 경험을 바탕으로 주위 사람들에게 꿈과 희망을 줄 수 있는 HRer가 되고자 합니다.

5 김진호_ 리더/구성원의 성장을 지원하는 성장 Designer 역할을 하고 있습니다.

6 문정현_ HR인사 채용 분야의 전문가로 성장하고 있습니다.

7 민태식_ 핀즐의 일당백 제너럴리스트입니다.

8 박다인_ '우리'와 '성장'의 연결에 집중하는 HRDer입니다.

9 방성환_ 대기업과 스타트업을 오가며 더 나은 인사제도와 조직문화를 만들기 위한 도전을 하고 있습니다.

10 백승일_ 중형선박 분야 세계 1위 기업인 현대미포조선에서 기업문화팀을 맡고 있습니다.

11 성호경_ 프랜차이즈 산업군에서 채용과 조직문화를 시작으로 현재 HR 전반을 담당하고 있습니다.

12 송기욱_ 구성원들의 육성과 다른 회사는 따라올 수 없는 경쟁력있는 조직문화를 만드는 일을 합니다.

13 송민호_ 대기업부터 스타트업까지 다양한 산업과 규모에서 구성원들과 함께 좋은 문화가 이끄는 회사를 만들어가고 있습니다.

14 송지은_ 사람들의 삶과 조직을 가치있고 행복하게 만드는 인적자원개발 전문가를 꿈꿉니다.

15 심광수_ '글은 쓰고 인생은 달다'. 회사와 일상의 다양한 소재를 씹고 되새기며 저작(著作)근만 발달한 마케터입니다.

16 **오용석_** 삼성중공업 인사기획팀을 거쳐, SAP Korea 최고문화전문가로 재직중입니다. 정부 인사혁신처 정책자문위원, 46개 전부처 근무혁신 평가위원으로도 활동 중입니다.

17 **윤석원_** 대기업부터 스타트업까지, HRD에서 OD&OC로 행복한 성장을 추구합니다.

18 **윤소라_** 현대모비스 연구소 구성원들이 즐겁게 성장하며 일할 수 있는 조직문화를 만들고 있습니다.

19 **윤현식_** 자동차 제조업 채용담당자를 시작으로 이커머스 회사를 거쳐 현재 IT 플랫폼 회사의 ER담당자로 약 10년간 일하고 있습니다.

20 **이대근_** 공기업에서 30년 직장생활 동안 다양한 혁신에 도전한 후 경영지도사 활동을 하고 있습니다.

21 **이선민_** 문화를 변화시키는 경험을 문화담당자들과 함께 나누고자 합니다.

22 **이영호_** SK그룹 최초, 국내 최대 규모의 장애인표준사업장 인사담당자입니다. 구성원과 함께 어울림이 즐거운 사회를 만들고 있습니다.

23 **이종찬_** 따뜻한 마음, 진실된 태도, 업무적 전문성을 갖춘 HRDer이고 싶습니다.

24 **이주헌_** 일이 되게끔 해답을 함께 찾아가는 인사담당자 입니다.

25 **이찬샘_** 구더기 무서워도 장 과감하게 담그는 편입니다.

26 **장지혜_** 기업교육 컨설턴트로 일하며 구성원들의 변화 공감을 돕는 인터널 커뮤니케이션을 연구합니다.

27 **최상명_** 다양한 분야의 HR 경력을 바탕으로 계속해서 발전하고 새로운 것에 도전하는 것을 가치로 삼고 있습니다.

28 **최지훈_** 기업의 컬처 시그니처를 기반으로, 감성과 지성을 갖춘 조직문화를 만들고, 구성원들의 꿈을 함께 이뤄가는 HRer 입니다.

29 **허은아_** 진정성 담은 고민으로 때로는 치열하게 논의하며 조직과 성장해 나가는 과정을 함께 합니다.

30 **홍기훈_** 성과 창출 컨설턴트가 되고자 하는 '빨간 열정'입니다.

머리말

"좋은 기업문화는 뭐라고 생각하세요?"

커뮤니티를 운영하며 수 많은 분들에게 질문해보면 본인이 경험한 회사의 규모와 직무에 따라 답변이 상이했다. 실제로는 답변을 망설이는 분들이 과반수를 차지했다.

곰곰이 생각해보면 우리가 '기업문화', '조직문화' 키워드에 대해 진지한 고민을 시작한지 오래되지 않았기 때문일 것 같다. 형성하고 싶은 기업문화의 방향을 정하지 못한 상황에서 단기간에 결과물을 찾다보니, 글로벌 기업의 사례를 벤치마킹하는 기업이 많아 보였다. 그리고 사내에 적용하는 과정에서 실패하는 경우가 많았다.

평소 좋은 기업문화는 결과가 아닌 과정이 아닐까라는 생각을 했다. 우리가 처한 사회문제부터 기업의 현황, 개개인의 성향을 놓고 꾸준히 고민해야 한다고 생각했다. 그래서 일하기 좋은 직장을 만들고 싶어하는 동료들과 소통하며 함께 고민하는 장을 만들고 싶었다. 그 결과 기고만장(기업문화를 고민하는 만인의 장)이 생겨나게 되었다.

이번 책도 기고만장에 있는 2,000명 넘는 담당자들이 '2023년 조직문화'라는 키워드를 두고 현업에서 고민하는 내용을 설문한 결과 '일하는 방식'이라는 키워드가 나와서 그것을 중심에 두고 기고만장 내에서 필진을 모집하며 결과물이 나오게 되었다. 그렇기 때문에 챕터1에서는 '일하는 방식 현재 모습'이라는 주제로 현업의 담당자분들이 본인 회사의 현재 모습이 보여지기까지의 과정을 담을 수 있었다. 흔히 언론이나 외부 HR매거진에서는 결과물에 집중한 모습이 다뤄진다면 우리는 그 결과물이 나오기까지 과정을 치열하게 고민한 담당자들이 작가이기 때문에 가능한 결과인 것 같다.

챕터 2에서도 '실무자가 말하는 일하는 방식의 변화'라는 주제로 내용이 이어지고 있는데, 여기서 강조하고 싶은 포인트는 '실무자가 말하는'이다. 실무자는 현장에서 실시간으로 느끼는 부분이 이론가나 학자들과 다른 부분이 있기 때문이다. 본인이 몸담고 있는 업의 특수성도 반영되어 있을 것이고, 조직문화적 특수성도 존재하기 때문이다.

챕터 3에서는 '일하는 방식 구축 과정 사례'를 담아봤다. 챕터 4에서 다루고 있는 '담당자가 바라보는 일하는 방식의 영향력'의 근거가 되는 챕터라고 볼 수 있다. 현업에서 일하는 방식을 다양한 형태와 고민으로 만들어본 담당자들이 모여 스터디하고 고민한 만큼 챕터 3과 챕터 4의 연계성은 이 책의 또 다른 재미라고 자부한다.

'뭉치면 힘이다.'

모임을 처음 만들면서 자주 쓰던 슬로건이다. 아직 체계적이지도 않고, 부족한 게 많은 커뮤니티에 2,000명이 넘는 담당자분들은 왜 참여했을지 자문해본다. 그에 대한 나의 답은 희망하는 방식은 다르겠지만, 학습하며, 함께 경험을 나누고 싶었다고 생각한다.

기고만장은 이러한 니즈들을 바탕으로 다양한 경험을 이끌어낼 수 있는 프로젝트들을 준비하고 있으며, 우리에게 긍정적인 영향을 주었으면 한다.

마지막으로 커뮤니티에서 상호 배려해주시고, 모임에 참여하여 경험을 나눠주셔서 감사드리며, 책 출간에 참여해주신 모든 분들에게 감사의 말씀을 전하고 싶다.

기고만장 운영자 박병관 올림
bkpark2k@naver.com

목차

Part 01 일하는 방식 현재모습

CHAPTER 01_ 일하는 방식과 조직문화 / 14

CHAPTER 02_ 성.확.행 – 성장은 확실한 행복 / 23

CHAPTER 03_ GC녹십자가 일하는 방법 G Culture / 30

CHAPTER 04_ Fun 문화, 수평적인 조직문화가 무엇일까? / 40

CHAPTER 05_ 핀즐의 일하는 방식 / 46

CHAPTER 06_ 자회사형 장애인 표준사업장은 어떻게 일하고 있을까? / 54

CHAPTER 07_ 일하는 방식? 주인 의식도 조직문화의 일환이다 / 65

CHAPTER 08_ After 코로나 시대, 폭포수(Waterfall)에서 애자일(Agile)까지 / 72

Part 02 실무자가 말하는 일하는 방식의 변화

CHAPTER 01_ 일하는 방식의 변화에 대한 제언 / 82

CHAPTER 02_ 일하는 방식 구축부터 변화관리, 3가지만 알면 끝 / 88

CHAPTER 03_ 일하는 방식과 관련된 견해 / 94

CHAPTER 04_ 일하는 자세와 방식, 본질을 어떻게 찾아갈 것인가? / 100

CHAPTER 05_ 4차 산업혁명 시대에 부합하는 학습조직 / 109

CHAPTER 06_ 조직문화 담당자는 경험에 집중한다 / 118

CHAPTER 07_ 관료화 조직의 조직문화와 일하는 방식의 혁신에 대하여 / 128

CHAPTER 08_ 40여년의 제조회사에서 [ㅇㅇ님 화나지 않게 하는 방법] 만들기 / 136

Part 03 일하는 방식 구축 과정 사례

CHAPTER 01_ 조직문화는 사업전략과 함께 진행될 때 앞으로 전진한다 / **146**

CHAPTER 02_ 'HR 혁신, 중요한 것은 서로에게 스며드는 것' / **154**

CHAPTER 03_ 일의 의미를 찾는 과정, 잡크래프팅 직접 설계하기 / **161**

CHAPTER 04_ 바보야, 문제는 시스템이야! / **167**

CHAPTER 05_ "목표가 살아 숨쉬는 조직 만들기 – 기억'하게' 하지말고 기억'나게' 하자" / **176**

CHAPTER 06_ 좋은 동료로 가득한 SK브로드밴드의 기업문화를 소개합니다! / **180**

Part 04 담당자가 바라보는 일하는 방식의 영향력

CHAPTER 01_ 직원 몰입도 향상을 위한 Culture Transformation / **196**

CHAPTER 02_ Culture Signature / **204**

CHAPTER 03_ 엔터키의 무게 / **212**

CHAPTER 04_ 팬데믹 상황에서 찾아보는 조직 커뮤니케이션의 키 / **220**

CHAPTER 05_ 실제로 작동하는 조직문화 만들기 / **230**

CHAPTER 06_ 조직문화 전략은 곧 일하는 방식을 변화시키는 것 / **237**

CHAPTER 07_ 핵심가치는 조직에서 어떤 의미를 갖는가. / **244**

CHAPTER 08_ 우리가 '함께' 일하고 성장하는 법 / **257**

Appendix 일하는 방식을 고민하는 다양한 서비스

CHAPTER 01_ 오비스, 기업의 일하는 방식에 영향을 주는 HR 서비스 / **266**

CHAPTER 02_ 현직 HR담당자가 같이 만든 AI 채용 솔루션 '뷰인터HR' / **271**

CHAPTER 03_ 그래버HR을 왜 만들었을까?(적합한 일자리, 적합한 인재) / **277**

PART 01
일하는 방식 현재모습

CHAPTER 01_ 일하는 방식과 조직문화

CHAPTER 02_ 성.확.행 – 성장은 확실한 행복

CHAPTER 03_ GC녹십자가 일하는 방법 G Culture

CHAPTER 04_ Fun 문화, 수평적인 조직문화가 무엇일까?

CHAPTER 05_ 핀즐의 일하는 방식

CHAPTER 06_ 자회사형 장애인 표준사업장은 어떻게 일하고 있을까?

CHAPTER 07_ 일하는 방식? 주인 의식도 조직문화의 일환이다

CHAPTER 08_ After 코로나 시대, 폭포수(Waterfall)에서 애자일(Agile)까지

CHAPTER 01 일하는 방식과 조직문화

윤현식

자동차 제조업 채용담당자를 시작으로 인사/복지제도 운영, 인사기획, 조직문화 업무를 수행해 왔으며, 이후 이커머스 회사를 거쳐 현재 IT 플랫폼 회사의 ER담당자로 약 10년간 일하고 있습니다.

현재는 구성원들이 어떻게 하면 일터에서 몰입할 수 있는 환경을 만들어 줄 수 있을지 고민하고 이야기를 들어보고 해결책을 찾는 역할을 하고 있습니다

"우리는 왜 일을 하는가?"라는 질문에는 각자의 환경에 따라 다른 대답이 있을 수 있습니다. 하지만 인간이 먹고 살기 위해서는 돈이 필요하며, 이를 위해서는 일을 해야 한다는 것은 누구나 인정할 수 있는 사실입니다. 때로는 운이 좋아 로또나 코인으로 대박을 치면 일하지 않아도 먹고 살 수 있는 경우도 있지만, 대부분은 먹고 살기 위해서 일을 해야 합니다. 그러나 이러한 1차원적인 이유만으로는 동기부여가 어렵습니다. 일을 계속해야 한다면, 적어도 일에서 재미를 찾거나 얻을 수 있는 것이 있어야 합니다.

이것을 회사 생활과 연결해보면, 사람들은 일을 하기 위해 회사에 출근하며, 회사는 그 일에 대한 대가로 월급을 지급합니다. 이를 통해 사람들이 일하기 위해 필요한 1차원적인 이유인 돈을 얻을 수 있습니다. 그러나 회사에서는 월급 이외에도 구성원들이 동기부여를 받고 몰입하여 일할 수 있도록 할 수 있는 다른 방법이 있을까요? 이 질문은 많은 회사들이 고민하는 '일하기 좋은 회사 만들기'의 궁극적인 목적이 아닐까 생각합니다. 제가 HR 분야에서 10년 동안 경험한 바를 토대로, 일하기 좋은 회사란 어떤 곳인지 이야기해 보려고 합니다.

1 심리적 안정감	2 경쟁보단 협력	3 일과 삶의 균형
• 경영진의 솔선수범 • 잡담은 경쟁력 • 구성원을 신뢰	• 리더의 권한위임 • 경쟁보단 협력 • 부서 간 이기주의 지양	• 소정근로시간 줄이기 • 근무장소의 자율

심리적 안정감이 있는 회사

　최근에 읽은 "두려움이 없는 조직"이라는 책에서 처음으로 "심리적 안정감"이라는 용어를 접했습니다. 이 책의 저자는 심리적 안정감을 "구성원이 업무와 관련해 어떤 의견을 제기하더라도 벌을 받거나 보복당하지 않을 것으로 믿는 조직 환경"이라고 정의했습니다. 탁월한 성과를 내기 위해서는 조직의 위계나 관계와 무관하게 누구든지 자유롭게 의견을 제시할 수 있는 환경이 필요합니다. 이상적인 조직문화를 가진 회사가 실제로 존재하는지 의문이 들지만, 심리적 안정감이 높은 회사에서 일한다면 일할 맛이 날 것입니다. 따라서, 과거 근무한 회사와 현재 근무중인 회사가 심리적 안정감이 있는 조직문화를 갖춘 회사였는지 확인해 보았습니다.

　첫 직장은 50년 이상의 업력을 지닌 제조업 대기업이었습니다. 나이가 많은 상급자들이 많았기 때문에 팀장들과의 경력차이는 20년 이상이었습니다. 그래서 모든 업무는 수직적으로 하달되었습니다. 상급자가 원하는 방향으로 맞추어 일을 하는 것이 중요한 능력이었고, 상급자가 이해하기 쉬운 보고서를 작성하는 것이 중요한 역량이 되었습니다. 이러한 조직문화에서는 솔직하게 자신의 의견을 말하기 어렵고, 상급자와의 심리적 거리감이 커지기 쉬웠습니다. 더 나은 방향성을 제안하는 대신 상급자의 생각에 맞추어 업무를 진행해야 했습니다. 상급자의 지시가 올바르게 내려졌다면 다행이지만, 그렇지 않은 경우에는 옳은 방향성을 제안하는 것이 어려워집니다.

현재 근무 중인 회사는 IT 플랫폼 회사입니다. 이 회사는 대외적으로 굉장히 조직 문화가 건강하고 수평적인 회사로 알려져 있습니다. 입사할 때부터 많은 기대를 가졌는데, 실제로도 기대 이상으로 심리적 안정감이 높은 회사입니다. 예를 들어, 슬랙이라는 전사 공통 메신저를 활용하여 어떤 이야기든 자유롭게 의견을 나눌 수 있으며, 전사 구성원 전체가 참여하는 채널에서도 자유롭게 대화를 나눌 수 있습니다. 심지어 이모지를 사용하거나 농담을 해도 누구도 비난하지 않는 분위기가 조성되어 있습니다. 예를 들어 누군가 그 전사 채널에 실수로 "1"란 숫자를 입력했다면 그 밑에 2, 3, 4, 5 …. 이렇게 쭉 댓글이 달립니다. 그리고 대표님의 얼굴을 캡처해서 이모지로 만들기도 하고 조직장을 놀림감으로 사용하기도 합니다.

이렇게 심리적인 안정감이 있을 수 있는 이유를 살펴보면 다음과 같습니다.

1. 경영진이 솔선수범하여 구성원들과 심리적인 거리감을 좁히기 위해 노력한다.

조직문화에 가장 큰 영향을 끼치는 계층이 리더들이기 때문에, 경영진이 구성원들과 심리적 거리감을 좁히기 위해 노력하지 않으면 심리적 안정감이 있는 조직문화를 만들기 어렵습니다. 다른 회사의 좋은 조직문화 사례를 가져온다고 하더라도, 이를 받아들일 마인드셋이 경영진에게 없다면 단지 요식 행위일 뿐입니다. 만약 리더들이 진심으로 구성원들과 소통하려는 노력을 하지 않으면, 구성원들은 경영진이 대외적으로 좋은 모습을 비치하기 위해 거짓말을 하는 것으로 생각할 수 있기 때문에 오히려 악영향을 미칠 수 있습니다.

2. 잡담을 권장한다.

심리적 안정감이 있는 조직을 만들기 위해서는 어떤 이야기도 부담없이 나눌 수 있어야 합니다. 그러기 위해서는 업무 이외의 얘기도 자연스럽게 나눌 수 있어야 합니다. 회사가 학교도 아니고, 일만 잘하면 된다는 생각이 드는 사람도 있을 수 있겠지만, 결국 서로 잡담을 나누며 이야기하는 분위기를 형성하는 것입니다. 이것이 업무적인 소통에도 안정감을 준다는 것이죠. 무거운 사안을 가지고 보고가 이루어지는 자리일지라도, 평소에 스스럼없이 어떠한 이야기라드 하는 조직이라면 수평적으로 의견이 자유롭게 오갈 것이며, 그 안에서 리더는 가장 적절한 의견들을 찾아서 좋은 결과물을 만들어낼 수 있게 됩니다. 간혹 엉뚱해 보이는 아이디어나 시답지 않은 농담이 그 자리에서 던져질 수도 있지만, 이것마저도 웃으며 넘길 수 있는 회의 자리라면, 가장 최적의 결론을 낼 수 있을 것입니다.

3. 회사가 구성원들을 전적으로 신뢰한다.

일반적으로 회사 내부 게시판에는 다양한 규정, 규율, 가이드가 존재합니다. 이러한 규정과 가이드는 대부분 [이러한 행동을 하면 안 된다]와 같은 형태로 구성되어 있습니다. 회사와 구성원 간의 신뢰감이 높다면, 회사는 최소한의 규정만 정해놓고 나머지는 구성원의 자율에 맡길 수 있게 됩니다. 그러나 신뢰관계가 구축되기 위해서는 회사에서만 노력해서는 안 되며, 구성원들의 의식 수준 또한 규정 없이 자율에 맡겨도 문제가 발생하지 않을 만큼 높아져야 합니다. 회사가 고민할 문제는 단지 어떻게 하면 구성원들이 일하기 좋은 환경을 만들어줄 것인가가 될 것이며, 구성원들은 주어진 환경 안에서 할 수 있는 한 최선을 다해 회사의 목표 달성을 위해 노력하면 됩니다.

넷플릭스의 최고 인사담당자 패티 매코드는 하버드 비즈니스 리뷰의 기사에서 다음과 같이 자사의 사례를 이야기 했습니다. "회사의 이익을 우선으로 생각하고, 최고의 직장에서 일하고픈 스스로의 욕망을 이해하고 추구하는 인력을 신중하게 채용한다면, 직원의 97%가 제대로 일할 것입니다. 대부분의 회사는 나머지 3%가 일으킬지도 모르는 문제를 해결하기 위해 인사방침을 규정하고 시행하면서 끝없는 시간과 비용을 소모합니다."

결국 회사에서 규정과 규율, 가이드를 만드는 것은 3%의 문제가 있는 구성원들 때문에 97%의 선량한 구성원들을 통제하는 수단이 될 수도 있다는 것을 의미합니다. 따라서 구성원들을 신뢰하는 회사라면 구성원이 자율적으로 결정할 수 있도록 하고 주어진 업무에 대한 결과물로 증명할 수 있는 환경을 만드는 것이 필요합니다.

💡 한 명의 팀워을 중시하는 회사

어떤 회사든지 첫 출발은 있습니다. 창업할 때 당시에는 한 명의 창업자나 함께 출발하는 동업자들이 모여 회사를 시작합니다. 하지만 회사가 점점 커지고 다양한 사람들이 모여가면서 한 사람의 능력으로 이루어진 결과물 보다는 팀으로 운영되는 팀워크를 통해 얻어지는 결과물이 더 가치 있게 되는 시점이 옵니다. 회사가 일정규모 이상으로 커지면 다양한 사업으로 확장이 필요하게 되고 창업자가 모르는 분야로의 진출도 필요할 때가 오지요. 이 때가 되면 창업자가 가진 인사이트로만 회사를 끌고 가기보다는 각 분야의 전문가들의 지혜를 모아 결정을 해야할 것입니다. 그렇다면 어떤 방법을 통해 팀워을 최대한 끌어올릴 수 있을까요.

1. 리더가 본인의 권한을 구성원들에게 위임할 수 있어야 한다.

회사에서 빛나는 스타들은 대부분 리더급에서 나온다는데요. 그들은 뛰어난 인맥을 바탕으로 영업의 활로를 뚫거나, 개발하나를 기가차게 잘해서 아무도 생각하지 못한 방법으로 코드를 만들어내는 등의 업적을 가지고 있습니다. 그러나 한 사람의 스타가 회사를 먹여살리는 것은 결국 롱런하기 어렵습니다. 왜냐하면 그 한 사람이 다른 곳으로 이직하거나, 은퇴를 선언하거나, 아이디어가 고갈된다면 대체할 수 있는 인력이 없기 때문입니다.

따라서 뛰어난 안목과 역량을 가진 리더라면 본인과 함께 하는 구성원들이 좋은 결과물을 낼 수 있도록 적절한 권한을 부여하고 필요한 정보를 공유해주면서 일을 잘 할 수 있는 환경을 만들어 주어야 합니다. 리더의 눈에 봤을 때는 평범한 팀원들일 수도 있겠지만, 우리 몸의 각 장기들이 따로 떼어 놓으면 기능을 못하지만 한 몸 안에 있을 때 제기능을 다하는 것처럼 훌륭한 리더를 두고 각 몸의 지체로서 기능을 할 수 있게 도움을 준다면 가장 이상적인 팀워을 만들 수 있게 됩니다.

2. 서로 경쟁하는 인사제도는 지양되어야 한다.

전통적인 조직에서는 대부분 연말 평가를 상대평가로 진행합니다. 그렇게 되면 팀 내에서 누군가가 S등급을 맞기 위해서는 C,D등급도 존재할 수 밖에 없게 됩니다. 그러나 같은 목표를 가지고 모여 있는 팀에서 본인이 성과를 내기 위해서는 팀원을 밟고 올라서야 하는 구조라면 절대 같은 목표를 가진 한 팀으로 움직일 수 없습니다. 따라서 평가제도를 설계할 때 누가 누구를 평가한다는 개념보다는 서로 더 좋은 결과를 만들기 위해 싱크를 맞추어 나가는 도구로 활용하여야 합니다. 그 결과에 대해서는 1년에 한번 조직의 리더가 피드백 주는 것이 아니라 수시로 이야기를 나누면서 기존에 세웠던 목표가 잘 수행되고 있는지를 피드백하는 자리로 활용하는 것이 가장 이상적인 평가제도가 아닐까 생각합니다.

이와 연장선으로 개인의 연봉도 팀 동료들끼리는 비밀로 할 수 있는 문화가 필요합니다. 결국 나의 능력은 연봉 수준으로 판단되기 때문에 나보다 옆의 동료가 연봉을 더 많이 받는다거나 올해 연봉 인상률이 더 높다면 상대적 박탈감이 생길 수 밖에 없습니다. 그러면 본인이 하고자 하는 능력치보다 덜 하게 되는 게 사람의 심리이기 때문에 서로의 연봉을 철저히 비공개로 하는 것이 옳습니다.

3. 부서간 이기주의를 주의해야 한다.

팀워크도 중요하지만, 다른 팀을 경쟁자로 생각하고 밟고 올라가는 현상이 발생하면 회사의 성장에 방해가 될 수 있습니다. 회사는 하나의 목표를 가지고 다같이 달려나가야 합니다. 그래서 우리는 함께 같은 보폭과 속도로 나아가며 오랫동안 지속 가능한 회사로 성장할 수 있도록 리더들간에 적절한 라포형성이 필요합니다. 때로는 한 팀이 다른 팀보다 더 많은 희생을 해야하는 경우도 생길 수 있는데, 이때는 리더들 간의 합의를 통해 상호 협력적인 방식으로 문제를 해결할 수 있어야 합니다. 그리고 회사가 커질수록 이해관계가 복잡해질 수 있기 때문에, 업무의 진행을 최대한 공통의 프로세스로 만들어 구성원 모두가 공유하고, 투명하게 진행과정을 오픈하는 것도 좋은 해결방법이 될 수 있습니다.

💡 일과 삶의 균형을 맞춰주는 회사

　우리 부모님 세대의 회사생활에서는 주로 일을 통해 삶의 의미를 찾아야 한다는 가치관이 지배적이었습니다. 그래서 일과 삶을 일치시키는 경향이 있었고, 회사에서 오랫동안 근무한 사람들은 가장 일을 잘하는 사람으로 인식되기도 했습니다. 하지만 최근에는 일뿐만 아니라 개인의 삶 또한 중요하다는 인식이 더욱 강해졌습니다. 많은 회사들이 일할 때는 집중하고, 쉴 때는 충분한 휴식을 취할 수 있는 환경을 조성하는 것을 중요한 리텐션 포인트로 삼고 있습니다. 현재 다니고 있는 회사에서의 실제 사례들을 통해서 정말로 회사에서 구성원들의 휴식시간을 보장해 주는 것이 맞는 방향인지 살펴보겠습니다.

1. 소정근로시간을 줄여보기

　대부분의 회사들은 법에서 정한 근로시간인 주 40시간을 기준으로 소정근로시간을 산정합니다. 현재 근무중인 회사의 경우는 2015년 주 4.5일 근무제를 시작으로 현재는 주 32시간까지 근무시간을 단축하여 시행하고 있습니다. 월요일은 오후 1시부터 출근하여 월요병이 없는 회사를 만들어서 한 주의 시작을 활기차게 만들고, 나머지 요일은 기존 8시간에서 7시간으로 단축하여 시행하고 있습니다. 이를 통해 구성원들의 만족도와 업무 효율이 올라가면서 자율적으로 몰입해서 일하는 문화를 만들었습니다.

　덴마크의 학자 데니스 뇌르마르크와 아네르스 포그 옌센의 저서 "가짜노동"에서는 덴마크의 IT 회사 IIH 노르딕의 근무시간 단축 사례를 소개합니다. 이 회사의 CEO는 파킨슨의 법칙을 이용하여, 더 짧은 시간에 일을 끝낼 수 있는 방법을 찾기로 결정하였습니다. 그래서 목요일까지만 일하는 회사를 만들었으며, 이를 통해 비효율적인 회의시간을 단축하고, 구성원들이 일에 몰입하여 높은 품질의 결과물을 낼 수 있게 되었다고 합니다.

　위 두 회사의 사례에서 볼 수 있듯이, 회사에서 구성원이 일을 잘할 수 있는 환경을 고민하면,

구성원들은 자발적으로 일에 몰입하여 더 나은 결과물을 만들어낼 수 있습니다. 현재 우리는 3차 산업혁명 이후 많은 업무가 자동화되었으며, 인터넷의 발달로 4차 산업혁명 시대를 살고 있습니다. 이에 많이 일하는 사람이 능력 있는 사람이란 프레임이 오래된 시대적 개념이라는 것이 사실입니다. 오히려 같은 결과물을 내더라도 시간을 효율적으로 사용하여 일을 단축하는 사람이 능력 있는 사람이 되어야 한다고 생각합니다.

2. 근무장소에 자율을 제공하기

전세계는 코로나19와 같은 유례없는 전염병으로 인해 회사들이 재택근무라는 새로운 근무제도를 도입하게 되었습니다. 이로 인해 일하는 장소에 대한 물리적인 공간을 자율적으로 결정할 수 있는 환경이 조성되었습니다. 이러한 환경 변화에서 인상깊게 생각된 것은, 사람들이 자발적으로 일을 하는 것입니다. 더 이상 옆에서 감독하는 사람이 없어도 일을 열심히 하고, 집중할 때는 집중하고 휴식이 필요할 때는 쉬기도 합니다. 이러한 환경은 함께 연결되어 일하는 가치가 가장 중요하다는 것을 보여주었습니다. 이미 3년간 코로나 기간 동안 따로 떨어져 일해도 같은 목표를 가지고 있다면 일이 잘 진행되고 있음을 경험했습니다. 이제 여러 회사들은 하이브리드 워크, 메타버스 근무, 원격근무, 커넥티드 워크 등의 이름으로 근무 장소에 제약을 점점 풀어가고 있습니다.

그러나 이러한 제도들은 제조 기반 산업에서는 적용하기 어려울 수도 있습니다. 따라서, "과거에 이렇게 하면 잘되었어"라는 관념보다는 "어떻게 하면 구성원들이 더 일을 잘할 수 있을까"의 관점에서 다양한 의견들을 들어보고, 실제로 파일럿으로 운영을 해보며 개선점을 찾아가는 것이 최적의 근무환경을 만들어내는 데 필요합니다.

"일하기 좋은 회사 만들기"라는 주제는 최근 많은 회사들에서 고민하는 화두일 것입니다. 다만 만드는 방법에 있어서 회사에서 일방적으로 만들 것인지 구성원과 함께 소통하면서 만들어 나갈 것인지가 중요한 포인트가 아닐까 생각합니다. 아무리 좋은 제도를 다른 회사에서 벤치마킹 하더라도 결과적으로 회사 구성원이 원하는 방향이 아니라면 빛좋은 개살구밖에 안될 것입니다.

따라서, 회사에서 생각하는 방향성이 있다면, 다양한 채널을 통해 구성원들의 의견을 들어보면서 서로의 싱크를 맞추어 나가는 과정을 만들기를 권장합니다. 이를 위해서는, 앞서도 이야기 했지만, 회사와 구성원간의 심리적 안정감을 구축하여 서로 신뢰할 수 있는 문화를 먼저 만들고 난 이후에, 구성원들이 자발적으로 참여하여 이야기할 수 있도록 자리를 만들어줄 필요가 있습니다. 건강하지 못한 조직문화를 가진 회사에서는, 이러한 자리마저 억지로 리더가 정해서 앉혀놓는 경우도 보았습니다. 또한, 이러한 소통의 채널에서 나온 구성원들의 보이스를 그냥 흘려 보내지 말고, 실제 실행하는 것까지 보여주어야 할 것입니다. 그렇지 않으면 오히려 구성원들은 회사에 뒤통수를 맞았다고 생각하고 더 이상 의견을 내지 않고 입을 닫게 될 것입니다. 손뼉도 마주쳐야 소리가 난다는 옛말을 마음에 새기며, 회사와 구성원과 함께 만들어 나가는 일하기 좋은 회사 만들기가 이루어지길 바랍니다.

CHAPTER 02 성.확.행 – 성장은 확실한 행복

박다인

"사람의 성장에 진심인 15년차 HRDer 박다인 입니다.
제조/유통/IT 중견/대기업에서 HR실무 경력을 가지고 있습니다.
Luck is no accident, '어쩌다보니' 보다는 '의도'가 뚜렷한 행동을 응원합니다."

일터에서 일을 하여 행복한 직원들– 주니어 시절 내 리더는 내게 'Zappos'의 사례를 이야기하며 '아침에 눈을 뜨면 회사에 가고 싶어서 가슴이 설레는 회사'를 만들자고 했다. '이게 뭔 비현실적인 발상인가' 싶었지만 그래도 그런 환상적인 목표를 가지고 추구하면 비슷하게 닮아 갈 수 있다는(Moon shot) 믿음으로 조직문화 프로그램을 기획해왔다.

그 이후 나는 HRD/조직문화 담당자로 성장하며, 어떤 조건들이 갖춰지면 그런 '환상'을 경험할 수 있는지 정리해볼 수 있게 되었다. 지금 나는 종종 아침에 눈을 뜨면 회사에 가고 싶어서 가슴이 설레는데, 이런 비정상적인 경험을 하는 사람들이 많아졌으면 하는 생각을 가져본다.

Zappos 10대 핵심가치

1. Deliver WOW through service (서비스를 통해 '와우'를 배달하라)
2. Embrace and drive change (변화를 포용하고 추진하라)
3. Create fun and little weirdness (재미와 약간의 괴짜스러움을 창조하라)
4. Be adventurous, creative, and open-minded (모험적이고, 창의적이고, 열린 마음을 가져라)
5. Pursue growth and learning (성장과 배움을 추구하라)
6. Build open and honest relationships with communication (커뮤니케이션을 통해 진솔하고 개방적인 관계를 만들어라)
7. Build a positive team and family spirit (긍정적인 팀과 가족 정신을 구축하라)
8. Do more with less (적은 자원으로 더 많은 것을 하라)
9. Be positive and determined (긍정적이고 결연하라)
10. Be humble (겸손하라)

 더 이상 일과 일터는 돈 버는 수단만이 아닌 것을 많은 직장인이 공감할 것이다. 우리는 내 일과 일터를 통해 즐거움, 즉 긍정적인 경험을 원한다.

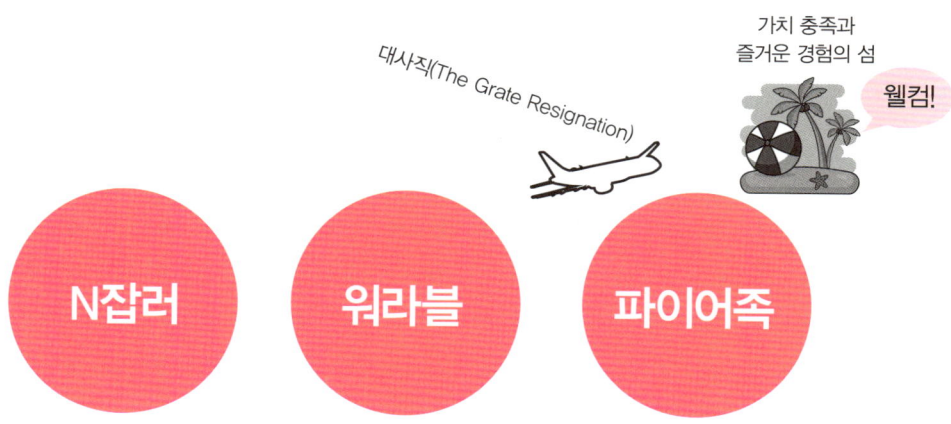

만약 돈을 목적으로만 한다면 일터보다 더 강력한 기회들이 많기 때문이다. 그렇다면 일터에서 주어지는 자율성과 즐거움만으로 구성원들이 나의 일과 직장에 대해 지속적인 긍정을 느낄 수 있을까? 국내 조직문화의 개념이 아직 부족했던 시기에 기업에선 Great Work Place(GWP) 활동으로 단발성 이벤트를 통한 긍정 경험 부여를 시도하였다. 그리고 단지 자율성과 즐거움에만 집중해서는 구성원들이 '지속적인' 긍정 경험을 유지하기는 어려움을 깨달았다. 그러나 적당한 통제와 피드백이 있는 관리 하에, 나의 조직에 기여하는 '성과'를 경험하고 그 성과에 대한 '인정'을 받으면 그를 통한 쾌감이 몰입과 지속적인 긍정으로 연결되는 것을 확인하였다. 실제로 요즘 많은 회사에서 자포스의 10대 핵심가치와 같이 '일하는 법'을 정의하여, 이를 통해 몰입과 긍정의 효과를 이끌어 내고 있다. 결국 '일하는 법'은 '일을 잘 하는 법'이고, 일을 잘 하기 위해서는 조직과 나 모두가 인정하는 성과를 얻어야 한다는 것이다. 나도 인사시스템적 통제와 리더의 피드백을 통해 동기부여 되었을 때, 자발적으로 노력하며 일하게 되었고, 일과 직장에 대한 만족감을 느꼈다. 결국 '내가 성과를 내는 구성원으로서 성장할 수 있는 길'을 안내해주는 것이, 몰입의 원동력이라는 것을 깨달았다.

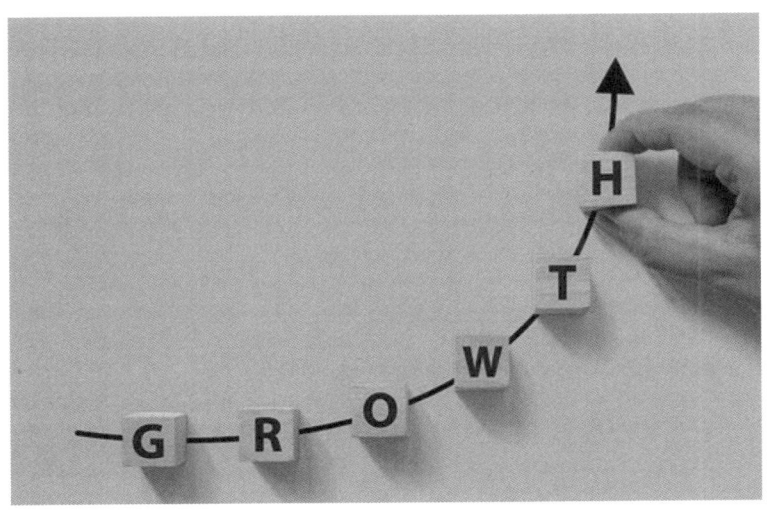

성장은 내일의 더 나은 나를 만들어주는 것이고, 더 나은 나를 만들어 주는 회사에서 일하는 것

이 즐거운 것이다. 최근 HRD나 조직문화 담당자들이 '성장'이라는 키워드에 집중하고 있다. 어떻게 하면 우리 회사가 조직원들의 성장을 지원하는 이미지를 구축하고, 그것을 실제 시스템으로 구현할 수 있을지를 고민하고 있다. 만약 이 '성장'이라는 키워드를 일하는 방식에 연결시킨다면 그 효과는 상당할 것이다. 그래서 나는 성장과 일하는 방식의 연결을 통해 긍정을 경험했던 나의 사례를 공유해보고자 한다.

1. 나의 중장기 경력 목표와 회사에서의 내 일을 연결한다.

결국, IDP(Individual Development Plan 자기개발계획)을 수립하고 실행계획을 이행하는 것인데, 각 회사에서 시스템적으로 IDP를 지원해주는 회사도 있고, 아닌 회사 있기 때문에 스스로 개념을 인지하고 실천해본다. 방법은 매우 간단하다. 우선, 나의 경력 목표를 정하고, 회사에서 이를 달성하기 위해 수행할 수 있는 부분을 고려해보면 된다.

예를 들어, 커리어 포트폴리오에 담을 만한 프로젝트를 구상하고 최선을 다해 현재 일과 연결시켜 실행 계획을 수행하면서 성공 경험을 쌓아보는 것이다. 이런 연결이 몇차례 이루어지면 나중에는 자연스럽게 커리어 포트폴리오에 담을 업무 성과를 고민하면서 실행하고 성공을 축적하게 된다. 이러한 성공 경험을 쌓게 되면 자신감이 생겨서, 회사에서 일하는 것이 즐거워질 수 있다. 혹여 내 커리어 포트폴리오를 위해서 회사를 이용한다고 죄책감을 느낄 필요는 없다. 나의 성공 경험은 곧 회사와 나의 리더의 성공경험이다. 우리가 서로 상생협력 하고 있으니, 이 얼마나 건강한 순환인가.

2. 나의 성장경험을 통해 축적한 지식과 기술을 동료와 공유한다.

누군가를 가르치거나 발표의 기회가 있었던 사람들은 공감할 것이다. 교학상장, 하브루타 교육법, 자기교수 학습법 등 실제로 효과적인 학습법에서도 통용되어 자주 강조되는 방법이다.

우리의 뇌는 배울 때와 가르칠 때 서로 다르게 반응한다. 배울 때는 깊이 사고하기보다 기억하려는 쪽에 집중한다. 수동적으로 지식을 받아들이기 때문이다. 반면 가르칠 때는 100% 이해하지 못하면 더 이상 설명할 수 없게 된다. 자신이 아는 정보를 다른 사람에게 전달하는 것이 목적이기 때문이다. 지식을 전달하려면 새로운 정보를 정리해서 이미 있던 정보와 연결해야 하는데, 이 과정에서 부족함을 느끼면 '자각'이 일어난다. 자신에게 '아직도 이해가 부족하다'란 자각(초인지/Meta-Cognition)을 끊임없이 일으키는 효과적인 방법이 바로 '공유'이다. 자각에 민감한 우리는 이해가 부족한 부분을 추가 학습으로 메우려 하고 이 과정에서 더 '성장'하는 것이다. 완벽한 개념 이해가 뒷받침되고, 더 성장하는 느낌을 받게 되면 자기효능감·자존감을 통해 즐거움을 경험한다. 따라서 내가 보유한 지식과 기술을 공유할 기회가 있다면 적극 활용해보기를 바란다. 지식과 기술이 빠르게 변화하는 요즘, 내가 보유한 지식과 기술을 궁금해하는 사람이 있다는 것은 반가운 일이다. 특히, 요즘은 SNS, Notion, Confluence, Slack 등 다양한 채널과 협업툴을 통해 자유롭게 정보를 공유하고, 지식을 나눌 수 있다. 기꺼이 나누고 즐거움을 만끽하자. 오늘 내가 아는 것은 내일이면 이미 낡은 것이니 아끼지 말자.

3. 좋은 동료, '귀인'을 가까이 하자.

'최고의 복지는 좋은 동료이다.'라는 말이 있다. 좋은 동료와 함께 일하는 기분, 그 동료의 영향력을 통해 나도 함께 성장하는 느낌, 이 또한 즐거움이다.

McKinsey & Company's War for Talent 2000 Survey 에 따르면, 직원의 개발, 성장의 효과를 연구하였을 때, 전통적인 훈련 방법은 가장 낮은 효과를 보였고, 피드백을 제공하는 멘토와 시니어 롤모델이 가장 효과적인 방법이라는 것을 보고했다. 만약 나에게 도움이 되는 조언을 해주거나 지식과 기술을 공유해주는 동료가 있다면 그 동료는 내 성장을 지원하며 나의 직장에서 희열을 선사할 수 있는 귀한 사람이다. 그러니 꼭 가까이 다가가 함께 일하길 바란다.

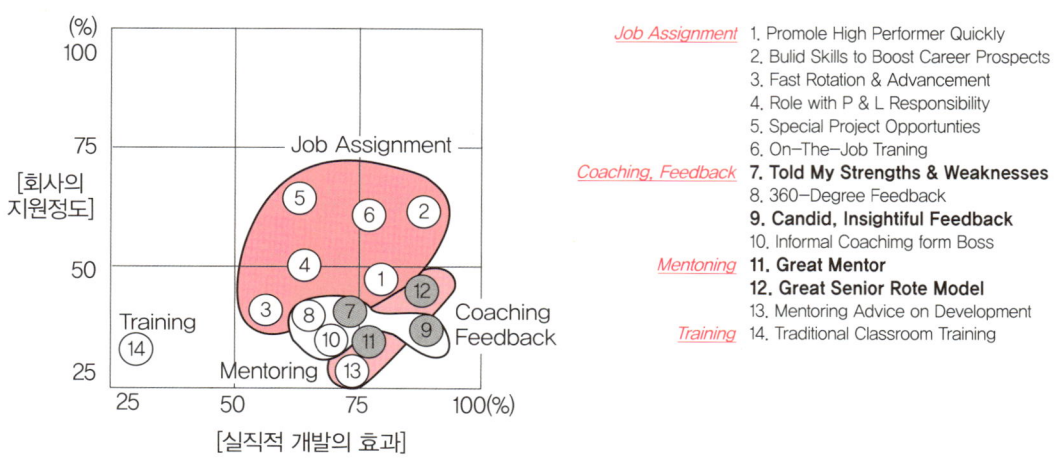

Source : McKinsey & Company's War for Talent 2000 Surveys

4. 만약 글을 읽는 당신이 리더라면, 직원의 강점에 집중한 피드백을 해보기를 추천한다.

리더는 직원 스스로 생각하는 자신의 강점과 리더 본인이 생각하는 직원의 강점간 차이를 줄이고, 서로의 생각을 연결하면 직원의 성장에 현실적인 도움을 줄 수 있다. 이것은 나의 리더로서의 성장 경험에도 연결되는 부분이다. 고성과자가 가지고 있는 특성에 대한 연구 Kuncel, Ones & Sackett (2010) 에 따르면 인지 능력과 성격적 특성의 차이는 전반적인 업무 행동과 관련이 있다고 한다. 한마디로 될 사람은 되고, 지원과 코칭도 한계가 있다는 것이다. 더 이상 그들의 개선점을 고치려 하거나 리더인 나 자신을 모델로 발전을 강요하지 말자. 이것은 우리의 리더십 성장 및 나 자신의 긍정 경험과 점점 멀어지는 지름길이다. MZ세대는 MBTI를 통해 자신의 성격적 특성을 16가지로 정의하고, 그것을 존중 받길 바란다. 우리는 그들을 내 기준에 맞추려 하지 않고, 각자의 강점에 대해서 고민하고 이것을 배치에 활용하여 효율적으로 성과를 내는 것에 집중하여 보자.

나는 요즘 스스로 일에 진심인(진심이라고 쓰고, 중독이라 읽는다.) 내 모습이 만족스럽다. 나도 이런 비정상적인 몰입 상황이 당황스러워 곰곰이 생각해보니, 결국 그 과정에는 스스로가 성장하고 있다는 것을 느끼기 때문이다. 물론 내가 제안한 이 방법이 블라인드에 올라오는 지쳐있는 직장인들을 구제할 수 있는 완전한 해결책은 아니겠지만, 한번쯤 의식하고 행동해본다면 변화 또는 기회를 얻을 수 있을 것이라 생각한다. 인사시스템을 배제하고 자발적으로 이행할 수 있는 방법을 최대한 적어보았기 때문에, 누구나 실천해볼 수 있을 것이다. 내가 이 글을 읽는 누군가의 '랜선 귀인' 이기를 바라며… 출근하는 그 길이 오늘은 보다 즐겁기를, 나의 성장에 대한 기대감을 가지며 걸어보기를 바란다.

CHAPTER 03
GC녹십자가 일하는 방법 G Culture

송기욱

기업문화팀에서 근무하며 구성원들의 육성과 다른 회사는 따라올 수 없는 경쟁력있는 조직문화를 만드는 일을 합니다. 내가 하고 있는 일이 결국에는 지구의 한 모퉁이를 밝히고 있다는 마음으로 화려하진 않더라도 작은 변화를 조금씩, 끊임없이 만들어가고 있습니다.

"조직문화" 업무 해보실래요?

2020년 GC녹십자가 일하는 방법 G Culture를 선포를 준비하면서 리더로부터 받았던 질문입니다. 반세기가 넘는 역사를 지닌 회사에서 창립 이래로 조직문화 담당자는 제가 처음이었죠. 10년 남짓 HRD업무를 수행 했으나, 회사 내에 물어볼 사람도, 찾아볼 데이터도 없는 현실에 새로운 조직문화 업무는 새하얀 백지 같이 느껴졌습니다. 지금 다시 생각해봐도 당시에 느꼈던 감정은 '막막함'이었습니다. 조직문화에 대해 전문적으로 공부해본 적도 없고, '문화'라는 단어가 주는 거대함과 막연함은 지금도 생생합니다.

갑갑한 마음은 뒤로 하고 마음속 작은 긍정의 힘을 끌어 모아 다른 관점에서 생각해보기로 했습니다. HRD는 교육, 경영, 심리, 미디어 등 여러 분야를 아우르는 간학문적인 특징을 가지고 있습니다. 덕분에 조직문화 업무를 통해서 이 모든 것을 다해볼 수 있는 좋은 기회가 될 수 있다고 생각했습니다. 저의 고민과 시행착오를 겪으며 보완을 거쳐온 과정을 공유함으로써 조직문화 업무를 시작하시는 분들에게 약간이나마 도움이 되길 희망합니다.

💡 GC녹십자는 왜 갑자기 일하는 방법이 필요하게 되었을까?

"제조업"이라고 하면 어떤 것이 먼저 떠오르는지, 그리고 "제약업"이라고 하면 어떤 이미지를 상상하게 되는지 묻는다면 대부분의 사람들이 '보수적', '수직적' 등 전통적이고 경직된 느낌의 단어를 떠올릴 것입니다. 한 단계 더 나아가 제조업과 제약업을 합치면?? 상상하기도 어려울 것입니다. GC녹십자는 이런 전통적이고 보수적인 이미지를 가진 산업에서 사업을 영위해 오고 있는 50년이 넘은 전통적인 제약회사입니다. 1967년 창립 이래로 GC녹십자는 백신 제제와 혈액 제제 분야에서 좋은 성과를 내며 성장해왔습니다. 당시에는 먹고 살기 힘들었던 1970년대에도 혁신적으로 혈액 제제와 백신 제제 개발에 착수했던 선구적인 혁신 기업으로 자리매김했습니다. 어려운 환경에서도 '만들기 힘든, 그러나 꼭필요한 의약품을 만드는' 기업 가치를 지니고 있었습니다. 또한, 00공업, 00약품 등 많은 제약 회사들의 사명에 비교하여 '녹십자'라는 사명은 혁신적이었습니다.

2018년에 창립 50주년을 맞이하면서 GC녹십자는 새로운 CI를 공표하고, 중장기 전략을 선포하여 미래를 향한 청사진을 제시했습니다. 중장기 전략을 실현하기 위해, 우리는 앞으로 '어떻게 일해야 하는가'에 대해 본격적으로 고민하기 시작했습니다. 급변하는 경영환경 속에서 기존의 일하는 방식으로는 중장기 전략을 실현하기 어려워 보였기 때문입니다.

💡 일하는 방법 정의 과정

처음 일하는 방법을 정의할 때 임직원들에게 많이 받았던 질문 중 하나가 '기존에 갖고 있던 미션, 비전, 핵심가치는 이제 필요 없는 것인가요?'라는 것이었습니다. 이에 대한 정답은 '기존에 갖고 있던 미션, 비전, 핵심가치가 경영철학으로써 고유한 가치를 내재화하고, 행동 원칙을 구체화 했다'고 말할 수 있습니다.

GC녹십자의 일하는 방법은 임직원들의 의견과 경영진의 의견을 종합하여 만들어졌습니다. '당신이 바라는 GC녹십자의 일하는 방법은?'이라는 질문에 직원 100여 명이 넘는 참여가 있었고, 그만큼 그동안 일하는 방법에 변화가 필요함을 느끼는 구성원이 많다는 것을 확인했습니다. 이렇게 취합된 내용은 HR 협의체에서 논의되었고, 경영진의 의견을 반영하여 1차 완성본을 도출한 후, 대표이사 신년사에서 "빠르고, 젊고, 강하게" 일하는 조직이 되길 희망한다는 메시지를 토대로 12가지 일하는 방법을 정의했습니다. 그리고 브랜딩을 담당하는 부서와 협업하여 문구를 다듬고 디자인 작업을 실시하여 G Culture라는 이름으로 최종 완료하였습니다. 이 모든 작업에는 약 3개월 가량이 소요되었으며, 대표이사 타운홀 미팅에서 공식적으로 선언하고 전파할 계획을 수립하였습니다. 하지만 2020년에 일하는 방법을 선포하는 시점은 코로나19로 인해 기업 활동이 축소되는 시기였고, 모두가 모이는 타운홀 미팅은 방역지침으로 실시할 수 없었습니다. 펜데믹 초기에는 곧 괜찮아질 것이라는 믿음이 있었고, '다음 달이면 괜찮아지겠지'라는 마음으로 기다렸지만, 상황은 예상과 달리 빠르게 해결되지 않았기 때문에 선포 계획을 수정할 수밖에 없었습니다.

💡 일하는 방법 선포하기

코로나19로 인해 모두가 모인 자리에서 공식적으로 선언하는 것이 어려워지게 되자 팀장 이상 리더부터 전파하는 계획으로 수정했습니다. 팀장급 대상으로는 2시간 가량 교육과정을 개발하여 G Culture 퍼즐, G Culture 젠가 등의 게임을 개발하여 즐겁게 인지할 수 있도록 하였고, 임원 대상으로는 대표이사가 직접 일하는 방법을 정의하게 된 배경과 목적, 그리고 12가지 일하는 방법 각각의 의미를 전달했습니다. 그리고 이 강의를 영상으로 제작하여 구성원들에게 배포하면서 공식적으로 우리는 보다 빠르고, 젊고, 강하게 일할 것임을 알리게 되었습니다.

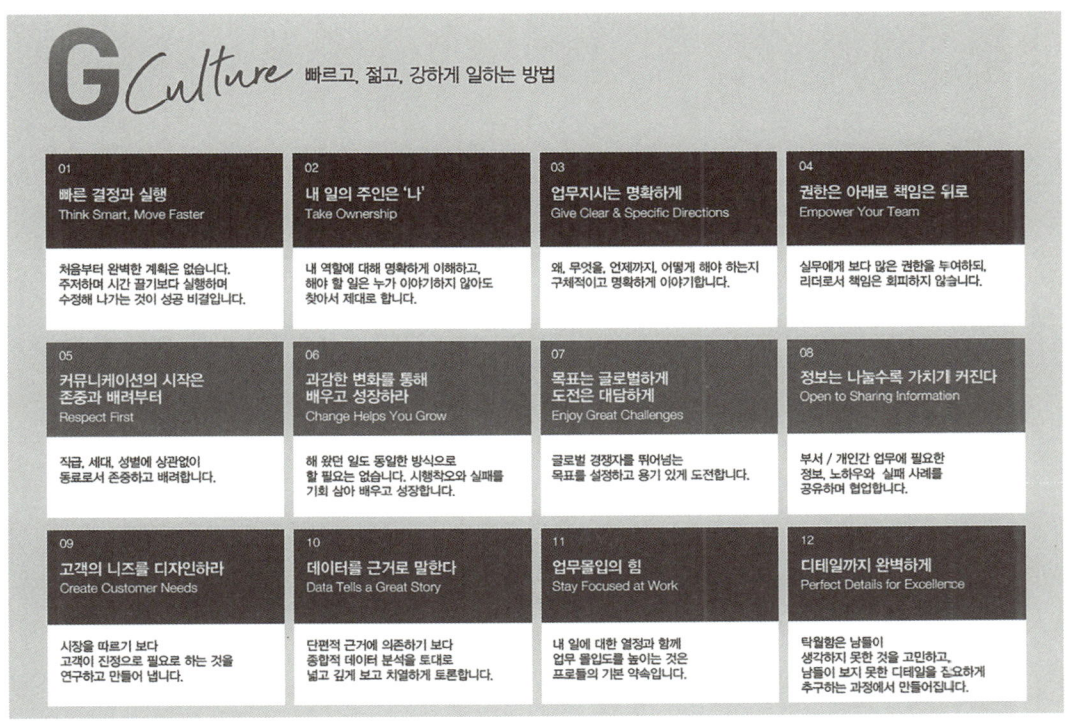

▲ GC녹십자가 일하는 방법

💡 G Culture 활동 실행하기

GC녹십자가 일하는 방법은 총 12가지입니다. 근데 사실 12가지를 모두 우리 임직원들이 다 외우기는 좀 어렵습니다. 무엇보다도 'G Culture'라고 명명한 일하는 방법이 액자 속에만 존재하는 상황을 만들고 싶지 않았습니다. 그래서 3년 동안 점차적으로 인식, 적용, 강화하는 전파 계획을 세웠고, 교육적 방법론 뿐만 아니라 여러 가지 방법으로 전파할 수 있는 방안을 계획했습니다. 그리고 이 모든 활동을 'G Culture 활동'으로 명칭하여 조직문화 활동을 브랜드화 했습니다.

G Culture를 우리 조직 내에서 깊이 있게 스며들게 하기 위해 리더들이 주도적으로 현장의 변화를 이끌어내고, 구성원들이 자율적으로 참여할 수 있도록 구조화했습니다. 외부 전문가나 기업

문화팀이 아닌, 변화의 중심에는 현업의 리더가 있어야 한다고 생각해서 팀장 중심으로 활동을 전개하도록 설계한 것입니다.

구체적으로 설명하자면, 기업문화팀에서는 각 팀이 G Culture에 대해 상기하고 내재화할 수 있도록 패키지를 구성했습니다. 패키지에는 G Culture의 의미를 상기시키고, 현장에 변화를 이끌어내기 위한 도구(때로는 보드 게임도 포함)를 개발해서 담았지요. 그리고 이 패키지를 활용해서 팀장들이 직접 팀원들 대상으로 퍼실리테이션을 하도록 했습니다. 퍼실리테이션을 자주 해보지 않은 팀장들이 대부분이어서, 이 활동을 실제로 하기 위한 스크립트도 작성해서 패키지에 함께 담았습니다. 팀장들은 퍼실리테이션이 익숙하지 않더라도, 스크립트를 읽기만 하면 될 정도로 쉽게 작성했습니다. 또한, 각 조직의 리더들은 활동 예시를 담아 제작한 가이드 영상을 미리 확인하고 나의 언어로 소화해서 조직 단위로 G Culture 활동을 진행할 수 있도록 했습니다. 이러한 활동을 하면서 담소도 나눌 수 있도록 다과도 함께 담았지요.

💡 초기에 가장 신경 썼던 것

저희는 전파활동 초기에 조직문화를 개선하기 위한 이 활동이 구성원들 마음 속에 '귀찮은 것', '해도 그만 안해도 그만인 것' 등 부정적인 인식이 생기지 않도록 주의해야 한다고 생각했습니다. 이것이 장기적으로 실행할 조직문화 개선 활동에 가장 핵심적인 성공 요인이기 때문입니다. 그리고 G Culture 활동 후 팀장에게 과제를 부여하고 이를 공유하여 활동 현황을 확인했는데, 이 공유 권한은 팀장에게만 부여했습니다. 활동에 대한 과제와 성찰 내용을 리뷰하는 것은 팀장의 역할이지만, 때때로 구성원들에게 전가하는 경우도 있을 수도 있다고 생각했기 때문입니다. 만약 그렇게 되면 G Culture에 대한 부정적인 이미지가 생길 수 있다는 생각이 들었습니다.

이처럼 저희는 G Culture 활동이 구성원들 마음 속에 부정적인 인식이 생기지 않도록 최대한 노력했습니다. 예를 들어 패키지를 처음 오픈 했을 때, 상쾌한 기분을 주기 위해 방향제를 넣기도 했습니다. 그리고 패키지를 어딘가에 쌓아놓고 배부하는 것은 각 팀의 누군가에게 부정적인 감정을 줄 수 있으므로, 패키지를 나눠주는 날은 팀원 모두가 나서서 각 팀장에게 직접 전달했습니다. 이렇게 패키지를 직접 전달하면서 변화를 관찰할 수 있었는데, 초반에는 '이게 뭐에요?', '왜 주시는거에요?'라는 질문을 가장 많이 받았습니다. 그러나 매월 활동을 거듭할수록, '또 숙제가 왔네요', '기한 잘 맞춰서 제출하겠습니다', '이번엔 무슨 간식이 들어 있나요?'라는 질문을 받으면서 G Culture 활동은 당연한 것으로 여겨지며, 간식을 먹으면서 팀원들과 해보지 않았던 대화를 할 수 있는 좋은 기회가 되고 있습니다.

저항 관리하기

에드거 샤인 교수는 조직문화를 인공물(artifacts), 가치(value), 가정(assumption)으로 이루어진 것이라 합니다. 조직문화가 변하기 위해서는 암묵적인 가정과 함께 공유하고 있는 가치가 변해야 하지만, 이를 자극하는 것은 눈으로 보이는 인공물이라고 생각했습니다. 그래서 저희 회사에서는 G Culture 활동을 통해 일상적인 노출을 강화하기 위해 사내에 포스터를 제작하고 상징물을 비치하는 등 노력하고 있습니다. 엘리베이터와 사무실에 영상을 송출하거나, 사내 그룹웨어 로그인 화면을 변경하는 등의 방식으로 G Culture 내용을 보여주고 있지요.

그런데 이 중에서도 가장 큰 저항이 있었던 것은, 일상 중에 노출을 높이기 위해서 회사에서 지급한 PC의 바탕화면을 변경한 것이었습니다. 이로 인해 '왜 회사에서 내 PC의 바탕화면을 변경하느냐', '너무 밝아서 컴퓨터 켜자마자 눈뽕을 맞았다', '회사에서 내 PC 모니터링 하는 거 아니냐' 등등 직접적인 피드백을 많이 받았습니다. 초반에는 이 부분을 세심하게 살피지 못한 것도 사실입니다. 그렇다면 이를 개선하기 위해 노력한 결과는 어땠을까요?

변경 기간을 특정 시점으로 조정했습니다. 또한 바탕화면이 너무 밝다는 의견을 수용하여 다음 바탕화면은 밝기를 낮춰 제작하였고, G Culture 활동의 연장선에서 메시지를 담았습니다. 그럼에도 불구하고 자기만의 바탕화면을 사용하는 구성원들의 저항은 계속되었습니다. 이에 저희는 '강하게' 일하는 방법을 테마로 전파하기 위해 이벤트를 기획하였습니다. 바탕화면을 다른 그림 찾기로 변경하여 구성원들이 참여할 수 있도록 하였는데, 이미지의 바탕화면은 어린아이가 11번째 일하는 방법 '업무몰입의 힘'을 발휘하여 집중하고 있는 것이었고, 구성원들은 12번째 일하는 방법인 '디테일까지 완벽하게'를 발휘하여 다른 그림을 찾아보았습니다. 물론 다른 부분의 개수는 일하는 방법의 개수인 12개였으며, 정답을 커뮤니티에 제출한 구성원들에게는 소정의 상품을 제공했습니다. 이후 바탕화면에 반감을 가진 많은 사람들은 자연스럽고 즐겁게 이벤트에 참여하게 되었고, 업무몰입의 힘은 어떤 모습인지 이미지를 상기시킴과 동시에 바탕화면 변경에 대한 부정적인 저항은 많이 사라지게 되었습니다. 구성원들의 의견을 지속적으로 반영한 점 그리고 바탕화면을 이벤트로 변경하는 관점의 전환이 주요한 성공 요인이었던 것입니다.

본격적으로 업무에 스며들기

우리는 인식 단계에서 가장 주된 목적은 구성원들이 일하는 방법 12가지를 인지하도록 하는 것이라는 것을 확인했습니다. 설문 조사 결과 일정 수준 이상의 인지를 확인하고 본격적으로 업무에 스며들기 위한 작업을 시작했습니다.

직장에서 가장 많이 하는 활동은 회의하는 것이라는 점을 두고 고민해보았습니다. 따라서 우리는 회의 전, 중, 후 각각 3개씩 그라운드룰을 정의한 3.3.3 회의 원칙을 수립하여 정량적으로 회의 시간을 단축하고, 더 효율적으로 회의를 진행하도록 하였습니다. 또한, 이를 위해 한번 더 리뷰하면서 리더의 책상 위에 올려둔 장면을 사진으로 찍어 활동 후 과제로 제출하도록 하였습니다. 이는 종이에 작성하고 휘발성을 사라지지 않고 지속적으로 리마인드하게끔 하기 위함입니다. 또한, 구성원 간 또는 상사와의 원활한 커뮤니케이션을 위해, 정직한 소통과 심리적 안정감을 형성하고자 하는 활동을 기획했습니다. 이를 위해 우리는 새롭게 도입한 업무 Tool인 Teams를 활성화하고, 비대면 모임으로 파일 양식을 공유하였습니다. 그 안에서는 각 구성원들의 장점과 현재 업무에서 겪는 어려움을 솔직하게 적도록 하였습니다. 이를 토대로 서로 도움을 줄 수 있는 부분을 생각해보도록 하였습니다. 이번 활동은 새로운 Tool 활용에 대한 저항과 비대면 모임에 대한 어색함 등의 문제가 있었지만, 전사적으로 도입한 새로운 Tool을 업무에 활용하도록 유도하는데에 큰 역할을 한 활동이었습니다. 또한, 제대로 활동했던 팀의 구성원들로부터 긍정적인 피드백을 받을 수 있었습니다. G Culture를 업무에 스며들게 하기 위한 다양한 방법은 지금도 진행 중입니다.

💡 인사제도와 연결하기

이 외에도 저희는 G Culture 내재화를 위해 팀 단위로 교육과정을 개발하고, 원하는 시간과 장소에 찾아가서 워크샵을 진행하는 활동을 하기도 했고, 대표이사 타운홀미팅을 통해 구성원들에게 G Culture의 중요성을 여러 차례 전달했습니다. 하지만 구성원들의 변화를 자극하는 가장 확실한 방법은 시스템과 제도로 연결하는 것이라고 생각합니다.

GC녹십자는 GC Review라고 하는 조금 독특한 평가제도를 운영하고 있습니다. 이 평가는 개선과 성장을 목적으로 하기 때문에 'Review'라는 표현을 사용합니다. GC Review는 G(Goal) Review와 C(Culture) Review로 구성되어 있습니다. 우리는 연간 목표를 수립하고 이를 달성하는 것을 마땅한 일로 생각하고 있습니다. 이는 G Review를 통해 확인합니다. 또한 목표를 달성하는 과정에서 우리가 지향하는 일하는 방법의 모습을 확인하는 것이 C Review입니다. 이는 12가지 일하는 방법을 기반으로 팀 내 동료 뿐만 아니라 타 팀의 협업 대상자 등을 포함한 다면진단으로 실시합니다. 또한 우리는 리더들도 360도 다면진단을 통해 적절한 리더십을 발휘하고 있는지 매년 확인하고 개선 사항 등에 대해 1:1코칭 또는 그룹 코칭으로 피드백합니다. 다면진단 문항 역시 G Culture를 토대로 구성됩니다. 구성원과 동료, 그리고 상사는 리더가 실제 발휘하고 있는 모습을 관찰하여 진단하게 됩니다. 즉, 리더가 리더십을 발휘함에 있어 근간이 되는 것이 G Culture라는 철학을 담았습니다. 앞서 언급한 G Culture 활동에 대한 참여율 또한 조직의 KPI와 연동됩니다. 이를 통해 GC녹십자의 모든 구성원은 G Culture를 지향하는 것이 필수적인 일로 제도화하여 운영 중에 있습니다.

💡 그래서 얼마나 변화했을까

처음으로 GC녹십자를 알게 된 사람이라면, 처음에는 제조업과 제약업이 어떻게 조화롭게 결합하여 보수적인 문화를 형성했는지 이해하기 어렵겠지만, '의외로' 이 회사는 수평적이고 자율적인 문화를 갖추고 있다는 것을 알게 됩니다. 이 '의외로' 라는 표현이 중요한 역할을 합니다. 이 회사는 예상보다 더 자율적인 문화를 갖고 있지만, 아직도 더 나아가야 할 길이 있습니다.

실제로 2020년 G Culture 선포 이후, 회사 내에서는 직급을 폐지하고 직책으로 호칭하는 수평적인 조직문화를 지향하고 있습니다. 전무님이나 상무님이 아닌 실장님, 본부장님으로, 부장님이 아닌 팀장님으로 호칭하며, 직책이 없는 팀원은 '님'으로 호칭합니다. 이는 직급 상관없이 수평적인 조직문화를 지향하고, 정직하고 건강한 커뮤니케이션을 위한 것입니다. 그러나 현장에서는 아직도 대리님, 과장님 등으로 호칭하는 경우가 많습니다. 또한 회의 문화도 개선하기 위해 노력하고 있습니다. 회의 예약 현황 등을 정량적으로 분석하여 회의 시간을 줄이려고 했으나, 결과적으로 시간이 지나면 이전과 같은 상황으로 돌아오는 경우가 많았습니다. 이는 변화를 이끄는 것이 쉽지 않다는 것을 깨달았습니다. 그러나 확실한 것은, '변화가 일어나고 있다'는 것 입니다. GC녹십자에서 오래 일하신 분들은 최근 몇 년 사이에 회사가 많이 변화했다고 이야기합니다. 이 순간에 '나 때는 말이야'로 시작하는 라떼 이야기들이 도움이 되기도 합니다.

💡 조직문화 담당자로서 중요한 점

몇 년간 시행착오를 겪으면서 조직문화 담당자로서 역할 수행에 중요한 점을 이야기해보고 싶습니다. 첫째, 장기적인 관점에서 업무를 추진해야 합니다. 위에서 언급한 것처럼, 조직문화는 쉽게 변하지 않습니다. 그 변화를 가시적으로 감지하기도 쉽지 않습니다. 조직문화를 개선하기 전에 조직문화 담당자 본인이 동기부여가 하락하는 경우를 방지해야 합니다.

둘째, 조직문화는 다른 회사에서 쉽게 따라할 수 있는 것이 아니라, 우리 회사만의 경쟁력이라는 인식이 필요합니다. 그렇기 때문에 조직문화를 주관하는 부서가 이벤트 부서나 복지 부서로 국한되어서는 안 됩니다. 물론 조직문화에서 즐거운 에너지를 주기 위한 필수적인 역할도 있지만 주객이 전도되지 않아야 한다고 생각합니다.

셋째, 업무의 경계를 허물어야 합니다. 조직문화를 형성하는 데에는 회사의 제도, 리더십, 업무 환경, 공간 배치, 암묵적인 규칙(특정 폰트를 선호한다, 아침에 보고하면 퇴짜 맞는다 등), 경영실적 등 수많은 요소들이 영향을 주고 받습니다. 그렇기 때문에 부서의 업무 경계를 허물고, IT 시스템 개편 등 전사적인 변화를 적극 활용하며, 때로는 오지랖 넓게 활동하는 모습이 필요합니다.

마지막으로 가장 중요한 것은 경영진의 지원입니다. 경영진의 지원을 받기 위해 조직문화 담당자는 끊임없이 노력해야 합니다.

컬처 레버리지라는 책에 따르면, 조직 내에서는 수많은 조직문화를 갖고 있고, 각 조직의 리더가 허용하는 조직문화를 갖게 됩니다. 그 말은 조직문화에 관심을 갖지 않으면 그 조직의 미래는 어느 방향으로 나아갈지 예측하기 힘들다고 볼 수 있습니다. 수많은 조직문화를 하나하나 다 관리한다는 것은 사실상 불가능합니다. 결국 조직문화 담당자는 회사가 지향하고 있는 방향을 구성원에게 이야기해주고, 각 리더도 개별적인 조직문화를 가질 수밖에 없으나, 이 지향점 내에서 구축할 수 있도록 하는 것이 조직문화 담당자의 역할이라 생각합니다.

현실적으로 현장에서 근무하는 직원과 이야기를 나눠보면, '내 뜻 같지 않구나'라는 생각이 많이 듭니다. 이러한 이야기에 일희일비하지 않고, 결국에는 내가 하고 있는 일로 다른 회사에서는 따라올 수 없는 우리만의 고유한 경쟁력을 구축하고 있다는 마음을 갖고 있는 것이 중요할 것입니다. 인생은 가까이서 보면 비극, 멀리서 보면 희극이라는 말도 있으니까요!

그래서 GC녹십자의 변화는 지금도 "진행중" 입니다.

CHAPTER 04 Fun 문화, 수평적인 조직 문화가 무엇일까?

최상명

국내 대기업 및 외국계 기업에서 인사기획, 평가, 노무, 조직문화 등 HR전반의 업무를 수행하고 있습니다.

또한 관계사 인사제도 기획 및 신인사 프로젝트 등 통해 제조, 물류, 테마파크, 서비스 등 다양한 업종의 HR업무경험과 업무지식을 쌓을 수 있었습니다.

다양한 분야의HR 경력을 바탕으로 계속해서 발전하고 새로운 것에 도전하는 것을 가치로 삼고 있습니다.

회사생활이 재밌다구요?

대학시절 조직행동론 교재에 있던 "Fun문화"를 잊어갈 때쯤 최근 미국 플로리다 출장을 다녀왔습니다. 플로리다는 월트 디즈니 월드, 유니버셜 스튜디오, 레고랜드, 씨월드 등 전세계의 유명한 테마파크가 모여있는 테마파크의 수도로 불리는 곳이지요.

HR담당답게 채용공고가 가장 먼저 눈에 띄었고 특히 보상에 "시급12달러 + Fun문화"라고 쓰인 문구가 인상 깊었습니다. 우리나라에서 당연히 "시급과 복리후생만"이 보상이라 생각했는데 "Fun문화가 무슨 보상이지…"라는 의문과 함께 귀국을 했습니다.

글로벌 테마파크 출신 외국인 사장님에게 보고할 당시, '공공기관과 협약식 체결, 노사협의회 진행 등' 누가 보더라도 형식적이고 딱딱한 행사들에 대해 항상 받는 피드백은 'Fun하게 진행하세요' 였습니다.

국내 기업에서 10년 이상 근무하며 저는 그런 행사는 격식을 갖추고 형식적으로 진행해야 한다는 생각이 강했습니다. 하지만 회의에 참석한 공공기관 임원들도 레고 제품으로 꾸며진 회의실, 개성있는 이름표와 영어 이름들을 보니 회의 분위기가 'Fun'해지네요. 이런 분위기에서 기분 좋게 회의가 진행되는 것을 보면서, '항상 Fun하게 일을 하라'는 의미가 점점 이해되었습니다.

▲ 직원들의 개성대로 꾸밀 수 있는 이름표

어느 날, 내가 회사에서 힘든 생활을 하고 있을 때, 팀원이 나에게 다가와서 "사장님은 항상 회사생활을 Fun하게 즐기시는 것 같아요"라고 이야기했습니다. 이 말에 호기심이 생겨 직접 관찰을 해보니, 사장님은 실제로 회사 생활을 항상 Fun하게 즐기는 것처럼 보였습니다.

그 중 한 예로, 회사에서는 매년 전 세계 직원들을 대상으로 WWTK(The Wizard Wants To Know)라는 익명 온라인 서베이를 진행하고 있습니다. 이 서베이의 목적은 직원들의 피드백을 받아 건강한 근무 환경과 조직 문화를 조성하는 것입니다. 기존 회사에서도 유사한 조직 진단을 했었지만, 그것은 주로 Top-Down 방식으로 정규직 직원들만을 대상으로 진행되었습니다. 그 결과, 직원들의 참여율이 낮았습니다. 이는 향후 피드백이 없고 임원들이 시켜서 하는 것이기 때문에 직원들이 참여할 의지가 부족하거나, 직원들이 변화에 대한 기대가 없었기 때문이었습니다.

회사에서는 서베이를 진행하고 조직문화를 개선하기 위해 다양한 노력을 하고 있었지만, 기존 방식으로는 직원들의 참여가 낮았습니다. 그러나 외국인 임원들은 자발적인 참여를 유도하기 위해 푸드트럭을 준비하고 아이스커피를 제공하며, 현장 직원들의 참여를 독려하는 등 새로운 방법을 시도했습니다. 이러한 노력 덕분에 900명의 직원 중 91%가 서베이에 참여하게 되었습니다. 이는 메일이나 문자로 강요하는 것보다 더 효과적이었습니다. 이를 통해 작은 교훈을 얻었고, 회사는 직원들의 의견을 진지하게 받아들여 개선사항을 공지하며 신뢰를 주고 있습니다.

또한 매달 직원들이 회사의 Way에 맞게 행동한 우수 동료를 추천하고 Star를 뽑아 직원과 똑같이 생긴 레고 모양의 트로피를 별도 제작하여 사장님이 직접 전달하고 시상식을 합니다. 그리고 SLT(Sr. Leadership Team)가 주도적으로 직원들의 입사 백일을 기념하는 백일파티, 할로윈 코스튬 콘테스트, 크리스마스 이벤트 등 정기적으로 직원들의 Fun문화를 위한 각종 이벤트를 하고 모범을 보이는 것을 매우 중요시하게 생각합니다.

아직은 힘들지만 모든일을 Fun하게 해보라는 사장님의 말처럼 생각하다 보면 남들이 "저분은 회사생활을 Fun하게 하셨나봐요."라고 하는 이야기를 듣는 날이 올까라는 생각이 들기도 합니다.

💡 수평적인 조직문화가 뭐예요?

얼마전 인터뷰를 보는데 면접관들끼리 님 호칭을 하자 후보자가 다음과 같이 말했습니다. "부장, 차장이 없고 님호칭 쓴다구요? 와 수평적인 조직문화네요!"

최근 국내기업에서 수평적인 조직문화가 유행이고, 유행따라 회사들이 호칭을 "님. 영어이름"으로 변경하고 수평적인 문화가 되었다고 홍보합니다.

기존에 다녔던 국내 기업도 사대과차부의 직급호칭을 폐지하고 직급에 상관없이 "님"으로 변경하고 전사적으로 수평적인 문화를 홍보하였지만 직원들 누구도 회사가 "님"호칭 썼다고 수평적인 문화가 되었다고 생각한 사람은 없었습니다.

오히려 프로젝트를 담당하며 느낀 점은 수평적인 조직 문화가 주목적이기 보다는 직급 호칭을 없애고 직급 체계를 단순화시켜 "직원들이 특정 연차가 되면 승진이 된다는 연공에 대한 관심을 줄이고, 성과에 따른 보상을 해주겠다."라는 것이 주목적으로 해석되었습니다. 다만, 연공주의에 익숙한 직원들에게는 보상보다는 "수평적인 문화"로 접근하는 것이 거부감이 덜하였고, 수평적인 문화의 정의가 명확하지 않은 상태에서 기존의 직급 호칭 폐지는 많은 부작용들이 발생했습니다.

팀장을 포함하여 모두 "님"이 되어버린 직원들끼리 선임들은 "같은 님끼리 뭘 가르쳐라며" 선배 역할을 포기하고, 후배들은 "선배는 무슨? 님끼리 동등하지."라고 하며 사이가 벌어지기도 합니다. 심지어 임원, 팀장도 수평적인 문화이기 때문에 모두 동등하다고 생각하는 직원들 사이에서 Top-Down이 필요한 직무 및 부서에서 조차 계속해서 상사-부하 직원, 선배-후배 간의 불화가 발생하기도 했습니다.

거기에 "일하는 방식의 변화"라는 취지로 원격 근무와 자율 좌석 제가 도입되면서 직원들이 서로 직접 만나고 소통하는 시간이 줄고, 자리도 선배와 상사를 피해서 앉는 경우가 발생하면서 더욱 수평적인 조직 문화의 목적과는 괴리감이 발생하는 문제가 발생했습니다.

유럽계 외국 회사에서는 초반 코리안 타이틀(과장, 차장 등 호칭)이 있었지만 수평적인 문화라고 생각하는 직원들이 대부분이었습니다. 사장, 상무, 이사 등 직급에 상관없이 직원들이 회의나 사무실에서 평소 의견과 건의사항, 고충을 편하게 이야기했고, 상사들도 솔직히 피드백을 주었습니다. (피드백 예시 : '올해는 예산이 없어서 하지 못해요. 제 실수입니다. 그러나 좋은 의견이고 내년에 반영해 봅시다.')

사장실과 임원실이 별도로 있지만 문은 항상 열려있어서 지나가다 보이면 편하게 직원들이 들어가 이야기를 하였고, 오히려 그러한 행동이 권장되었습니다. 심지어 사장실은 커피, 음료수, 과자 등 휴게실처럼 꾸며서 직원들이 편하게 방문하고, 음료만 가지러 가는 직원들도 많았는데 사장님과 만나 "Hi, How are you" 인사를 하는 것만으로 더 친근해지는 느낌이었습니다.

직원들의 건의와 의견을 들었다고 모두 해주는 것은 아니었고, 특히 SLT(Sr. Leadership Team) 에서 결정이 된 업무지시는 Top-Down이 기본이었습니다. (외국인들은 업무시에는 더 위계질서가 있다는 느낌이 들고, 평소 대화나 관계에 있어서는 수평적인 문화가 혼재된 느낌이 듭니다.)

저는 그래서 수평적인 문화의 정의를 "직원들이 직급에 상관없이 자유롭게 본인 의사를 말할 수 있는 환경이다."라고 내립니다. 물론 가끔 직원들이 여전히 직급에 따라 위계적인 문화를 강조하는 경우가 있습니다. 그렇지만 만약 회사에서 상사에게 언제든지 의견을 자유롭게 말할 수 있고, 상사가 그것을 듣고 진지하게 대응한다면, 그 회사는 바로 수평적인 문화가 있는 회사라고 생각합니다.

CHAPTER 05 핀즐의 일하는 방식

민태식

인사, 총무, 재무회계, 사업관리, 서비스 운영, 에디터까지 두루두루 담당하고 있는
핀즐의 일당백 제너럴리스트
공공기관, 대기업을 거쳐 자유롭고 능동적인 스타트업에 정착
오늘도 팀원들과 함께 한 뼘씩 성장 중인 핀즐러

핀즐은 일상에서 예술을 경험하는 방법을 고민하며, 파인 아트, 일러스트레이션, 포토, 디자인, 그라피티 등의 장르에서 지금 주목받는 아티스트와 작품을 큐레이션하고, 누구나 쉽게 경험할 수 있도록 다양한 형태로 전달하려는 목표를 가지고 있습니다. 경쟁력 있는 글로벌 아티스트를 발굴하고, 그들의 차별화된 IP를 활용해 다양한 사업 분야에 아트 솔루션을 제공하는 "라이선스 비즈니스"를 운영하고 있습니다. 현재, 6명의 팀원이 디자인, 경영지원, 마케팅, 큐레이팅 등의 업무를 담당하며, 소규모 스타트업의 특성상 자율성이 높은 업무환경에서 일하게 됩니다.

소규모 스타트업의 특성상 자율성이 높은 업무환경에서 일을 하게 됩니다. 상대적으로 조직적인 중견기업 이상의 규모보다 질서와 체계가 잡혀있지 않기 때문입니다. 이러한 환경 속에서 구성원 모두가 전사적 단위의 의사결정에 참여하게 됩니다.

대규모의 조직에서는 최고 의사결정자가 조직의 비전과 미션을 수립하고 전파하는데요, 핀즐은 팀원 모두가 공감할 수 있으며, 모두에게 영감을 줄 수 있는 비전과 미션 그리고 핵심가치를 함께 수립합니다. 이러한 시간은 나의 성장이 곧 회사의 성장임을 인지하는데 큰 도움이 됩니다. 시간이 걸리더라도 우리는 앞으로 더 많은 시간을 보내야 하니까요.

그렇게 수립된 미션/비전/핵심가치는 다음과 같습니다.

미션 좋은 예술로 사람들의 일상을 단계별로 개선하고, 예술의 경험을 무한히 연결한다.

비전 대한민국 No.1 아트 슈퍼앱

핵심가치
1. Customer Centric: 고객 가치에 집중한다. (가치관)
2. Breakthrough: 목적 지향적으로 사고하고 빠르게 실행한다. (역량)
3. Responsibility: 본인의 업무와 성과에 높은 책임의식을 갖는다. (태도)
4. Consensus: 지시보다 공감대 형성을 통해 업무를 진행한다. (동료간)
5. Professional: 가족이 아닌 스포츠팀으로서, 프로답게 일한다. (회사와 개인)

업무 경험과 전문성도 중요하지만, 팀으로서의 시너지를 낼 수 있는 사람인지, 스타트업의 급변하는 상황 속에서 얼마나 임기응변 능력을 갖췄는지 판단하는 것이 중요합니다. 리더이자 일당백의 실무자가 되어야 하니까요. 공기업과 대기업의 기업 문화를 경험한 저에게는 적응하기 어려웠던 부분도 사실입니다. 굳은 마음가짐 없이는 불합리하다고 느낄 수 있으며, 아직 갖춰지지 않은 시스템에 많이 힘들어할 수 있습니다. 스타트업에서 일한다는 것은 아이를 키우는 것과 비슷하다고 생각합니다. 또 하나의 포인트는 바로 적당한 거리감과 적당한 유대감입니다. 최적의 퍼포먼스를 내는 데 가장 중요한 것은 커뮤니케이션이죠. 동료 간 원활한 커뮤니케이션에 필요한 것이 바로 '적당함'이라고 생각합니다. 너무 멀지도 않고, 가깝지도 않은 사이. 그것이 저희가 추구하는 '적당함'입니다.

매주 월요일 주간 회의 시작 전 한 주간 개인적인 이슈를 공유합니다. 재미있는 해프닝이라면 더없이 좋고요. 어떤 팀원은 이 시간을 위해 한 주간 이야기보따리를 채워놓기도 합니다. 커피 타임으로 한 주를 시작하는 것. 무겁게 느껴지는 한 주의 무게감을 덜어주는 쉽고도 효과적인 방법이죠.

핀즐의 급여일은 매월 말일입니다.
말일이 되면, 저는 핀즐의 팀원들에게 급여명세서와 함께 메일로 편지를 적어 보냅니다. 길지 않은 몇 줄의 글이지만, 동료들에겐 큰 동기부여와 유대감을 주는 것 같습니다.

다음은, 10월 말일자로 보낸 급여명세서 메일 전문입니다.

안녕하세요 민태식입니다.

올해의 끝을 두 달 남겨둔 시점.
이제는 마무리를 생각해야 하는 11월이 왔습니다.

역시나 시작보다 어려운 건 끝을 맺는 것이라고 생각합니다.
올해 초 뜨거운 마음을 갖고 시작했던 여러 일들 중 끝을 맺지 못한 것들이 많습니다.

조금씩 차가워지는 공기에, 올해 초 했던 다짐들이 떠오르네요.
대부분의 다짐은 기억과 기록을 뒤져봐야 발견할 수 있을 정도로 깊이 파묻혔지만, 손을 뻗어 다시금 꺼내어 봅니다.

라스트 스퍼트. 연말은 그런 시간이죠.

짧아진 일몰시간 덕에 퇴근 전 라운지에서도 일몰을 볼 수 있습니다.
저에겐 요즘 5시 무렵 서울역 너머로 지는 해를 보는 게 일상에 큰 행복입니다.
여러분의 하루에도 그런 소중한 순간들이 있다면 좋겠습니다.

지난 주말 안타까운 일이 있었죠.

삶은 선택의 연속이며, 연속된 선택이 만든 이야기라 생각하지만,
이야기의 끝이 이렇게 끝날 거라 예상한 이는 아무도 없었을 거예요.
사고의 원인과 잘잘못은 차치하고, 그저 무거운 마음뿐이네요.

별일 없이 무탈한 11월이 되길 진심으로 바랍니다.

민태식 드림

우리는 예술과 관련된 일을 하는 사람들. 함께 영감을 나누고 공감대를 쌓으면 좋겠다.

그렇게 시작한 것이 바로 핀즐날입니다.

핀즐 팀은 매월 마지막 금요일에 day off를 갖습니다. 이날은 업무에서 잠시 벗어나 맛있는 음식을 먹고 함께 전시를 보러 갑니다. 핀즐의 큐레이터가 전시를 포함한 핀즐 날의 프로그램을 계획합니다. 자유롭게 전시를 관람하고 큐레이터가 관람 전에 던져준 질문에 대해 생각과 감상을 나누는 시간을 갖습니다. 핀즐의 아이덴티티를 잃지 않으면서 지친 일상을 환기시키는 소중한 시간입니다.

이러한 작고 큰 이벤트들이 핀즐 팀원들 사이에 적당한 거리감과 유대감을 형성합니다. 대표님을 비롯한 핀즐 팀원들은 서로 직원이 아닌 동료와 팀원으로써 회사와 서로를 대합니다.

소규모 스타트업의 특성상 한 팀원이 자리를 비우게 되면 공백이 크게 남게 됩니다. 디자인이나 재무회계와 같은 전문성이 필요한 분야는 다른 팀원이 업무를 대신하기 어렵기 때문에 업무 공백은 불가피합니다. 휴가나 출장 중에도 본인 파트의 업무를 수행해야 하는 상황이 발생하므로 워라밸과는 거리가 멀어질 수 있다는 한계점이 있습니다.

핀즐 팀은 가벼운 마음으로 중요한 일들을 시작하는 것을 중요시합니다. 새로운 비즈니스 모델이나 제품에 대한 아이디어를 제안한 최초 발제자가 PM을 맡아 프로젝트를 이끌게 됩니다. PM은 단지 컨트롤타워의 역할을 수행할 뿐입니다. 아이디어를 실현하기 위해 필요한 요소들을 적절하게 배치하여 팀원들의 역량과 인력이 모두 집중되도록 하는 것이 중요합니다. 그렇게 하면 프로젝트에 대한 부담감이 줄어들게 됩니다.

핀즐의 그림 정기구독 서비스처럼 그림을 교체하는 핸드폰 케이스를 만들면 어떨까?

이 아이디어에서 프로젝트가 시작되었습니다. 아이디어 발제자는 상품 기획과 비주얼라이징은 크리에이티브 디렉터에게, 상품의 컨셉 및 판매 전략은 마케터에게, 대중들에게 보여질 카피라이팅과 상세 설명은 편집장에게 요청했습니다. 데드라인은 OKR을 통해 팔로우업 했고, 주간회의 때 진행상황을 공유했습니다. 이 프로젝트는 핀즐의 데일리 아트 폰케이스라는 결과물로 이어졌습니다.

핀즐에서의 업무 평가의 중요 요소에는 '동료와의 관계'가 있습니다. 성과를 이야기할 때 '아이디어와 여러 의견을 어떻게 활용했는지.', '반대로 동료의 프로젝트에 어떠한 형태로 기여했는지.'가 중요한 척도로 평가됩니다.

기존의 수치로 표현되는 성과 평가 툴은 업무를 정량적으로 측정하기 어려운 직군에서는 상대적으로 불리한 영향을 미쳤습니다. 성과가 수치화되어야 하는 직군에서도 성과에 대한 압박을 크게 받을 수 있습니다. OKR을 운영하면서 이러한 문제에 대해 내부 인원 모두 깊은 공감을 했으며, 오히려 목표를 설정할 때 숫자를 최대한 배제하고 있습니다. 이를 보완하기 위해 추가로 도입한 것이 'HeyTaco!'입니다. 메신저로 사용 가능한 슬랙에서 동료들에게 고마움을 표현하기 좋은 가벼운 툴이었습니다. 받은 타코의 양을 가시적으로 파악할 수 있는 것도 큰 장점입니다. 동료 간에 '적당한' 거리감을 형성하는 데 큰 도움이 되었습니다. 역시 칭찬은 팀원들을 춤추게 합니다.

핀즐은 6년차 스타트업이지만 초기 엔젤투자 이후 아직 투자를 유치한 이력이 없어 소규모 조직의 형태를 유지하고 있습니다. 앞으로 규모가 확대될 경우 일하는 방식을 어떻게 조정할지에 대한 고민이 필요하지만, 현재로서는 적당한 거리감과 유대감을 유지하며, 일하기 편한 기업을 만들기 위해 함께 노력하고 있습니다.

CHAPTER 06 자회사형 장애인 표준사업장은 어떻게 일하고 있을까?

이영호

- 서울대학교 사회적경제 리더과정 1기
- 한국기술교육대학교 대학원 박사 수료(인력경영 전공)
- 아주대학교 대학원 석사 졸업(인사조직 전공)
- ROTC 54기

안녕하세요. 행복모아 인사담당자 이영호 TL입니다. 행복모아는 SK하이닉스의 자회사이며, SK그룹 최초의 자회사형 장애인 표준사업장입니다. 또한 구성원 550여명 중 430명 이상의 장애인이 근무하고 있어 국내 최대규모이기도 합니다. 본사는 충청북도 청주에 위치하여 방진복 제조 및 세탁 사업을, 지사는 경기도 이천에 위치하여 제과제빵 사업을 영위하고 있습니다. 저는 청주 본사에서 전사 제도 기획 및 운영, 노사 및 대관, 윤리경영 등을 담당하고 있습니다.

아마 인사담당자라면 '장애인 고용'에 대해서 한번쯤은 심도 깊은 고민을 해보셨을 겁니다. 그럼에도 불구하고 대부분 '자회사형 장애인 표준사업장'에 대해서는 생소함을 느끼고 얻을 수 있는 정보의 양도 많지 않기에 쉽게 접근할 수 없었을 것이라고 생각합니다. 이번 기회를 통해 '자회사형 장애인 표준사업장'의 구성원들은 어떻게 생활하고 있는지 자세하게 공유드리고자 합니다.

▲ 행복모아 청주본사 전경

　우선 '행복모아는 어떻게 일하고 있는가?'를 소개하기에 앞서, 대한민국 장애인 고용 시장에 대해 알아보겠습니다. 현재 '장애인 고용촉진 및 직업재활법'에 따라 일정 규모 이상의 기업이라면 전체 근로자 정원의 일정 비율을 장애인으로 의무적으로 고용해야 합니다.

　2022년 기준으로 민간 기업은 전체 근로자의 3.1%를 의무적으로 채용해야 하고, 관약 100명 이상의 사업장에서 이를 준수하지 않았을 경우에는 장애인 고용 부담금을 납부해야 하는데, 납부해야 합니다. 고용 부담금이 적은 금액이 아니라 일반적인 기업에서는 이를 무시하고 넘어가기에는 다소 부담이 있습니다. 하지만 대부분의 기업 운영이 비장애인 위주로 세팅되어 있고, 장애 구성원이 쉽사리 접근가능한 직무가 많지 않은 것도 현실입니다. 그렇기에 무턱대고 장애인을 채용한다고 해도, 기업에서 제대로 활용할 수 있는 직무가 없으면 결국 방치된 인력이 될 가능성이 높고, 향후 추가적인 장애인 채용에 있어서 더 고민이 깊어질 수 밖에 없는 악순환이 반복됩니다.

그러다보니 많은 기업들은 '장애인 연계 고용' 제도를 활용하여 장애인 의무고용 이슈를 해결하고 있습니다. '장애인 연계 고용'이란, 회사에서 장애인을 직접 고용하는 것이 아니라 장애인이 고용된 사업창의 물품이나 서비스에 대하여 비용을 지불하고 사용하면 그 금액의 최대 50%를 장애인 고용 부담금에서 감면해 주는 제도입니다. 뿐만 아니라 또 다른 방법으로 '장애 체육인 지원' 등의 모습도 있으나 다수의 기업들은 일반적으로 널리 알려진 물품 구매나 서비스 이용을 하고 있습니다.

여러 방법 중에서 요즘에는 장애인 고용에 있어서 '자회사형 장애인 표준 사업장 제도'가 점차 확산되고 있는 추세입니다. '장애인 고용촉진 및 직업재활법'에 의거하여 경쟁적 노동시장에서 직업활동이 곤란한 장애인에게 안정된 일자리를 제공하고, 기업에게는 장애인 고용의무를 자연스럽게 충족할 수 있도록 하기 위하여 도입된 제도입니다.

이 법에 따라 설립된 자회사형 장애인 표준 사업장은 모회사에서 고용한 것으로 간주하여 장애인 의무고용률에 산입하며, 중증장애인을 고용한 경우에는 2배수로 인정하고 있습니다. 자회사형 장애인 표준 사업장 설립 요건에는 몇 가지 기준이 있지만, 경험상 그렇게 까다로운 기준으로 판단되지는 않습니다. 장애인 표준 사업장을 설립하는 경우에는 장애인 신규 고용 인원에 따라 최대 10억원까지 지원하며, 설립 후에는 통근용 버스 구입 등의 지원, 장애인을 위한 편의 시설을 설치하거나 구입 또는 수리하는 경우에 소요되는 비용 전액 또는 일부를 지원받을 수 있습니다.

이 밖에 장애인 고용장려금과 고용시설자금 저리 융자, 직원 채용 보조금 지급, 직업생활 상담원 및 작업지도원 등의 활용, 장애인 채용 인력 풀 제공, 고용 관리 컨설팅 등 다양한 지원을 받을 수 있습니다.

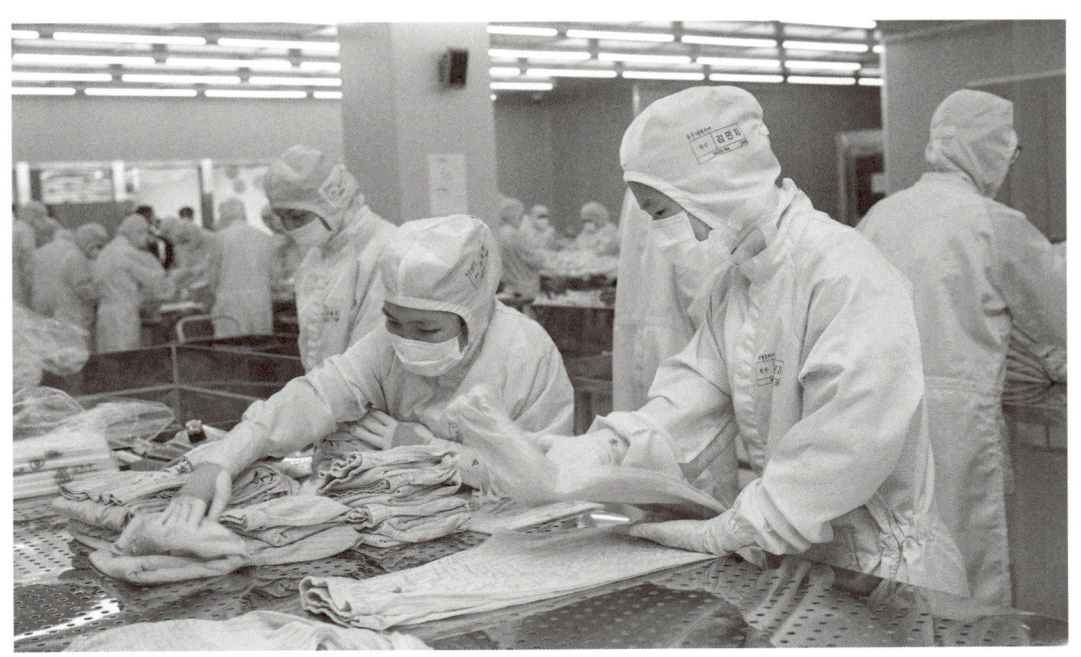

▲ 충청북도 청주 본사 – 방진복 제조 및 세탁

다양한 정부 지원으로 인해 '자회사형 장애인 표준사업장' 제도는 포스코를 시작으로 LG, 삼성, SK 등 여러 대기업들이 적극적으로 참여하여 ESG 경영이 화두가 되는 현 시점에서 사회적으로 적극 확산되고 있는 추세입니다. 그렇다면 장애인 표준사업장은 여타 비장애인으로 이루어진 사업장과는 다르게 어떻게 운영되고 있으며, 어떻게 일하고 있는지 행복모아의 사례를 통해 확인해 보겠습니다.

행복모아는 SK하이닉스와 함께 장애인에게 안정적인 일자리를 제공하고, 경제적인 자립 및 생활향상을 도모하는 동시에 장애인 고용촉진 및 직업재활에 관한 정부의 시책에 적극 협조하며 지역 사회에 이바지함으로써 준법경영 및 사회적 책임을 다하기 위해 설립되었습니다. 2016년 10월 법인 설립 이후, 법정 의무고용률 이상으로 장애인을 고용하여 '더불어 함께' 살아가는 세상을 만들어가고 있으며, 2022년 기준으로 모든 구성원이 100% 정규직으로 운영되는 회사입니다. 충청북도 청주 본사는 SK하이닉스의 반도체 클린룸에서 사용하는 방진복 등을 제조, 유통, 세탁하는 사업을 영위하고 있으며, 경기도 이천 사업장은 SK하이닉스 구성원의 행복간식을 책임지는 제과제빵 사업을 진행하고 있습니다.

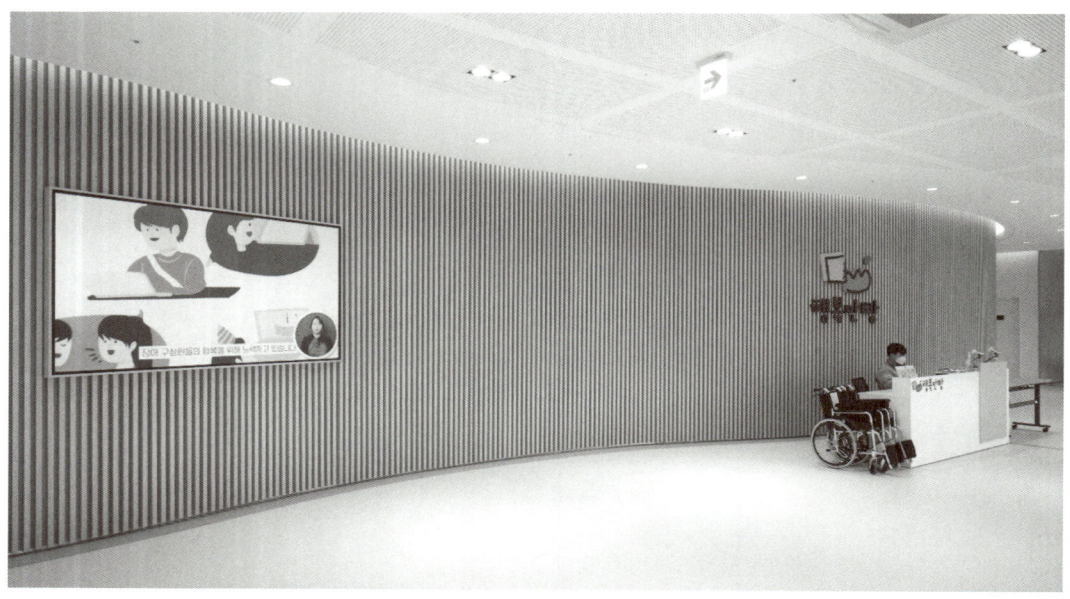

▲ 경기도 이천 사업장 – 제과제빵

초기에 청주 및 이천 사업장을 세팅할 때부터 장애인을 충분히 고려하여 사업장을 설계하였고 덕분에 사업 운영에 필요한 편의 및 생산 시설 등을 장애 구성원들이 적극 활용할 수 있도록 하였습니다. 이러한 사업장 구성으로 한국장애인고용공단에서 장애물 없는 생활 환경 인증인 BF(Barrier Free) 최우수 등급의 인증을 받기도 했습니다.

혁신적인 경영을 위해서 단순히 장애인에게 일자리를 제공하는 것에서 나아가, SK하이닉스 ValueChain 상의 한 공정인 클린룸 시설을 갖춘 방진복 제조 및 세탁 공정을 특화하여 장애인이 전담하도록 하여 장애 구성원 스스로가 맡은 바 역할에 대하여 자부심을 느낄 수 있음은 물론, 특화된 기술을 습득하도록 함으로써 고용을 유지할 수 있도록 하였습니다. 이는 한국장애인고용공단과 고용개발원과 함께 장애인에게 적합한 직무를 발굴 및 개발한 후 발굴된 직무 교육을 실시함으로써 장애인 고용의 폭이 확대되도록 하였다고 볼 수 있습니다. 또한, 직무 수행에 있어 어려움이 발생하지 않도록 최적의 맞춤형 미싱 작업대, 높낮이 조절 작업대 등의 장애인 보조공학기기를 지원함으로써 물리적 작업 환경을 개선하여 그동안 장애인에게 적합하지 않던 직무를 장애인도 수행할 수 있는 적합한 직무로 탈바꿈하고 있습니다.

최근에는 제과제빵 직무를 새롭게 발굴하여 경기도 이천 지역에 제과제빵 사업장을 2022년에 신규로 완공하여 장애인 직무 범위를 점진적으로 확대하고 있습니다. 이러한 맞춤형 교육과 작업환경 개선 등은 지속적으로 생산성 향상까지 이어졌고 제품 및 서비스에 이르는 전 생산과정에 걸친 품질보증을 평가받은 결과, 2020년에는 ISO 9001 국제인증을 받기도 했습니다. 제과제빵 사업장의 경우에는 장애구성원들이 비장애인과 동일한 조건 및 내용으로 '제과제빵 기능사' 자격증 시험에 도전하여 현재 14명의 장애구성원이 제과제빵 기능사 자격을 취득하여 전문성을 향상하고 있습니다. 장애인으로 이루어진 사업장이라고 하여 품질이나 기타 조건 등에서 뒤처질 것 같다는 사회적 편견을 이겨내기 위해 끊임없이 노력하고 있습니다.

▲ 이천사업장 제빵 상품

채용에 있어서는 한국장애인고용공단의 지역별 지사 등을 통해 장애인을 모집하고 있으며, 면접 또한 한국장애인고용공단과 협업하여 폭넓은 장애인 인력을 확보하고 전문적인 채용을 진행하고 있습니다. 그리고 모집 시 청각장애인의 경우 수어통역사를 지원하거나 사회복지사 등을 활용하여 면접에 어려움이 없도록 하였으며, 이동편의시설, 면접시간 조정, 보조공학기기 제공, 활동보조인, 수어통역사, 근로지원인, 직무지도원을 지원하여 장애인들의 불편을 최소화하여 공정하게 채용의 관문을 통과할 수 있도록 하였습니다. 면접 이후에도 한국장애인고용공단의 지역별 발달훈련센터 등을 통해 약 1개월 정도의 직무교육 등을 시행하여 직무의 이해도를 높이는 것은 물론, 신속하게 현장에 적응할 수 있는 기회를 만들어 두었습니다.

장애인뿐만 아니라 비장애인을 채용함에 있어서도, 취업시장에서 어려움을 겪고 있는 40대 이상의 준고령 여성인력 위주의 채용을 통해, 부모와 같은 마음으로 장애구성원들의 업무를 지도하고 고충을 적극적으로 해결하는 중요한 역할을 수행하고 있습니다. 또한 약 8명 정도의 사회복지사가 장애구성원들과 비장애구성원의 원활한 소통을 위한 가교 역할을 책임지고 있습니다. 사회복지사들은 장애구성원의 장애유형별 맞춤형 관리를 통해 효과적으로 지원하고 있습니다. 그리고 행복모아의 장애구성원 유형 중 80% 이상이 중증 발달장애인임을 감안하여, 사내에서 진행되는 다양한 행사 및 일정, 안내사항 등을 네이버 밴드를 활용하여 장애구성원의 보호자들과도 양방향 소통을 지향하고 있습니다.

'코로나19'로 인하여 전 세계적인 불황과 그에 따른 대량 실직 사태에도 불구하고 행복모아는 오히려 2020년 1월부터 같은 해 12월까지 약 100여명의 장애인을 추가로 고용함으로써 사회적 선순환에 기여하고자 하였습니다. 단순히 고용증진에만 초점을 맞추지 않고 구성원의 행복을 위한 근로조건 및 처우개선을 위한 노력도 게을리하지 않고 있는데, 이런 노력을 통해 일자리의 질을 상승시키고 있습니다. 현재 장애구성원에게 꼭 필요한 연간 500만원 한도의 의료비를 지원하고 있으며 300%의 명절격려금 및 생산성과급을 지급하여 경제적 부담을 덜어주고 있습니다. 또한 전체 구성원 평균연령이 29.4세로 상대적으로 젊은 분위기 속에서의 자유로운 근무환경이 행복모아의 특징 중 하나입니다. 복장부터 업무까지 형식에 구애받지 않고 실속과 효율을 추구하는 모습에서 꾸준한 소통으로 느리더라도 장애구성원과 함께 나아가고 있습니다. 소위 요즘 말하는 MZ세대들이 절대 다수를 차지하고 있는 인원 구조에서 워라밸, 법적기준 이상의 모성보호제도 등을 보장하고자 다함께 노력하고 있습니다.

출산 축하금 지원, 태아 검진 휴가(7일 유급), 난임 치료 휴가(5일 유급), 체외 및 인공 수정 시술비 지원, 배우자 출산 휴가(10일 이상 유급), Family Day 휴가(장애인의 날, 생일, 결혼 기념일 유급), 입학 자녀 돌봄 휴직, 장기 근속 포상(5년 단위 포상금 및 휴가) 등 다양한 복리후생으로 구성원을 행복하게 하기 위해 오늘도 고민하고 있습니다. 이러한 복리후생 결정에 있어서도 기업의 일방적인 숙고를 통해 결정하는 것이 아니라 다소 시간이 소요되더라도 구성원의 의견을 적극적으로 청취하고 함께 의논하여 실현 방법을 찾아내고 있습니다. 이러한 노력 덕분에 자회사형 장애인 표준 사업장 중 이직률이 가장 낮은 사업장이기도 합니다.

▲ 청주 본사 1층 휴게실

입사 후에도 추가적인 직무 교육 및 현장 실습 등을 통해 평가를 진행하고 결과에 따라 적합하고 효율적으로 직무에 배치하고 있습니다. 직장 생활 간 사내 전담 사회복지사를 통해 개인·집단 상담 및 사례관리를 진행하고, 분기별 장애 구성원 간담회를 통하여 건의사항을 청취한 후 그에 따른 개선 조치도 적극적으로 취함으로써 장애 구성원의 업무 만족도와 성취감을 높이고 있습니다. 또한 장애 구성원 교육을 진행함에 있어서도 직무 관련 교육 뿐만 아니라 장애 구성원이 사회에 안전하게 자립할 수 있도록 관공서(우체국, 은행 등) 이용하기, 위생 교육, 스마트폰 교육 등의 자립 지원 교육도 지속적으로 진행하고 있습니다. 평가 및 보상 제도를 세팅하고 운영함에 있어서도 매년 구성원들의 의견을 반영하여 제도를 설계합니다. 이러한 모습들이 수용성 높은 제도를 만드는 데 조금이나마 도움이 된 것 같기도 합니다. 또한 인사 평가가 구성원 서로 간의 비교가 아닌 구성원 개개인별로 맡은 역할을 충실히 수행하고 있는지 성과의 이행 및 창출 관점에서 접근하고 있으며, 성장과 육성에 초점을 맞추고 있습니다.

▲ 가족초청 문화행사_Movie Day

업무 외에도 상대적으로 문화생활 등이 취약한 장애구성원들의 고충을 해결해 주고자, 영화관을 전체 대관하여 구성원을 위해 영화를 상영하는 분기별 Movie Day, 사내 밴드, 사내 라디오 방송반, 합창단, 핸드볼 동아리 등을 운영하고 있습니다. 내부 구성원의 만족도 향상에서 멈추지 않고, 지역사회와 함께 호흡하고 행복한 사회를 만들기 위해 끊임없이 나눔을 실천하고 있습니다. 나눔을 진행함에 있어서도, 단순한 금전 기부를 지양하고 방역 키트를 구성원들과 함께 만든다던가, 지적 장애인 실종 예방 GPS를 배부하는 등 다른 취약계층들에게 스스로 '나도 누군가에게 도움을 줄 수 있다'라는 자부심을 느끼게 하고, 지역사회와 공존·공영하는 계기를 만들어내고 있습니다.

행복모아는 2016년에 법인이 설립된 이후, 끊임없이 구성원과 함께 발전해나가고 있습니다. 지속적인 소통과 구성원을 위한 다양한 제도와 정책들이 지금의 모습을 만드는 데 크게 일조한 것 같습니다. 자회사형 장애인 표준사업장이 반드시 이렇게 운영되어야만 하는 것은 아닙니다. 또한, 여러 회사의 다양한 사정을 고려한다면 더 행복하고 발전된 회사를 만들 수도 있습니다. 다만, 이번 기회를 통해서 '이런 방법으로도 장애인 표준사업장을 운영할 수 있구나'의 하나의 사례 연구 개념으로 이해하시면 도움이 되실 것 같습니다.

저는 행복모아라는 회사에 이직하기 전에는 보수적인 조직 문화를 가진 제조업에서 인사 담당자로 근무하였기 때문에, 처음에 행복모아에 오면서 많은 고민을 했습니다. 다수가 장애인으로 구성된 표준 사업장이기 때문에, 조직 문화 형성에는 다른 관점에서 접근해야 했고, 인사 제도를 마련하고 운영하는 것에도 다시 한번 바라봐야 할 필요가 있었습니다. 하지만, 비장애인 사업장과 크게 다르지 않다는 것을 최근에 자주 느끼고 있습니다. 그러나 업무를 하면서 '장애인 표준 사업장의 경우 초기 세팅 및 운영 과정에서 많은 공수가 필요할 수 밖에 없겠구나'라는 사실은 부정할 수 없다고 생각합니다. 다만, 기업 입장에서는 이러한 투자들이 무조건적인 매몰 비용은 아닐 것이라고 말씀드리고 싶습니다. 물론, 비장애인에 비해서 객관적인 생산성이 떨어지는 것 또한 사실입니다. 하지만, 장애 구성원들도 초기 업무 습득에 있어서 다소 느릴 뿐이며, 습득 후에는 비장애인과 견주어도 크게 부족함이 없는 것 같습니다. 오히려 업무 지구력 등에서는 때때로 큰 장점을 가지기도 합니다.

짧은 글이었지만, 위 내용을 통해 기업 속에서 결국 장애인표준사업장도 비장애인사업장과 동일하게 일하고 어울림을 통해 조직문화를 형성하고 있습니다. 다만 발달장애인이 절대 다수를 구성하고 있다 보니 비장애인사업장보다는 개성있는 분위기 속에서 정겹게 일할 수 있는 것이 특징입니다. 어떠한 형태이든 사람이 모여있는 조직사회는 종국적으로 구성원들이 경쟁과 승부가 아닌 상생과 연대를 통해 얼마나 잘 조화를 이룰 수 있느냐가 핵심인 것 같습니다. 짧은 글이었지만, 위 내용을 통해 기업 속에서 '장애인'을 바라보는 '특별한 렌즈'를 얻으셨으면 좋겠습니다. 색다른 시선으로 접근해보면 '장애인 표준 사업장이라는 제도가 생각보다 굉장히 재밌는 공간을 만들어내는구나'라는 느낌을 받을 수도 있습니다. 문득 ESG 경영이 강조되는 트렌드에 정말 적합한 기업 구조가 아닐까라는 생각이 듭니다. 다양한 제도들을 통해 더 많은 사람들이 행복할 수 있고 아름다운 사회의 초석이 될 수 있었으면 좋겠습니다. 조금 느리더라도 동행할 수 있는 사회가 지속가능한 미래에 조금 더 가까워질 수 있는 방법이 아닐까라고 조심스럽게 말씀드리며 이만 글을 마치도록 하겠습니다. 감사합니다.

행복모아 약력

- 2022.12.14 / 가족친화기업 인증 (여성가족부)
- 2022.10.12 / BF_최우수 등급 인증_이천 (한국장애인고용공단)
- 2022.04.08 / KOSHA-MS 인증 (한국산업안전보건공단)
- 2021.11.24 / HACCP 인증 (한국식품안전관리인증원)
- 2021.12.23 / 일자리창출유공자 (은탑산업훈장_대통령 훈장)
- 2021.07.27 / 대한민국 일자리 으뜸기업 선정 (대통령 인증)
- 2021.04.15 / 장애인고용촉진유공자 (철탑산업훈장_대통령 훈장)
- 2020.12.01 / ISO9001 인증 (국제표준화기구)
- 2020.12.21 / 중증장애인 코로나19극복 우수사례 선정 (한국장애인고용공단)
- 2020.11.16 / 장애인고용우수 사업주 (고용노동부, 한국장애인고용공단)
- 2018.12.21 / 올해의 편한 일터상_최우수 (고용노동부)
- 2018.03.06 / BF_최우수 등급 인증_청주 (한국장애인고용공단)

CHAPTER 07 일하는 방식? 주인 의식도 조직문화의 일환이다

홍기훈

궁극적으로 임직원의 성과 창출을 도울 수 있는 HRer. 성과 창출 컨설턴트가 되고자 합니다. 조직 문화 개선도 결국은 성과 창출의 일환이겠지요?

現 (주)LF HR실 People BSU장(부장)
現 한국인사관리협회 편집위원, 한국 HRD협회 정회원, 네이버 블로그, 유튜브 빨간열정
前 (주)현대백화점그룹 HR담당, (주)세정 HR리더

조직문화(기업문화)는 뭘까?

　조직문화, 기업문화, 일하는 방식에 대한 이야기를 많이 듣게 되는데, 이러한 용어들은 추상적이어서 사람마다 이해하는 방식이 달라질 수 있습니다. 저는, 하나의 조직에서 일하는 방식이 그 조직의 조직문화 혹은 기업문화라고 생각합니다. 이러한 문화는 회사의 핵심가치를 기반으로 하고 있으며, 핵심가치를 바탕으로 직원들의 인재상이 형성됩니다. 이러한 인재상을 기반으로 회사는 인사제도, 인사 규정, 경영 철학 등을 운영하게 됩니다. 이러한 운영 방식이 직원들의 태도와 행동으로 나타나며, 이것이 결국 회사의 일하는 방식으로 구축됩니다. 이러한 방식이 문화가 되는 것이죠. 이것이 이론적인 설명입니다.

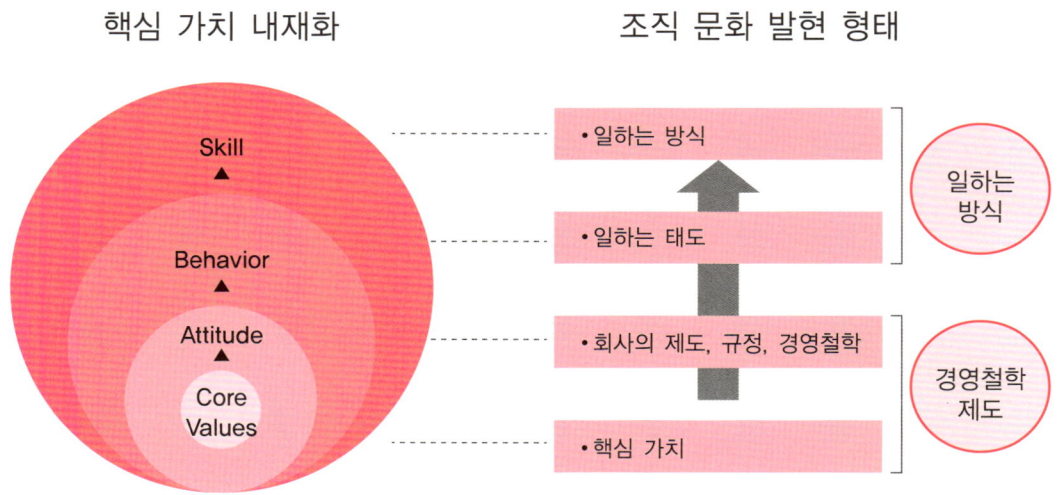

LF의 기업문화, 일하는 방식

LF는 Passion, Innovation, Ethic이라는 핵심가치(Core-Values)를 가지고 있습니다. Passion : 현장에서 즉시 실행하고 결정합니다. Innovation : 1등을 위하여 어제와 다르게 일합니다. Ethic : 언제나 선택의 기준은 정직과 공정이라는 철학 아래 운영하고 있습니다.

이를 근간으로 하여 일하는 문화를 몇 가지 소개해 드리면, 의사 결정과 실행 위주의 문화로 경영진 회의에서 장황한 보고서 작성을 지양하고 1페이지 위주의 보고서 작성을 지향합니다. 모든 내용은 현실성 있는 내용의 실행 위주로 작성하여 추상적이거나 개념적인 단어들은 최대한 배제하고, 모르는 사람도 이해할 수 있는 객관적인 단어와 숫자 위주로 작성합니다. 보고는 상황 설명보다는 의사결정을 통해 차후 실행을 할 수 있도록 하는 것을 위주로 진행됩니다. 이를 위하여 웹, 모바일에서 실시간 브랜드별/유통 채널별 매출, 손익 현황, Best 상품과 Worst 상품이 실시간으로 제공되며, Teams 메신저, LF Talk, 모바일 정보 등으로 임직원 간의 소통을 원활하게 하는 온라인 툴(Tool)을 제공합니다.

남과 다르게 차별화하기 위해서는 직원들의 다양한 시각이 필요하며, 체계적인 직원 육성도 필요합니다. 사업별 특성에 따라 CIC 제도(Company in Company)를 통해 사내 벤처 제도를 운영하고 있으며, 다양한 사업 제안을 통해 실제 사업 기회를 제공하여 사업화를 진행합니다. 이를 통해 던스트(Dunst), Cosmetic 사업, 신규 브랜드 등을 시작하게 되었고, 던스트는 분사해서 과장 정도 된 직원이 한 기업의 대표가 되었습니다. 기회는 수평적으로 주어지며, 사업을 리딩할 수 있는 직원이라면 직급이 아니라 본인의 업무 역량과 의지에 따라 기회를 활용하게 됩니다.

직원 육성을 위해 형식적인 경력 개발 제도를 지양하고, 개인별 자기주도 학습은 물론 Successor(후계자)들의 역량 향상을 위해 매년 7월 경 경력개발 코칭 제도를 실시합니다. CDP 면담 시 업무 성과 목표 수립에만 초점을 맞추지 않고, LF에서는 직원 개인의 인생 목표를 돕는 방향으로 논의하는 코칭 자리를 중요하게 생각합니다. 이를 통해 개인에 대한 육성 계획을 수립하고, 직무 순환, 업무 부여, 별도의 과제 부여, 교육 지원, 개인 인생 목표에 관련된 지원 등이 이루어집니다. 실제로 매년 직무 순환, 다른 업무로 전환, 해외 연수자 선발, Successor(직책 후보자) 선정 등이 이루어지고 있습니다. 일부 직원들은 액션 러닝(Action Learning) 기반의 문제 해결 프로젝트를 진행하여, 실제 문제를 해결하도록 도와주기도 합니다. 이를 통해 많은 업무들이 개선되고 실제 사업화되기도 합니다.

실제 단위 조직에서 리더는 중요하며 조직에서 한 사람의 리더십 역량은 사업 성과 뿐만 아니라 조직 문화와 일하는 방식에도 영향을 미칩니다. 이에 조직 문화 진단과 직책자 리더십 360도 다면 진단을 매년 실시하여 피드백, 리더십 교육, 개선 활동을 진행합니다. 조직 문화 진단은 전략, 일, 사람, 제도, 문화, 협업 등 다양한 영역에서 세부적인 내용을 파악하기 위해 진행됩니다. 상위 5개의 요소를 도출하여 개선 활동을 진행하고, 브릿지 보드 멤버들의 심층 인터뷰(FGI)로 이어져 비효율적인 업무 제거, 직원 의견 수렴 및 조직 개선 활동이 이루어집니다. 리더십 진단은 매년 임원/팀장 이상 직책자를 대상으로 실시되며, 결과는 개별적으로 활용됩니다. 진단의 객관성을 높이기 위해 Vale-Chain상 함께 협업하는 직원들을 전체 의견 조사 대상으로 선정하고, 그 결과는 다양한 방식으로 제공됩니다. 일반 팀원들은 년 1회 동료 피드백(Peer Group Feedback)을 받아 자신의 강점과 개선이 필요한 부분을 인지하고 개선 포인트를 제공받습니다. 매년 리더들은 사업 전략과 직원들에게 피드백하는 방식과 코칭 방식에 대한 실전형 교육을 받습니다. 또한 '칭찬합시다'라는 제도를 운영하여 분기별로 우리 사업부에서 가장 기여한 직원들에게 사업부장이 시상을 하여 평소에 경험하지 못한 다양한 라이프스타일을 경험하도록 하고, 직원들은 임원으로부터 칭찬과 칭찬 선물을 받으며 칭찬과 독려 문화가 자리 잡고 있습니다.

직원들의 일과 삶의 균형을 위해 우리는 전사적으로 휴무 제도, 선택적 출근 시간제도, 육아 지원 제도, 그리고 심리 상담 제도를 운영하고 있습니다. 특히 육아 지원 제도는 직원들의 만족도가 높은 제도로, 실제로 육아 지원이 필요한 모든 직원들에게 제공되며 업무 시간 중에는 가정 근처에 있는 어린이집에 보내면 추가비용을 지원하는 위탁 보육 지원과 어린이집 하원 후에는 각 가정으로 보육교사를 파견하여 학습 놀이 도구를 배달하는 방문 보육 지원을 병행하여 제공하고 있습니다. 또한 심리 상담 제도는 심리 상담 전문가가 상주하면서 상담이 필요한 직원들에게 스트레스 측정, 심리 상담, 해결 방안 등 종합적인 상담 서비스를 제공합니다. 모든 상담 내용은 철저히 비밀로 유지되며 업무 상담 외에도 개인적인 문제까지 폭넓게 제공하고 있습니다.

저희 회사는 직원들의 자율과 책임을 기반으로 하여, 연차나 휴가 사용을 자가 결재할 수 있도록 하고 있으며, 선택적 출근 시간 제도를 도입하여 본인이 필요에 따라 출근 시간을 선택할 수 있도록 하고 있습니다. 또한, 다양한 동호회 활동을 지원하여 야구, 축구, 농구, 골프, 등산, 배드민턴, 와인, 발레, 꽃꽂이, 독서 등의 취미 활동을 함께 하며, 관심사가 유사한 직원들끼리 정보 교류를 즐길 수 있도록 하고 있습니다. 저희 회사에서는 정직과 공정이라는 가치를 중요하게 생각하고 있습니다. 그래서, 문제가 있는 상황이 발생했을 경우, 문제점을 솔직하게 보고하는 직원을 정직한 직원으로 인정하며, 문제점을 보고해야 그 문제점을 해결할 수 있다고 생각합니다. 단지 꾸중 한 번 안 듣고 문제점을 덮어두면, 그 문제점은 해결되지 않을 뿐더러 또 다른 문제를 야기할 가능성도 있습니다.

따라서, 문제점을 솔직하게 이야기하고, 해결 방식에 대해 고민하고 이야기하는 직원은 우수 인재로 인정되며, 저희 회사에서는 이러한 커뮤니케이션을 잘하는 직원을 선호합니다. 마지막으로, 제가 하고 있는 일과 의사 결정이 유튜브에 생중계 된다고 해도, 제 의사결정이 떳떳하고 타당하다면 자신있게 이야기할 수 있다고 생각합니다.

💡 일이 재미있어야 하는데….

다들 회사에 입사하면 '주인의식을 가져야 한다'는 말을 들은 적이 있을 것입니다. 저도 마찬가지이지만, 입사 동기들끼리 '회사가 나의 회사인 것처럼 일하는 것이 주인의식'이라는 막연한 생각을 가지고 있었던 것 같습니다. 그런데, 이런 주인의식을 가지고 입사한 사람들이 왜 워라벨을 찾고, 정시 퇴근을 찾는 것일까요? 또 누군가는 '우리가 주인이 아니고 하인인데, 주인은 대주주가 주인이 아니냐? 우리는 하인의식이 있으면 돼'라고 하기도 하고, 어떤 친구는 '주인을 의식해서 행동하는 주인의식이 필요해'라고 말하는 친구도 있었습니다.

결론적으로 몇 일을 고민하다 보니, 주인의식이란 것은 회사와는 아무 상관없는 내 인생의 주인공이 되는 것이라는 생각에 이르렀습니다. 내가 결정하고 내가 행동하며, 내가 한 행동의 결과를 리뷰해서 다음에 더 개선하고, 내 인생은 내가 결정해서 살아가는 것입니다.

그동안 사실 친구들 우르르 간다고 같이 가고, 남들 시선을 생각해서 나의 의지와 상관없이 어떻게 보여지느냐를 생각하며 살았던 것 같습니다. 하지만 이제부터는 내 인생은 내가 생각을 가지고, 내가 하는 모든 일들, 업무들에 내가 주도성을 가지고 살아가자는 생각이 들었습니다. 주인의식을 가지고 내 인생을 재미있게 살아가는 것이 일을 재미있게 하는 것 같습니다. 궁극적으로 그런 조직 문화가 형성되어야 할 것 같습니다

일이 재미있으려면 일에 대한 주인의식이 먼저 있어야 합니다. 리더가 이렇게 하라고 지시하는

것만 따르는 수동적인 사람이 아니라, 이렇게 해 보고 싶습니다. 이렇게 하겠습니다 라는 주도성을 가진 사람이어야 합니다. 이러한 사람들이 조직에 많아져야 하고, 이러한 사람들을 우대하는 문화를 조성해야 합니다. 리더들은 이러한 사람들의 새로운 시도를 평가에 반영해야 하며, 포상 제도에도 이러한 시도와 결과에 대한 보상이 있어야 합니다.

저는 이전에 "다른 부서에서 협조받고 설명하는 것은 못하겠다. 다른 부서에서 요청 오는 자료가 왜 이렇게 많은지 모르겠어요. 저는 저에게 주어진 업무만 하고 싶어요"라는 이야기를 들었습니다. 당연히, 불필요하거나 비효율적인 일은 줄이는 것이 좋습니다.

조직에서의 일(Work)은 3가지 종류가 있다고 생각합니다. 근로 성격의 일(Labor)로써 급여를 받으니 당연히 해야하는 것, 내가 지금 안 할 수 없는 것들입니다. 예를 들면 결재, 회의 참석, 회의록 작성, 품의서 작성 등의 당연히 이 직무에서 해야 하는 것들의 일이 있습니다. 또한, 일 다운 일(Work)은 업무를 개선하거나 프로세스를 새롭게 만들거나 매뉴얼을 만들어서 후배 직원들에게 전달하는 개선하는 성격의 일입니다. 마지막으로, 활동(Activity)은 다른 부서의 사람들과 함께 하는 활동을 통해 인간적인 유대관계를 형성합니다. 예를 들면 업무 시간 외 동호회 활동, 취미활동 같이 하거나 점심을 같이 먹는 등이 있습니다.

조직에서의 모든 일은 근로 성격의 일(Labor) + 개선하는 업무(Work) + 다른 부서 직원들과의 어울림 활동(Activity)으로 구성됩니다. 이러한 활동들이 모두 수행되어야 Work가 되는 것입니다. 어느 것 하나만 잘한다고 해서 조직에서의 일(Work)을 잘하지 못합니다. 입사한 지 얼마 안 돼 일을 배우는 단계에서는 근로 성격의 일(labor) 비중이 많을 수 있습니다. 그러나 리더의 직급으로 올라갈수록 activity의 비중이 늘어날 수 있고, activity의 활동을 통해 개선해야 할 포인트를 찾을 수도 있으며, 개선하는 업무(work)의 비중이 높아질 수도 있습니다. 조직에서의 일은 어느 하나만 할 수 없습니다.

우리 회사에서 우수한 직원들과 업계 내에서 우수하다고 평가받는 직원들을 종종 만나거나 관찰해봤는데, 자기 주도성이 높고 본인에 대한 주인 의식이 높으며 회사에 몰입된 직원일수록 조직에서의 일(work) 구성 요소가 균형감을 가지며, 이를 통해 업무를 개선하고 새로운 것을 시도하면서 재미를 느끼는 것을 발견했습니다. 이를 근거로 연말 우수상도 받았으며 핵심 인재로 선정되어 특별 코스를 타기도 했습니다. 이를 통해 조직 문화와 일하는 방식이 중요하지만, 직원 개인의 마인드 변화도 같이 이루어져야 한다는 생각이 듭니다.

일하기 좋은 조직 문화를 만들기 위해서는 회사에서 제도를 개선하는 것도 중요하지만, 임직원 각자가 인생에서 주인의식을 길러야 한다는 것도 병행되어야 합니다.

수평적 조직문화가 더 좋다?

수평적 조직문화라는 용어를 최근에 자주 듣게 되었습니다. 수직적인 문화는 나쁜 문화인 것처럼 느껴지기도 합니다. 군대는 전형적인 계급 사회로 수직적인 문화이지만, 전쟁이 일어났을 때는 수직적인 명령 체계에 따라 신속하게 움직이는 것이 필요할 수 있습니다. 반면 비즈니스 환경에서는 불확실성이 많고 변화가 빠르기 때문에 수평적 문화가 필요한 것 같습니다. 하지만 모든 의사 결정을 수평적으로 하려고 하면 오히려 결정이 늦어지고 실행이 어려울 수 있습니다.

따라서 의사 결정은 수직적으로 하고, 업무 수행은 수평적으로 하는 것이 좋을 것 같습니다. 또한, 직급에 의해서 말을 못하는 문화가 아니라 업무의 주인인 사람이 리딩해 나가는 것이 중요합니다. 수평적인 의사 결정을 하려면 모든 직원이 대등한 수준에서 갑론을박하고 의미 있는 토론을 해야 합니다. 그러나 경험이 부족한 주니어 직원들은 대등한 수준에서 이야기하기 어렵기 때문에 의사 결정은 수직적으로 하는 것이 좋습니다. 따라서 수평적 조직 문화는 조직 내에서 직원이 나이 들어서도 업무적으로 어른으로 대접 받는 문화는 차차 줄어들고, 나이나 경력이 더 많으면 더 난이도 높은 업무를 해내야 하는 개념일 지도 모르겠다는 생각을 해봅니다.

CHAPTER 08
After 코로나 시대, 폭포수(Waterfall)에서 애자일(Agile)까지

이종찬

코스맥스비티아이 기업문화팀 과장
대기업, 컨설팅, 중견기업까지 다양한 조직을 경험하며 교육, 조직개발 업무를 담당하였습니다. 현재 개인과 조직의 문화를 긍정적으로 변화시키기 위해 노력하고 있습니다. 따뜻한 마음, 진실된 태도, 업무적 전문성을 갖춘 HRDer이고 싶습니다.

코로나19가 발생한지 벌써 4년차가 다 되어가는 시점에 와 있다. 이 기간 동안 코로나19는 전 세계 사람들의 건강뿐만 아니라 일상생활 전반을 바꿔 놓았고, 특히 기업경영에 있어 4차 산업혁명으로 대변되는 디지털 전환을 가속화하는 가장 큰 계기가 되었다. 그 중에도 기업과 조직의 큰 변화 중 하나는 조직 구성원들의 '일하는 방식'의 변화이다.

변화는 단순히 개인에게 국한된 일뿐만 아니라, 조직 전반에 걸쳐 모든 부분에서 기존과는 다른 큰 변화가 생겼다. 최근 나타난 변화에 대해 몇 가지 사례를 들어보자.

먼저, 근무 형태의 변화이다. 코로나19 이전에는 특화된 직업군에서 소수에 그쳤던 재택근무가 일상이 되었고, 유연근무제, 시차 출퇴근 등 시간적, 공간적 개념을 벗어난 탄력근무 형태가 IT 기업뿐만 아니라 전통적인 제조 기업으로까지 확산되었다. '업무는 무조건 사무실에서 해야지.', '9시까지 당연히 출근하는 거야.', '태풍이 오든, 폭설이 내리든 어떻게든 출근해야지.'와 같은 기존 통념에 대한 인식이 완전히 바뀌었고, 이제는 탄력적인 재택근무가 하나의 일상이 되었다. 최근에는 재택근무와 출·퇴근을 병행하는 하이브리드 근무 시스템의 정착 속도가 빨라지고 있고, 거점오피스, 워케이션(Workcation) 등 구성원들의 업무 몰입과 생산성 향상을 위한 또 다른 형태의 근무 트렌드가 나타나고 있다. 이에 따라 글로벌 초일류 기업들은 하이브리드 시대를 위한 업무 방식의 혁신적 방안을 고민하고 있다.

두 번째로, 근무 형태의 변화에 따라 그에 맞게 활용가능한 업무 협업 Tool로 진화하였다. 재택근무 활성화에 따른 구성원 간의 물리적 거리가 발생하면서, 비대면 상황에서의 회의와 업무 협업을 위한 줌(Zoom), 웹엑스(Webex), 팀즈(Teams)와 같은 디지털 협업 솔루션 도입이 증가하였다. 또한, 잔디(JANDI), 슬랙(Slack)과 같이 팀끼리 효율적인 커뮤니케이션을 위한 업무 플랫폼의 사용이 점차 활발하게 진행되고 있다. 특히 비대면에서의 협업과 소통을 위한 화상회의는 구성원들의 평소 업무에 가장 필수적으로 사용하는 Tool이 되었고, 코로나19가 진정 국면에 접어든 현재시점에서도 화상회의를 더 선호할 정도로 자연스럽게 정착되고 있다. 근무 혁신 쇄신을 위해 끊임없이 '회의 방식 개선'을 외쳤던 지난날을 돌아볼 때, 최근 업무 환경 변화에 맞춰 우리의 실제 회의, 업무 방식의 개선에 대한 논의 또한 다방면으로 지속적인 변화가 예측된다.

세 번째로, 디지털 전환에 따른 조직문화 전반의 변화와 혁신을 꼽을 수 있다. 근무 형태의 변화, 업무 Tool의 진화 모두 디지털 전환의 대전제 하에서 나타난 현상으로 실제 조직에서는 이러한 매개체를 통해 혁신, 개방, 수평, 협업 중심의 조직문화로 발전하기 위한 다양한 느력을 하고 있다. 특히 여러 기업들이 디지털 업무 환경 조성을 통해 디지털 전환 시대를 선도하는 조직문화로 흡수하기 위한, 변화관리 활동에 초점을 맞춰 근무 방식의 변화가 조직문화로 이어질 수 있도록 가이드하고 교육, 홍보, 캠페인 활동을 수행하고 있다. 이러한 활동은 궁극적으로 즈직 전반의 업무 생산성 개선 효과를 도출하여 전체 조직 내 문화로 체득되어 깊숙이 자리 잡을 수 있도록 유도하고 있으며, 구성원들의 행동과 사고를 직접적으로 변화시키고 있다.

위의 사례와 같이 현재 나타나고 있는 일하는 방식의 변화는 단순히 개인 차원에서의 변화보다는 조직 전반의 변화, 더 나아가 디지털 전환이라는 거대한 파도 속에서 지금보다 더 나은 방향으로 바람직한 변화를 위한 노력이라고 볼 수 있다. 다만 디지털 전환 시대를 선도하는 방식과 이를 조직문화로 발전시키기 위해서 최근 많은 기업이 노력하고 있지만, 그 속을 들여다보면 다방면에서 어려움을 겪는 경우가 적지 않다. 변화에 도태되지 않기 위해 명확한 방향성과 지향점 없이 형식만 차용하거나, 변화에 대한 구성원들의 공감대를 확보하지 못 하거나, 자 회사의 방향성에 맞지 않는 다른 기업에서 실행하고 있는 방법들을 여과 없이 가져와 도입하는 경우 그 동력을 잃고 다시 예전의 방식으로 회귀하는 경우가 부지기수이다.

이러한 기업, 조직의 문제점을 하나로 정의하기는 어렵지만 일하는 방식의 변화가 조직문화의 변화로 이어지기 위해서는 기존의 사고방식과는 다른 접근이 필요하다. 세 가지 관점에서 어떻게 하면 지금보다 성공적인 변화를 추진할 수 있을지 조금 더 깊이 있게 살펴보도록 하자.

1. 맨파워(Manpower)에서 시스템(System)으로의 전환

흔히 한 명의 인재가 조직을 살린다는 이야기를 들어본 적이 있을 것이다. 2003년 삼성그룹의 고 이건희 회장은 "천재 한 명이 10만 명, 20만 명을 먹여 살린다."고 역설하며 마이크로소프트의 빌 게이츠 사례를 예로 들었다. 그는 천재들만 제대로 찾아내면 회사를 먹여 살리고 더 나아가 국가를 먹여 살릴 수도 있다는 생각이 들었다고 한다. 이와는 반대로, 유한킴벌리 전 문국현 사장은 천재 한 사람이 10만 명, 20만 명을 먹여 살린다면 천재가 100명 나오면 몇 천만 명을 먹여 살려야 하는데 현실은 그렇지 못하다고 반박하였다. 즉 회사에 천재라고 불리는 사람도 필요하지만, 일반 구성원들의 생각과 행동이 모인 집단적인 힘, 집단지성이 더욱 중요하다고 강조했다.

여기서 문국현 사장이 강조하고 있는 바는 명확하다. 한 사람의 힘보다 여러 사람의 힘이 모인 집단의 힘이 더 강하다는 것이다. 예전 조직을 살펴보면 어떤 한 개인이 정보와 지식을 독점함으로써 개인에 의해서만 문제가 해결되거나 업무가 진행되는 경우가 많았다. 정보와 지식을 독점한 개인은 이를 범접할 수 없는 자신의 힘으로 만들어 자신에게 이로운 방향으로 활용하는 이기적인 행태를 보이곤 했다. 쉽게 말해 개인이 가지고 있는 노하우, 스킬에 의해서 일의 성공과 실패가 좌지우지되는 상황이 빈번하게 연출된 것이다. 이로 인해 나타나는 문제점은 조직원이라면 누구나 충분히 예상할 수 있을 것이다.

개개인은 자신이 겪은 경험이 축적되고, 문제를 해결하는 과정에서의 역량이 향상되어 성장하듯이, 조직도 구성원들의 역량의 합이 모여 시너지를 창출하면서 끊임없이 성장하고 발전한다. 그렇기 때문에 구성원들이 가진 정보, 지식, 경험을 개인에게만 귀속시키는 것이 아닌 조직 차원에서 공유하고 관리하는 것은 더 없이 중요해졌다. 특히 일을 더 잘되게 하기 위해서는 정보와 지식을 투명하게 공개하여 그 조직 구성원이라면 누구나 접속하여 보다 쉽고 효율적으로 업무를 처리하고 선제적으로 해결할 수 있도록 해야 한다. 즉, 개인의 Manpower가 아닌 System으로 정보와 지식이 공개되고 투명하게 관리될 수 있도록 설계하고 지원하는 노력이 필요하다. 이를 통해 구성원들의 효율성 향상, 신속한 의사결정, 정확한 문제해결을 가능하게 하며, 더 나아가 구성원들이 쉽게 아이디어, 정보에 접근할 수 있기 때문에 필요한 자원을 확보하여 조직 전반의 혁신을 촉진하는데 기여할 수 있다.

2. 과정(Process) 중심에서 성과(Performance) 중심으로의 전환

일하는 방식을 개선한다고 하면 아마 맡은 역할이나 주요내용을 개선하거나, 실제 수행하는 방법론을 바꾸거나 하는 정도의 생각을 먼저 떠올릴 수 있을 것이다. 조금 더 깊이 있게 살펴보면 일을 할 때의 마음가짐이나 태도, 자세, 필요한 역량을 생각해 볼 수 있다. 일하는 방식의 개선과 혁신을 위해 지금까지 언급한 내용보다 더 중요한 것은 무엇일까? 바로 일의 목적에 대해 명확히 인지하고, 그것을 최상의 결과로 만들어내는 것이다. 종합하면 무엇보다 성과 중심의 사고와 성과 중심의 업무 수행이 뒷받침되어 원하는 최상의 결과를 달성하는 것이다.

류랑도의 「성과 중심으로 일하는 방식」에 따르면 '일 잘하는 사람'은 한정된 시간과 자원 안에서 자신이 목표한 바를 달성하는 성과를 만들어낼 줄 아는 사람이라고 하였다. 특히 제대로 일한다는 의미가 자신이 원하는 어떤 결과물을 분명하게 인지하고, 그 결과물을 바탕으로 어떻게 할 것인지의 방법론을 고민하고 실제 정확하게 수행하는 것을 말한다고 한다. 혹자는 '일을 할 때 과정이 더 중요하고, 과정이 잘 되었으면 결과가 좋든 나쁘든 크게 상관이 없다'고 말하기도 한다. 물론 일을 할 때의 과정을 신경 쓰지 않고 성과만 오롯이 중요하다는 말이 아니다. 조직에서 일이라는 것은 궁극적으로는 회사가 성장하고 발전하기 위해 행하는 모든 활동으로서 성공과 실패가 반드시 드러날 수밖에 없다. 그렇기 때문에 일을 수행하고 난 뒤 결과가 중요하고, 성공적인 결과물을 만든 그 일의 성과가 일을 수행하는 과정에서 내용보다 더 중요하다고 볼 수 있다.

성과 중심의 일하는 방식이 어떻게 조직의 변화에 도움이 되는 것일까? 성과 중심으로 일을 하게 되면 우선 자신이 바라는 목표가 달성된 상태, 즉 결과물의 이미지를 사전에 세세하게 그려보고 세부 작업을 수행하므로 훨씬 더 이상적인 결과물 도출에 가까워지고 이는 곧 조직의 성과로 이어진다. 이상적인 결과물을 만들기 위해 주도적으로 노력하는 과정에서 구성원 개개인의 역량이 향상되며, 이를 통해 조직의 성과가 창출되고, 지속 성장하는 힘을 받게 된다. 개인의 성장이 조직의 발전으로 이어지는 선순환 구조이다.

3. 폭포수(Waterfall)에서 애자일(Agile)로의 전환

최근 몇 년간 애자일(Agile)이라는 단어가 참 많이 회자되었다. 애자일하게 일하기, 애자일 방법론, 애자일 리더십 등 애자일 단어만 들어가면 굉장히 핫한 키워드가 되었다. 애자일이란 '날렵하고 민첩한'이라는 사전적 의미를 가지고 있는데, IT 기업에서 소프트웨어 개발을 할 때 보통 짧은 주기의 개발 단위를 반복하여 하나의 커다란 프로젝트를 완성해 나가는 방식을 나타낼 때 쓰는 말이다. 애자일이 보통 일하는 방법론이라고 소개되어 있으나, 사상 또는 철학일 뿐이고 조직에서 업무 수행을 위해 활용하고 있는 칸반(Kanban), 스크럼(Scrum) 등이 방법론에 속한다. 그렇다면 애자일이 왜 중요하며, 우리가 일하는 방식과는 어떤 관계가 있는 것일까?

김창준의 「함께 자라기 애자일로 가는 길」에서는 애자일이 빠르게 변화하고 불확실성이 높은 현재의 비즈니스 환경에 굉장히 적합한데, 그 이유가 피드백을 자주 받아 빠르게 리스크를 줄이고, 상호 협력을 통해 새롭게 맞닥뜨리는 상황에 유연하게 적응하고 학습함으로써 불확실성에 보다 잘 대응할 수 있기 때문이라고 설명하고 있다. 여기서의 핵심은 피드백과 학습, 그리고 협력이다. 이는 구성원이 일을 수행하고 더 잘하기 위해 중요한 관점으로 볼 수 있다. 애자일이 등장하기 전에 중요하게 대두되었던 개념이 폭포수(Waterfall) 이다. 폭포에서 물이 위에서 아래로 떨어지듯이 순차적으로 각 단계가 진행되는 것을 의미한다. 여기서는 각 단계별 프로세스에 따라 일을 진행하기 때문에 리스크가 적지만, 중간 피드백이 없기 때문에 단계가 진행된 이후 결과물에 이상이 있을 경우 큰 문제가 발생할 수 있다. 또한, 단계별 진행시 많은 시간이 소요되며, 문제 상황에 대해 유연하게 대응하기 어렵게 된다.

반대로 애자일하게 일을 한다는 것은 중간 피드백을 통해 점검을 함으로써 문제 상황에 유연하게 대응할 수 있고, 이 과정에서 구성원간 적극적인 소통과 협력을 통해 결과물을 완성해 나가게 된다. 그리고 형식에 얽매이지 않기 때문에 민첩하고 효과적인 의사결정이 이루어지고, 성과 달성을 위해 실용적으로 접근하게 된다. 물론 애자일이 모든 조직과 구성원에게 완벽하게 들어맞는 일 잘하는 방식으로 볼 수는 없다. 하지만 지금처럼 변동성과 불확실성이 높아진 경영 환경에서 빠르게 전환하고, 유연하게 대응하여 조직이 원하는 목표와 성과를 달성하는데 있어 무엇보다 애자일하게 일하고 애자일한 조직문화를 설계하는 것이 중요하다고 볼 수 있다.

지금까지 세가지 관점에서 조직문화로의 변화로 이어지는 일하는 방식의 변화를 위해 필요한 접근 방법에 대해 살펴보았다. 일하는 방식이라는 것 역시 시대의 흐름에 맞게 변화하지 않으면 예전의 잘못된 방법을 답습하거나, 효과적이지 않은 방법으로 일을 처리하게 되는 경우가 많다. 따라서 위 세 가지 방법을 참고하되, 효율적으로 일을 잘할 수 있는 방식을 지속해서 경험해보고 다듬어 자신만의 노하우로 만들어 나갈 수밖에 없다. 시도해보고 맞지 않으면 다른 방법을 계속 적용해보는 애자일하게 일하는 방식을 세팅해 나간다면 분명 개인으로서 업무적으로 인정받는 것

뿐만 아니라 조직내 문화로 확산되어 조직의 성장과 발전에 기여할 수 있을 것이다. 마지막으로 일하는 방식을 조직의 긍정적인 문화로 전파 및 확산하기 위한 실천방안에 대해 몇 가지 제언하고 글을 마무리하고자 한다. 디지털 전환 시대를 선도하는 일하는 방식의 개선, 혁신을 통해 보다 성숙한 조직문화를 만들어가는 출발점이 되길 바란다.

❶ 동기부여를 통한 구성원의 참여를 이끌어내야 한다. 가령 주관부서에서 일하는 방식을 바꾸자고 아무리 목소리를 높여 봐야 구성원들 모두를 따라오게 만드는 것은 어려운 일이다. 왜냐하면 실질적으로 도움이 된다는 것을 피부로 느끼게 해야 행동 변화가 생기는데, 단순히 '우리가 일하는 방식은 이거에요. 앞으로 이렇게 따르세요.'라고만 한다면 당연히 따르지 않을 것이기 때문이다. 결국 구성원들이 직접 해보게 만드는 것이 중요하므로 참여를 이끌어 낼 수 있는 다양한 장치들을 설계하고 진행하는 것이 필요하다. 예를 들어 Boom-up을 위한 이벤트/캠페인, 일하는 방식을 적용했을 때의 성과 공유, Best Practice 사례 공유 등 다방면에서 구성원들에게 동기부여를 할 수 있도록 노력해야 한다.

❷ 지치지 않고 지속적으로 끊임없이 실행해야 한다. 대부분의 사람들은 변화를 받아들이기 힘들어하고 쉽게 바뀌지 않는다. 기본적으로 기존과 다른 것에 일단은 저항하기 마련이다. 변화관리 활동을 수행함에도 구성원들에게 변화의 목적과 변화 이후에 나타나는 상황에 대해 명확히 이해시키는 것이 중요하다. 구성원 스스로가 주도하는 바람직한 조직문화로 만들기 위해서는 지속적인 실천을 독려하고 정기적인 활동을 수행해야 한다. 특히 일관된 메시지를 통해 긍정적인 시그널을 구성원들에게 끊임없이 전달하고 공유하는 노력이 필요하다.

❸ 가장 중요한 것은 리더가 변해야 한다. 리더가 변하지 않으면 구성원의 변화도 이끌어내기가 어렵다. 리더의 행동과 인식 전환이 구성원들의 실질적 변화를 촉진하는 역할을 하기 때문이다. 많은 리더들이 변화의 필요성은 인지하고 있지만 실제 변화하고자 실천하는 사람은 많지 않다. 기존의 성공 경험에 대한 믿음을 바탕으로 변하지 않아도 문제가 없다고 생각하기 때문

이다. 리더십이 시대에 맞게 바뀌어야 하듯이, 일하는 방식의 변화도 현재에 맞게 바뀌어야 하며, 그 변화의 중심에 리더가 있어야 한다. 리더가 일하는 방식의 변화에 대한 명확한 비전을 가지고 직접 구성원들에게 전파하고, 스스로 솔선수범하여 행동하고 실천하는 과정이 필요하다. 더불어 변화에 적응하는 리더십을 키워 구성원들과 지속적인 커뮤니케이션을 통해 실행과 점검을 게을리하지 말아야 할 것이다.

PART 02
실무자가 말하는 일하는 방식의 변화

CHAPTER 01_ 일하는 방식의 변화에 대한 제언

CHAPTER 02_ 일하는 방식 구축부터 변화관리, 3가지만 알면 끝

CHAPTER 03_ 일하는 방식과 관련된 견해

CHAPTER 04_ 일하는 자세와 방식, 본질을 어떻게 찾아갈 것인가?

CHAPTER 05_ 4차 산업혁명 시대에 부합하는 학습조직

CHAPTER 06_ 조직문화 담당자는 경험에 집중한다

CHAPTER 07_ 관료화 조직의 조직문화와 일하는 방식의 혁신에 대하여

CHAPTER 08_ 40여년의 제조회사에서 [○○님 화나지 않게 하는 방법] 만들기

CHAPTER 01 일하는 방식의 변화에 대한 제언

김인수

주요 경력
- 네이처리퍼블릭 인사팀장(현재)
- 매일유업 인사 조직장
- 현대그룹 현대로지스틱스 인사(현 롯데글로벌로직스)

핵심 역량
- 대기업 & 중견기업 다수 HR 프로젝트 수행
- 본사 계열사를 망라한 인사프로세스 개선
- HR 전 분야의 균형 있는 실무 경력
- 우수 커뮤니케이션 스킬을 통한 인사조직 팀장 경력
- 폭 넓은 네트워크를 통한 HR 트렌드 분석

HR 비전
- HR 현장 경험을 바탕으로 주위 사람들에게 꿈과 희망을 줄 수 있는 HRer가 된다.

일하는 방식의 변화에 대해서 최근에 화두가 되고 있다. 일하는 방식의 변화는 정말 어려운 일이 아닐 수 없다. 우리는 변화라는 부분을 쉽게 말할 수는 있지만, 실제로 현업에 적용시키는 부분은 어려운 일이다. 나는 이러한 일하는 방식의 변화, 특히 현장의 일하는 방식의 변화를 위해 무엇이 중요한지를 고민해보았고 그간 진행한 내용을 토대로 한 제언을 하고자 한다.

첫째로, 일하는 방식의 변화에는 조직문화의 개선이 선행되어야 할 것이라고 생각한다. 현장 조직문화 개선을 위한 프로젝트를 기획한 적이 있다. 경영진을 설득하고 최종 승인까지 받은 후에도 현장의 조직문화개선은 말처럼 쉬운 부분은 아니었다. 무엇부터 시작해야 할지 감을 잡지 못하는 상황이었다. 이에 대해, 왜 조직문화가 바뀌지 않았는지 근본적인 고민을 해보았다. 이전에도 많은 시도들이 있었음에도 직원들이 진행에 머뭇거리는 이유는 우리 자신을 믿지 못하기 때문이 아닐까 하는 생각이 들었다. 그래서 나는 조직문화개선 Framework을 설계하는 것이 가장 먼저였다. 회사의 방향성과 현장조직이 속해 있는 본부의 지향점을 수립한 후, 조직문화를 바꿀 수 있는 프로그램에 대해 고민하고 변화추진체계조직과 조직문화 개선을 측정할 수 있는 진단 Tool을 마련하였다. 마지막으로는 이러한 개선을 위한 인프라에 대해 고민을 시작하였다.

회사의 조직문화 방향성은 최근 조직문화 트렌드를 따라 수평적인 조직문화를 추구하고, 현장의 본부 조직문화 방향성은 건강한 조직을 만들어 회사 근무를 즐겁게 할 수 있는 분위기를 만드는 데 초점을 맞추었다. 조직문화 개선 프로그램을 설계하는 것이 어려웠지만, 먼저 대표적인 프로그램을 만들어 각 사업장에서 실행할 수 있는지 여부를 의논하였다. 이후 프로그램을 구성한 뒤, 조직문화를 바꾸는 데 필요한 관리 체계에 대해 고민하던 중, 각 현장을 리딩할 수 있는 인력으로 'Culture Agent'라는 용어를 도입하였다. 그 중에서도 리더 역할을 수행할 수 있는 인원에 대해서는 'Culture Agent Leader'라는 용어를 사용하여 인원을 선발하였다. 또한, 각 사업장별 공장장 KPI에 조직문화 개선 지표를 반영 하였으며 조직문화개선 지표 초기값 산정을 위해 직원들에게 설문을 진행하였다. 처음에는 예상대로 직원들의 반응이 좋지 않았다. 현장 일도 바빠 죽겠는데 조직문화를 개선 한다는 거냐는 직원들, 나아가 노동조합의 거센 항의도 받았다.

하지만 전체 프로젝트를 이끌며 리더로서 차분하게 진행되도록 조심스럽게 무모하지 않게 나아가며, 현장도 조금씩 이해하기 시작했다. 구성이 어려웠던 Culture Agent는 105명 정도를 선발했고, 이후 이들은 열심히 역할을 수행해주었다. 변화의 중심에 이들이 있었다고 해도 과언이 아니다. 전체적인 프레임워크를 완성하고 최종적으로 CEO께 보고를 드리자, CEO께서는 우리가 진행해보자는 의견을 제시하셨다. 이에 우리는 직원들에게 설명회를 열고 프로젝트의 취지를 설명한 후, Culture Agent를 통해 각 사업장 현장의 변화를 이끌어 나갈 프로그램 등을 공격적으로 운영했다. 이를 통해 각 현장에서 변화를 시작했다. 이러한 활동을 위해 매 2주마다 사업장 현장과 본사에서 모니터링을 하고 지속적인 대화를 이끌어갔다. 초반에는 "조직문화개선? 현장도 바쁜데 왜 이런 프로그램이나 활동을 해야 하지?" 등 불만의 소리가 많이 들렸다. 이에 우리는 7개 사업장 현장을 직접 방문하여 프로그램을 코칭하고 다시 한번 현장의 변화를 설득했다.

지속적인 대화만이 그들에게 변화를 인정하게 할 수 있는 방법이라는 생각을 했던 것이다. 2개월의 활동이 지난 후, 현장의 Culture Agent Leader에게서 의견을 들었다. 사람들이 이제는 프로그램에 익숙해져 가고 있다. 이제는 몸에 익어서 어느 정도 불편해 하지 않는다 등 조금씩 인정을 하고 거부감이 해소 되가는 것을 몸소 경험했다. 이러한 과정을 통해 현장은 조금씩 변화가 일어나기 시작했다. 특히 보수적인 현장의 모습들이 서로를 존중해주고, 특히 신구세대의 충돌로 인해 일을 추진하는 것이 많이 어려웠던 부분이, 서로를 "님"으로 존중해주고 있었다. 내가 이러한 프로젝트를 소개한 부분은 바로 현업 현장의 조직을 리딩하는 문화 부분이 우선 바뀌지 않는다면, 앞으로 우리가 일하는 방식은 한 단계 더 나아갈 수 없다고 생각했기 때문이다. 이렇듯, 일하는 방식을 변화하기 위해서는 우선적으로 조직문화를 일하기 좋은 방향 그리고 즐거운 분위기를 조성하는 것이 우선이라고 생각한다.

나는 일하는 방식 변화를 위한 캠페인을 고민해 본 또 다른 경험이 있다. 바로 "일하는 방식 ERROR" 개선 캠페인이다. 우리가 지금까지 해왔던 일하는 방식의 ERROR들을 깊이 있게 고민해보고 그것을 개선하기 위한 각 단위 조직의 도출을 의미한다. 물론 ERROR은 내가 강조하기 위한 단어의 이니셜 앞자를 명시한 부분이다. 소개를 하자면 *Eliminate(제거) 업무 관행 중 제거해야 할 요소, Reduce(감소) 업무 중 축소해야 할 요소, Raise(강화) 업무 중 향상시켜야 할 요소, Omit(생략) 업무 중 생략할 부분은 과감히 생략, Retention(유지) 업무 중 잘하고 있는 것은 유지를 뜻하는 부분이다. 이 내용에는 변화할 것 뿐만 아니라 유지해야 할 것과 강화해 나가야 할 것들을 모두 포함하고 있다. 나는 이러한 고민을 통해 내가 리딩하는 조직에서 저부가가치 업무들은 외주화하고 조금 더 내부적으로 강조해야 하는 업무를 구분할 수 있었다. 우리는 허당 분야에서 위와 같은 ERROR을 도출해내고 강하게 Drive걸어 업무를 추진한다면 분명 일하는 방식은 변화될 수 있을 것이라 생각한다.

다음으로 생각을 해보고자 하는 것은 업무 추진 조직에 대한 부분이다. 일하는 방식 변화에 중요한 부분 중에 하나가 과연 현재의 업무가 집단적으로 추진되어야 하는지? 아니면 개인적으로 깊이 있게 가야 하는지를 명확하게 구분지어야 하는 것을 제안한다. 최근 업무들이 집단적으로 진행하는 프로젝트 성격이 많이 있다. 하지만 모든 업무가 집단적으로만 진행되어야 한다는 정의는 없다. 어떤 업무는 혼자 깊이 있게 생각해서 진행해야 하는 중요한 업무들이 있을 수 있다. 그럼 우리는 그러한 업무를 배척할 수 없다.

이에 분명한 업무의 타임라인을 리더는 명확하게 하고, 집단적으로 그리고 개인적으로 진행해야 하는 부분 관리가 명확해져야 하며 빠르게 피드백이 이뤄져서 업무추진의 성과를 가이드해야 된다고 생각한다. 무조건적으로 "왜 저 팀원은 개인적으로 업무를 추진하지? 안좋은 업무 습관이 있네"라고 규정하기 보다는 개인의 업무 추진 범위를 보고 우리는 판단하고 가이드해야 한다고 생각한다.

일하는 방식의 변화의 또 다른 부분을 고민한 내용은 권한위임이다. 우리가 업무의 권한위임에 대해서 지속적으로 예전부터 많은 화두가 되었던 내용이다. 과연 업무 부분의 권한을 어디까지 정의할 수 있을지 빠르게 결정해야 한다. 너무 많은 사공이 있다면 배는 정말 산으로 갈 것이다. 특히 지금과 같이 빠르게 변화되는 상황에서는 최고 책임자의 결정만을 기다릴 수 없다. 그러다가는 많이 뒤쳐지는 일들이 발생할 것이다. 팀원에게도 그리고 1차조직장에게도 권한의 확대를 주며 최종 결정된 상황에 간단한 최고경영자의 리뷰만으로도 업무가 빠르게 진행된다면 업구의 속도와 질 부분에 대해서 많이 개선 될 것이다.

아직도 회사의 결재라인을 보면 결재라인, 합의라인 등 불필요한 요소들이 많이 있다. 이러한 결재라인이 많다는 것은 업무의 위임이 아직도 우리 회사에서는 더디게 이뤄진다는 보여주는 현상이다. 이러한 업무의 권한위임의 진행이야 말로 우리 일하는 방식의 한축을 변화 시킬 수 있다고 생각한다.

업무를 진행하면서 일하는 방식의 변화를 이끄는 하나의 방법은 주변정리라고 생각한다. 웬 뜬금없는 주변 정리를 일하는 방식의 변화요소로서 제언을 하냐고 할 수 있다. 그런데 우리는 잘 생각을 해볼 필요가 있다. 직장생활을 하면서 제일 잘 안되는 것이 각자의 책상을 비롯 서랍 장 등 주변에 쌓여 있는 불필요한 서류에서 시작 불필요한 물건들이 우리 주변에 많이 쌓여 있다. 물론 그렇지 않은 구성원들도 있다. 하지만 본인을 비롯 동료들을 살펴보면 그렇지 않은 경우가 더 많을 것이라고 본다. 주기적으로 불필요 한 서류 및 주변정리가 잘 이뤄 진다면 업무를 다시한번 뒤돌아 볼 수 있으며 새로운 시각으로 업무를 대할 수 있다고 생각 한다. 따라서 각 조직별로 주변정리할 수 있는 시기를 주기별로 정해서 진행해 나가고 그 부분의 성과를 측정해 보는 것도 좋을 것이라 생각을 해본다. 주기적인 주변 정리, 더 나아가서는 년 단위 팀별 레이아웃 변경을 통해 일하는 방식을 변화해나가는 것도 필요함을 제안해 본다.

일하는 방식의 변화 중 각 조직별 분위기 전환도 중요한 부분이라고 생각을 한다. 물론 이부분은 서두에 언급을 한 조직문화의 프로세스와도 겹치는 부분이지만 실질적으로 변화된 사례가 있어 소개를 하고자 한다. 내가 몸담고 있던 조직인데 상당히 많은 HR이슈가 발생되었던 조직 이었다. 이조직을 어떻게 하면 일 잘하는조직 즉 일하는 방식을 바꿀 수 있을까? 하는 고민에 분위기를 바꿔보고자 하는 노력을 시작 하였다. 해당 조직은 상당히 Shy한 조직 이었다. 기존의 조직장들이 너무나 권위적이어서 팀원들이 무엇인가를 건의 하고 같이하다는 것은 어려운 조직이었던 것이다. 그래서 리더들과 팀원들이 무엇인가를 같이할 수 있는 무엇인가를 마련코자 했다. 첫번째 시도 한 것이 오징어게임을 페러디 한 리더와 팀원 간 딱지치기를 진행 하였다. 게임을 통해 서로를 공감하는 분위기를 만들고 전환코저 함 이었다. 점심식사 전 식당앞에서 딱지치기를 그리고 할로원 복장에 맞춰 같이 사진을 찍고 잘 찍은 사진에 대해서는 콘테스트를 진행 하였다. 출근하는 입구에서는 지원인력이 분장을하고 직원들이 한번 웃을 수 있게 분위기를 조성 하였다. 처음에는 이게 뭐하는 것인지 직원들이 이해를 하지 못하였으나 차츰 직원들도 아침에 그리고 점심시간의 프로그램을 통해 이야기 꽃이 만발 하였으며 조직의 분위기도 점점 좋아졌다. 이렇게 분위기가 좋아지니 당연히 일하는 효율이 증가 하였다. 직원들이 즐거운 기분을 기반으로 일의 효율이 증가 되었던 것이다. 이렇게 우리는 물리적인 변화를 통해서라도 분위기를 반전하고 이러한 쿤위기 반전을 통해 직원들이 조금 더 일 하는 방식의 변화를 이끌 수 있다고도 생각 한다.

일하는 방식의 변화에 마지막으로 생각해본 부분은 인사제도의 개선이다. 기업들은 지속적으로 인사제도의 맞춤작업을 진행하고 있다. 그러한 부분으로 新인사제도 등 많은 시도를 고민해보고 있다. 대기업부터 처음 시작하는 스타트업까지 인사제도를 기업의 실정에 맞게 맞춰가는 추세인 것이다. 특히 일하는 방식의 개선에 있어서는 평가와 연계된 보상체계가 가장 중요한 부분일 것이라 생각한다. 이렇게 빠르게 변화되는 기업상황 속에서 예전처럼 일년에 한번 평가하고 그 평가에 맞춰 연봉인상을 일률적으로 하는 부분은 일하는 방식의 변화를 이끌지 못할 것이다. 일하는 방식을 변화 시키라고 기업은 강조하고 있지만 그 변화에 맞는 결과적으로는 보상체계가 뒷받침 되어야 하는 것이다. 보상은 대표적으로 연봉부분이 있을 것이며 성과와 연동 된 성과급이 있을 것이다. 일하는 방식의 변화로 인한 성과부분에 대해 앞으로 기업은 더 많은 고민을 해야 할 것이다.

한 번에 주는 성과급, 장기간 주는 성과급 등 여러 유형으로 고민을 하고 일하는 방식의 변화를 이끌어 성과를 낸 조직에 합당한 보상이 이뤄진다면 직원들은 본인의 일하는 방식을 조금 더 공격적으로 개선해 나가고자 고민할 것이다. 개선이라고 해서 아주 대단한 건 아니다. 개인별로 주변을 살펴보면 기존에 해오던 대로 하지 않아도 되는 많은 일들이 있을 것이다. 앞으로 세상은 지금까지의 변화 속도보다 더 빠르게 변화 될 것이다. 그리고 그 변화 속도를 맞추지 못한다면 회사의 성장은 어렵다. 일하는 방식의 변화를 더 이상 두려워하지 말고 적극적으로 고민하고 추진하는 시간이 필요함은 자명한 현실이 될 것이다.

CHAPTER 02 일하는 방식 구축부터 변화관리, 3가지만 알면 끝

이선민

문화 업무를 구성원의 경험을 설계하는 업무라고 생각하며, 문화를 변화시키는 경험을 문화담당자들과 함께 나누고자 합니다.
현)위대한상상(요기요)Culture팀장
전)한국타이어 Proactive Culture팀장

일하는 방식은 요즘 각 기업에 있어서 화두라고 불릴 정도로 많은 관심을 갖고 있다. 조직문화 담당자들 역시 "일하는 방식을 어떻게 구축할 수 있을까" 그리고 이렇게 수립한 "일하는 방식을 어떻게 각 기업 내에 정착시킬 수 있을까"를 많이 고민하고 있고, 각 기업들의 우수사례를 서로 공유하기도 하면서 많은 고민을 하고 있다. 또한 일 문화에 집중하여 구성원 대상 세부적인 가이드라인(Guideline)을 수립하고 지속적으로 커뮤니케이션 하는 기업도 많다.

그런데 일하는 방식 구축방식 및 일하는 방식 변화관리 측면에서는 각 기업의 변화하는 상황에 맞게 단발적으로 접근하기도 하고, 정립하는 과정도 각 기업마다 다르다. 그래서 나는 1. 일하는 방식은 어떠한 의미가 있고, 2. 일하는 방식을 어떻게 구축하는지, 그리고 3. 일하는 방식대로 구성원들이 행동하고, 내재화하는 방식관련해서 경험한 내용을 정리해서 공유하고자 한다.

1. 일하는 방식은 어떠한 의미가 있는가?

일하는 방식을 정의하면 그 기업에서 중요하게 생각하는 일하는 방식의 기준점 이자, 상충되는 가치에서 각 기업에 맞는 판단을 하게 하는 주요 의사결정 기준점으로 정의될 수 있다. 각 기업에 있어서의 일하는 방식이 중요한 이유는 각 기업이 존재하는 이유, 달성하고자 하는 궁극적인 목표인 미션을 달성하기 위해서, 그 회사에 소속된 구성원들은 어떻게 일해야 하는 지를 정의한 것이기 때문이다.

즉, 그 회사가 궁극적으로 원하는 사업적인 목표를 달성하고 성공하기 위해서 구성원들이 어떤 기준점을 가지고 일해야 하는 지를 정의한 것으로 볼 수 있다. 또 다른 의미로는 각 기업의 문화적인 차이를 보여주는 주요 지표로서의 의미가 있다. 예를 들어 어떠한 기업의 일하는 방식 중에 하나가 "헌신"으로 되어 있다고 생각해 보자. 그 기업의 문화가 어떻게 보이는가? 만약 그 기업의 채용지원자라면 본인의 성향과 그 기업의 일하는 방식의 합치여부에 대해서 고민이 보다 깊어질 것 같다. 일하는 방식이 실제로 각 기업의 채용사이트에 빠지지 않고 나오는 이유가 우리는 이러한 일하는 방식과 합치되는 사람을 원한다고 안내해주는 것도 있지만, 우리는 이렇게 좋은 문화를 가지고 있다는 부분을 간접적으로 보여줄 수 있는 부분이 더욱 크다고 생각한다. 간혹 핵심가치와 일하는 방식의 차이에 대해서 질문하는 분들이 있다.

요즘은 거의 같은 의미로 받아들여지고 있긴 하지만, 이전의 핵심가치는 창의, 도전, 글로벌 등 경영층이 바라보는 좋은 인재의 조건이나, 거의 구성원들이 가져야 하는 역량으로 구성되어 있었던 부분이 컸었다. 그런데 지금의 일하는 방식은 역량보다는 일하는 방식의 기준점으로 삼기 위해 보다 세부적으로 표현하고 있고, 보다 명확하고 직관적으로 정립되어 있다.

2. 일하는 방식은 어떻게 구축할 수 있는가?

일하는 방식의 기준점은 통상적으로 각 기업의 창업자가 그 기업의 성장을 위해서 구성원들이 일하는 방식의 기준점으로 잡고 있는 부분을 우선적으로 제시하는 과정부터 시작된다. 회사 설립 때부터 창업자들이 가진 사업과 사람에 대한 가치관을 일하는 방식으로 반영한 것이다. 이 단계에서 각 담당자 입장에서는 특히 창업자가 가지고 있는 생각을 질문을 토대로 잘 꺼내서 명문화할 수 있는 작업이 중요하다.

우리는 어떠한 사람과 함께 했을 때 회사가 원하는 목표를 달성하고 성공할 수 있는지, 그러기 위해서 어떤 방식으로 일을 해야 하는지가 핵심질문이다. 때로는 경영층 대상 워크샵을 통해 창업자의 일하는 방식에 대한 합의를 이루고 보다 세분화하는 작업을 하기도 한다. 이 과정에서 각 담당자는 가치체계 중 어떤 부분이 보완되어야 하는지를 검토하고 제시하는 것이 중요하다. 예를 들어 도출된 가치들이 창의, 혁신 등의 회사적인 관점에 보다 치중해 있다면, 보다 문화적인 관점에서 보완하는 것, 그리고 전체 일하는 방식이 균형감있게 설계되어 있는지를 확인하는 작업이다. 그런데 조직문화담당자들에게는 이렇게 처음 일하는 방식을 구축하는 경우보다 시대의 변화에 따라서 기존에 있었던 가치들을 변경하는 부분에 대한 Needs가 보다 많다. 처음 설립되는 기업을 제외하고는 기존 일하는 방식에서 변경하는 부분이 더 많이 이루어지기 때문이다. 이 과정에서는 경영층의 변화된 생각과 구성원의들의 Voice를 함께 반영하는 것이 중요하다. 변화하는 경영환경에서 조금 더 중요해진 가치를 도출해 내고, 기존의 가치체계를 정비하는 작업이 필요하다.

특히 현재의 가치체계에서 우선순위 평가를 통해서 좀 더 발전시켜야 할 가치, 과감히 버려야 하는 가치들을 평가하고, 이렇게 선택된 가치의 세부적인 의미에 대해서 경영층 및 구성원과 논의하는 것이 중요하다. 예를 들어 우리가 소통이라는 키워드를 선택했다면, 빠르게 소통하는 게 우리에게 좀 더 중요할 지, 아니면 존중하면서 소통하는 게 더 중요할 지 등 소통에서 선택할 수 있는 옵션을 제시하고 그 기업에 맞는 가치를 선택하는 것이 중요하다. 일하는 방식을 구축할 때 주의해야 할 점은 "선택된 가치"여야 한다는 점이다. 여러 가치를 다 잘해내야 하는 것은 일하는 방식의 기준점이 될 수 없고 실제 적용이 어렵다. 선택된 가치를 계속 구성원에게 강조하고 발전시켜 나가야지만 실제 일하는 방식과 괴리감 없이 소통될 수 있고 공감을 얻을 수 있다.

3. 이렇게 정립된 일하는 방식을 어떻게 변화관리 할 수 있을까?

일하는 방식은 각 기업에서 잘 정비되어 있지만 이를 실제 일하는 방식에 반영하기는 쉽지 않다. 이런 일하는 방식의 내재화를 위해서는 세 단계를 거치는 것을 추천한다. 인지-> 공감 -> 내재화 단계이다.

우선 인지단계는 일하는 방식에 대해서 회사에 다니는 모든 사람들이 알 수 있도록 알리는 것이다. 특히 이 단계에서는 정립된 일하는 방식이 많이 "보여지게" 해야한다. 우연히 사무실을 출근했을 때에도, 일을 하기 위해 회의를 할 때에도, 리더와의 대화에서도 이러한 일하는 방식이 잘 보여져야 한다. 사무실에 출근하면 볼 수 있는 Digital Signage, 그리고 회의실 안에 들어 갔을 때 보이는 포스터, 컴퓨터를 키면 볼 수 있는 Screen Saver, 그리고 내가 Office환경에서 자주 사용하는 물품인 마우스패드 등 곳곳에 일하는 방식을 보여지게 하는 것이 중요하다.

이 이유는 일하는 방식은 보통 구성원 보다는 회사에 그 Needs가 더 크고, 구성원들이 일하는 방식을 인지하기 위한 노력을 요구하기도 어렵다. 우선 지속적인 노출을 통해 의식하지 않아도 구성원에게 일하는 방식이 익숙하게 만드는 것이 중요하다. 그래서 구성원과 커뮤니케이션 하는 과정에서 "일하는 방식을 의도적으로 사용"하는 것도 중요하다. 계속 보여지게 하는 것단큼 인지도를 높이는 것이 없기 때문이다. 그리고 일하는 방식 관련 교육과정 설계시에도 구성원들이 부담을 갖고 일하는 방식을 접하지 않도록 "재미"의 과정을 부가하는 것이 좋다.

이전에 일하는 방식 관련 교육과정을 설계할 때 주요 Focus는 "재밌게, 일하는 방식을 외우게" 하는 것이었다. Gamification을 가미하여 구성원들에게 재밌는 게임을 통해서 일하는 방식을 인지하고 이를 외우게 하는 과정을 설계했다. 또한 이 교육과정을 2년에 한번씩 새로운 과정으로 기획하여 운영했다. 일하는 방식의 경우 지속적으로 회사 차원에서 강조하지 않으면 액자속의 명언처럼 이전의 것이 되어버린다. 지속적으로 회사차원에서 일하는 방식을 여러가지 경로로 알려줘야 하는 것이 이러한 이유다.

그리고 이렇게 일하는 방식을 알려줄 때 가장 효과적인 방식은 "리더의 말"을 통해 일하는 방식을 지속적으로 전달하는 것이다. 일하는 방식 관련해서 구성원이 가장 불만으로 가지고 있는 사항은 "우리는 실제 그대로 일을 하지 않는다"는 것이다. 정립된 일하는 방식은 일하는 방식대로, 그리고 우리의 일하는 방식은 우리의 일하는 방식대로 괴리감이 있을 때 정립된 일하는 방식은 그 가치를 잃게 된다. 우리의 일상생활 속에서, 그리고 리더와의 피드백에서, 특히, 이해관계가 충돌하는 상황에서 정립된 일하는 방식을 언급하는 리더의 말은 가장 일하는 방식의 변화관리에 있어 가장 파워풀한 방법이다. 간단한 방법이라도 좋다.

예를 들어 어떤 기업의 일하는 방식이 "치열한 소통"이라고 해보자. 회의하는 중간에 서로를 너무 배려하고 있다면 "이렇게 논의한 것이 결론을 낼 수 있을까요? 보다 치열하게 해봅시다" 라는 말을 통해 일하는 방식을 다시 한번 Remind할 수 있고, 이는 실제 업무와도 밀접하게 연결되게 된다. 그래서 나는 일하는 방식을 정립한 이후에 가장 중요한 것은 "일하는 방식 관련 리더워크샵"이라고 생각한다. 정립된 일하는 방식에 대한 우선적인 공감이 필요하고 그리고 이를 구성원과 커뮤니케이션 하는 방식 등을 미리 설계하여 리더와 공유해야 한다.

일하는 방식 변화관리의 두번째는 "공감"이다. 인지 과정을 통해 일하는 방식을 알려줬다고 하면 이제는 구성원이 이를 믿고 공감하게 해줘야 한다. 이때 중요한 것은 "일하는 방식"대로 행동하는 사례 도출이다. 일하는 방식 사례를 통한 Learning이 구성원이 보다 이해하기 쉽고 효과적이다. 이러한 사례의 경우 일하는 방식과 연관된 사례를 도출하는 방식도 있지만, 실제 일하는 방식 기준에 합치하지 않는 제도나 프로그램을 고치면서도 그 사례를 효과적으로 공감시킬 수 있다. 예를 들어, "유연하게 일한다"라는 부분이 일하는 방식으로 되어 있는 조직에서 구성원들이 실제 업무생활에서 불합리한 제도나 복잡한 프로세스로 고통받는다고 하자. 이럴 때는 일하는 방식은 구성원의 공감을 얻지 못하고 일하는 방식의 기준점으로 활용될 수 없다. 불합리한 제도를 고치면서 구성원에게 "유연한 일하는 방식"을 강조한다고 해보자. 구성원의 공감과 이에 따른 행동변화를 가져올 수 있을 것이다.

마지막으로 내재화단계는 이러한 인지, 공감의 과정을 통해서 구성원의 생활 속에 일하는 방식이 살아 숨쉬고 있는 것이다. 실제 구성원의 입을 통해서 이렇게 행동하는 것이 우리의 일하는 방식에 맞는지 반문하게 만들고, 그대로 행동하게 만드는 것이 진정한 내재화이다. 이 단계에서는 문화담당자들이 지속적으로 제도나 프로그램에 일하는 방식을 반영하여 Remind하는 것이 중요하다. 문화에 있어서는 구성원이 변화를 체감하게 하고, 이를 계속 믿게 만들고, 이에 따라 행동하게 만드는 일정의 선순환 구조를 만드는 것이 중요한데, 일하는 방식의 변화관리에도 마찬가지다. 일하는 방식의 변화관리에서 구성원들에게 알려주고, 공감을 얻었다면, 이에 따라 행동하는 사람에게 무언가 이로운 결과가 나타날 수 있게 하는 제도나 시스템의 연계가 무엇보다 중요하다. 또한 앞서 언급했던 것처럼 일하는 방식을 지속적으로 알려주는 활동도 병행되어야 한다. 회사 차원의 중요성을 계속 강조하는 과정이다.

4. 일하는 방식, 문화업무의 핵심

개인적으로 일하는 방식 정립 및 변화관리업무는 문화업무에 있어서 가장 핵심적인 영역이라고 생각한다. 회사를 변화하게 하고, 그 안의 구성원을 움직이게 하는 큰 메커니즘을 만드는 과정이다. 결국 문화업무를 하는 것도 회사 및 그 안에 다니는 구성원들을 성장하게 하는 업무라고 생각한다. 일하는 방식 정립을 통해 회사의 미션을 달성할 수 있도록 회사의 제도나 프로그램을 변화하게 하고, 구성원들이 한 가지 방향으로 일하게 하는 변화를 만들 수 있다. 서두에서 일하는 방식은 그 회사만의 성공방식에 대한 정의라고 언급한 바가 있다. 그 회사만의 성공방식을 정의하는 이 업무, 얼마나 중요한가. 오늘도 일하는 방식을 고민하고 있는 조직문화 담당자들을 응원하면서 마무리하려고 한다. 우리 모두 파이팅!

CHAPTER 03 일하는 방식과 관련된 견해

이주헌

국내 최초 민영미디어렙 공채1기로 입사하여 초기 HR셋팅부터 개선까지 전 프로세스를 경험했습니다.
결국 정답은 없습니다.
인사는 정답이 아니라, 해답을 찾는 일이 아닐까요?
일이 되게끔 해답을 함께 찾아가는 인사담당자 입니다.

1. 시작하며

글로벌 팬데믹과 디지털 전환을 겪으면서 우리는 노동시장의 '대퇴사 시대'를 경험하게 되었다. 트렌드의 변화가 평생직장에서 평생직업으로 나아가 더 나은 근무환경과 일과 삶의 균형에 대한 근본적인 고민을 하게 된 것이다. 그런 맥락에서 조직 구성원은 조직에 대한 소속 지위를 지속하려는 잔류 의지는 선택적일 수밖에 없다. 쉽게 말해 조직에 대한 충성심, 조직 목표달성을 위한 자발적 노력, 조직이 추구하는 목표와 가치에 대한 강한 신뢰와 수용 등의 욕구를 더 이상 강요할 수 없게 된 것이다. 그렇다고 해서 직원들이 조직몰입을 하지 않는 것은 아니다. 결국 선택적 몰입을 통해서 조직과 본인을 동일시 하는 경향이 강해졌다고 생각한다.

이때 가장 중요한 것은 '일하는 방식(Working Behaviors)'이다. 주어진 환경은 누구나 똑같다. 하지만, 그 속에서 의사결정을 하고 커뮤니케이션 하는 방식에 따라 몰입의 방향성과 결과는 달라진다.

이런 맥락에서 Tool로서 일하는 방식이 아닌, 일하는 방식에 영향을 미치는 요인들과 이에 대한 고민을 나누고자 한다.

2. 일하는 방식은 리더가 결정한다?

리더십은 '일하는 방식'의 가장 중요한 선행요인이다. 과거 리더십의 전형은 조직의 목표와 성과를 견인하는 역할 즉, 집단에 영향력을 주거나 행사하는 인물이었다. 그렇기 때문에 '일하는 방식'보다는 '일의 결과'가 중요했고, 이익과 같은 숫자가 곧 리더십이고 정량지표가 사업의 목표였다. 하지만, 환경변화에 민첩하게 대응하고 유연한 의사결정과 네트워킹 역량 그리고 임파워먼트가 중요해지면서 직원들에게 동기부여와 비전을 제시하는 역할이 중요 해졌다. 당사에서 진행한 리더십 진단에서도 리더십의 성공요인을 사람관리, 자기관리, 조직관리로 두고 항목별 영향력 있는 항목들을 조사해보니 솔선수범(자기관리) 및 자기인식(자기관리)의 항목이 상사와 부하직급 공통적으로 가장 중요하다고 나왔으며, 소속부서 직원과 더 많은 소통과 비전을 제시하고 역할을 심어주는 리더와의 신뢰점수가 그렇지 못한 리더와 1점 이상 차이가 났다(5점 척도). 가장 중요한 것은 일하는 방식에 있어서도 리더의 업무방식과 커뮤니케이션 스타일을 그대로 답습하고 있다는 것이다. 실무적으로도 업무의 효율성 및 효과성 측면에서 부서간 리더십 스타일에 따라 영향을 많이 받는 것도 사실이다.

그렇다면, 동기부여도 잘하고 커뮤니케이션을 잘하는 리더의 일하는 방식이 정답일까?

3. 리더와 직원과의 관계도 중요 하지 않을까?

일하는 방식은 리더와의 관계의 질(LMX: Leader-Member Exchange) 도 중요하다. 관계의 질(LMX)이라는 것은 조직 구성원인 직원과 리더와의 교환관계의 질로 정의 할 수 있는데 신뢰, 존경, 의무 등의 측면을 반영하여 관계의 질적 수준을 측정한 것이다. Liden 과 Maslyn(1998) 연구에서는 이를 애착, 로열티, 공헌도, 전문성 존경의 항목으로 측정하는데 실제 설문을 통한 사례에서도 리더와의 관계의 질이 높은 직원의 일하는 방식은 리더의 행동과 태도에 강한 영향력을 받는다는 결과가 나왔다. 이런 측면에서 일하는 방식의 선행요인은 다양하다.

실상 이런 것들은 이론적인 것이라면 실무적으로 어떻게 직장 상사와 팀원과의 관계의 질을 높일 수 있을까?

리더의 의견에 무조건 동의하고 회식을 많이 가지고, 스킨십을 자주 갖는 것이 관계의 질을 높일수 있는 방법이라고 생각한다면 가장 큰 오산이라고 생각한다. 가장 중요한 것은 리더가 회사의 비전에 대해서 자주 이야기해야 한다. 비전은 조직이 만들고자 하는 미래 모습이다. 쉽게 말해 회사가 달성하고자 하는 대상과 지향점, 꿈과 목표에 대한 정확한 공유가 필요하다.

비전에 대한 명확한 공유와 설명이 필요한 가장 큰 이유는 비전이 공유된 상태에서 조직의 핵심가치나 행동규범 등과 같이 내재된 행동양식들이 전파가 가능하기 때문이다. 웃고 떠들고 함께 회의하고 회식하면서 관계를 쌓는 것이 아니라, 조직에 대한 애착을 같이 쌓고 명확한 지시와 업무위임을 통해서 직원들은 리더를 신뢰하고 존경하면서 관계의 질을 쌓아 나갈 수 있는 것이다. '관계의 질' 이라는 것은 축적의 개념이다. 어느 순간 갑자기 나의 리더를 존경하고 조직에 대한 로열티를 가지는 것이 아니라, 오랜 시간 누적되어 쌓아가는 것이다. 이러한 비전체계에 대한 이해와 공유를 바탕으로 의사결정의 기준과 원칙으로 삼고 일하는 방식의 균질화가 이루어 질 수 있다고 생각한다.

당사는 이런 관점에서 매년 비전캠프라는 워크샵을 통해 조직의 미션/비전을 공유하고 직원들에게서 핵심가치에 부합하는 행동강령을 뽑아냈다. 여기까지는 모든 기업들이 조직의 비전체계를 만들어 내는 과정이라고 생각한다. 나아가 당사에서는 이를 명문화 하는 작업을 거쳐 책을 내고 창사기념식마다 조직의 비전트리를 설명하면서 자연스럽게 녹아 드는 작업을 수년째 진행했다. 그뿐만 아니라 게이미피케이션 도입을 통해서 조직의 비전을 카드로 만들고, 카드로 보물찾기를 하면서 리더가 조금 더 책임감을 갖도록 끊임없이 교육하고 습득하도록 했다. 그러면서 자연스럽게 우리회사 다움이 무엇인지 고민하는 시간을 갖게 했고, 우리 조직만의 정체성을 조금씩 만들어 가고 있다.

4. 그런데 일하는 방식이란 도대체 무엇일까?

그렇다면, 계속 이야기하고 있는 일하는 방식이란 대체 어떤 것일까? 비대면 시대에 맞이하여 우리는 반강제적으로 일하는 Tool과 방식의 변화를 겪게 되었다. 그런데 사실 알아야 할 것은 우리는 이미 디지털로의 전환에 준비되어 있었다. 모든 회사에서 사용하고 있는 줌(zoom)은 이미 10년 전에 기틀이 마련되어 있었으며, 이미 수많은 외국계 기업에서는 화상Tool과 회의시설을 통해서 원격업무를 수행하고 있었다. 그런 측면에서 우리는 인터넷 강국의 인프라를 바탕으로 조금은 싱거울 만큼 손쉽게 디지털 시대의 전환을 이루어 냈다. 이때 가장 중요한 것은 커뮤니케이션이다. 커뮤니케이션은 언어나 몸짓, 화상 등의 물질 신호를 매개로 하는 심리적, 정신적 전달 교류이다. 쉽게 말해 심리적으로 내 의사가 상대방에게 전달이 되어야 하는 것이다. 이것이 결국 일하는 방식이라고 한다면, 결국 커뮤니케이션속에서 일어나는 나의 행동과 태도가 일하는 방식이 아닐까? 라고 생각해본다.

앞서 말한 것처럼 비전체계 안에 핵심가치가 있고 이는 조직이 의사결정의 중요한 기준과 원칙을 만들어 주기 때문에 우리는 커뮤니케이션 속에서 기준과 원칙을 고민하는 자세가 필요한 것이다.

지금까지 일하는 방식에 대한 생각을 정리하다 보니 결국 돌아돌아 일하는 방식은 커뮤니케이션이고, 그 속의 기준과 원칙은 비전체계 안에서 이루어지는 것이며 리더십과 그 안에서 관계의 질이 중요하다는 결론이 나온거 같다. 그런데 정말 솔직하게 하고 싶은 말은 리더십도 사실 조직문화 그리고 조직풍토라는 큰 틀안에서 나온 것이고 이론적으로 보아도 Quinn(1998)의 경쟁가치 모델과 여러 학자들이 말하는 리더십 유형(카리스마적 리더십, 변혁적 리더십 등)이 개인수준 또는 조직수준이냐에 따라 다르게 표현할 뿐이지 실상은 똑 같은 것이라 생각한다.

5. 그렇다면 진짜 중요한 것은 문화적 변화가 아닐까?

조직문화는 지금까지 설명한 모든 것들의 기원이 되는 것이 아닐까 생각한다. 조직문화라는 것은 조직구성원들이 공유하고 있는 철학이며 이데올로기며 감정, 가치관이라 생각한다. 이러한 것들이 개인적으로 리더십으로 표현되고 구성원들에게 영향을 받는 것이다. 앞에서 말했던 미션/비전, 핵심가치니 행동양식 이런 것들이 자연적으로 발생하면서 생긴 가치가 결국 조직문화 인 것이다.

이에 대한 유형을 4분법적으로 나누는 방식도 있고, 하드웨어적 특성과 소프트웨어 특성을 통한 7S 모형 그리고 OCI 등 조직문화를 진단하는 Tool은 다양하다. 이러한 것들이 시계열 형태로 지속적이 조사되어지고 축적된 데이터로 우리 회사의 조직문화는 이렇다고 정의 내리고 이슈를 해결하면 참 좋겠지만, 이것은 어디까지나 조직의 현재 모습에 대한 진단이다.

실제 필요한 것은 경영진의 강력한 의지와 표현이다. 'HR에서 이러한 진단결과가 나왔으니, A방법과 B방법은 통해 직원들의 의견을 듣고 해결해야 합니다.'라고 주장할 수 있지만, 경영진의 강력한 지원과 의지 없이는 진정한 문화적 변화 그리고 일하는 방식의 혁신은 이루어 낼 수 없다.

회사 설립 초기 공채1기로 입사하여 근 10년째 일하고 있는 회사에서의 문화적 변화를 직접 체험한 이야기를 하자면, 초기 회사는 여러 경로와 회사에서 입사한 경력사원과 신입사원들의 입사로 일하는 방식 이라던지 의사결정 방식 등 모든 것이 통일되지 않고, 서로의 역량을 뽐내던 시기가 있었다. 당연히 이시기에는 리더 간에도 반목이 있었고, 목소리가 큰 사람, 회사 불만만 이야기 하는 빅마우스들이 부정적인 이야기만 쏟아 냈었다. 이때 실시한 조직문화 진단결과 역시 당연히 위계적인 조직문화로 나왔고, 후에 실시한 리더십 진단 역시 직원과의 갭차이가 상당했었다. 그러나 10년이 지난 이 시점에서는 이러한 진단이 무의미할 정도로 큰 문화적 변화가 있었다. 가장 큰 이유는 리더의 강력한 의지와 지원이었다. 과거 정형화되고 딱딱한 옷차림을 자유복장으로 바꾸고, 부서간 이기주의를 타파하기 위해 직무순환을 과감히 도입했으며 끊임없이 회사의 미래와 비전에 대해서 정말 강제적일 만큼 공유하면서 깨닫지 못하는 사람은 도태될 만큼 급진적으로 문화적 변화를 시도했었다. 이 외에도 일하는 방식과 가치를 공유하기 위해 매주 B.P사례를 전 사원이 함께 공유하면서 구성원의 Skill-set과 역량을 균질화 하는 작업을 수년째 지속했는데 이 또한 축적되면서 자연스럽게 모든 구성원이 비슷한 수준의 커뮤니케이션 스킬과 역량을 갖추게 된 것이다. 주관부서로서 수많은 리더를 모시고, 문화적 변화를 위해 끊임없이 노력해 오면서 느꼈던 것 결국 지속적인 경영진의 지원과 의지가 조직을 바꾸게 하고 일하는 방식을 바꾸게 한 다는 것이다.

6. 그렇다면 진짜 나만의 생각은 무엇일까?

이렇게 생각을 정리하다 보니 '일하는 방식'이라는 것은 어느 작은 Practice를 잘하거나 개선해야 나오는 것이 아니고 조직차원에서 그리고 개인차원에서 노력해서 얻은 부산물이라는 생각을 하게된다. 경영진의 강력한 의지와 지원을 통한 조직문화 변화 그리고 이를 리더들이 구성원들과 관계의 질을 쌓아가면서 일하는 방식을 만들고 조직의 성과와 이어지는 끊임없는 뫼비우스의 띠가 아닐까?

사실 인사라는 업무는 주어진 문제에 대한 '정답'을 찾는 곳이 아니라, 그럼에도 불구하고 '해답'을 찾는 곳이다 라고 생각한다. 개인의 다름을 인정하지만, 회사에서는 회사다움(일하는 방식)을 통해서 함께 나아갈 수 있으면 더없이 좋지 않을까 생각한다.

지금까지는 100% 주관적인 나만의 생각이었고, 인사담당자 모두가 다른 생각을 가지고 직장생활을 임할 수 있다. 그렇지만, 지금까지 그래왔던 것처럼 동료들과 함께 고민하면서 서로 선한 영향을 미치며 오늘이 아니라 내일이 기대되는 회사로 성장하는데 밑거름이 되는 인사담당자가 되겠다.

CHAPTER 04 일하는 자세와 방식, 본질을 어떻게 찾아갈 것인가?

송지은 (서강대학교 교육대학원 겸임교수, GC HR실 HRD팀)

사람들의 삶과 조직을 가치있고 행복하게 만드는 인적자원개발(Happy HRD) 전문가를 꿈꿉니다.
학술적인 HR 탐구와 기업에서의 경험을 토대로 성장하는 즐거움을 느낄 수 있도록 하는 HR과 조직문화를 고민합니다.
일과 학습을 병행하면서 HRD 박사학위를 취득했고, 기업 현장에서 HRD/OD를, 학교에서 강의와 연구를 하며 매일 더 성장하기 위해 고군분투하고 있습니다.

들어가며

10년이 넘는 시간 동안 HR의 실무와 공부의 경계선을 오가면서 늘 아쉬웠던 점은 HR에도 유행처럼 특정한 액티비티(activity) 중심의 활동이 돌고 돈다는 것이다. 변화와 함께 도전적인 새로운 시도들은 늘 HR담당자들에게도 숙제처럼 돌아온다. 그러나, 모든 시도들이 성공적이기만 한 것은 아니다. 때로는 기획했던 교육이나 조직개발 활동이 의도대로 되지 않아 실패하기도 하고, 좌절을 맛보기도 한다. 돌이켜보면, 그 당시 유행하는, '도입하지 않으면 안될 것 같은' 일들에 초점을 맞추느라 HR의 본질에서 고민해보지 못한 부분들이 원인이 된 경우들이 많다. 장기적인 관점에서 구성원들에게 미칠 영향을 함께 고려해야함에도, 현실적으로 눈에 보이는 단기 성과 때문에 더 길게, 더 넓게 들여다보지 못했던 것이다.

그렇다면 근본적으로, 즐거운 일터, 좋은 회사를 만들기 위해 우리는 어떻게 해야 할까? 좋은 회사를 만들기 위해서는 좋은 리더십, 좋은 구성원, 그리고 좋은 회사를 만들기 위한 철학이 공존해야 한다. 순간적인 보상이나 복리후생, 멋진 채용 홈페이지만으로는 구성원들을 지속적으로 동기부여 할 수 없다. 좋은 회사와 즐거운 일터를 위해서는 리더십과 구성원, 회사가 모두 어질고 좋아야 한다.

현대 사회에서 우리가 알고있는 수많은 경영자들이 〈논어〉를 통해 어질고 바른 마음가짐과 처세에 대해 탐독한다는 것은 이미 많은 이들에게 알려져 있는 사실이다. 〈논어〉가 인의예지(仁義禮智)를 기반으로 한 과거의 고리타분한 철학서라는 시각은 편견에 불과하다. 〈논어〉에서는 삶의 태도와 관점이라는 시각에서 일터에서의 자세와 리더십의 정도(正道)가 시간이 지나도 변하지 않는다는 메시지를 전달하고 있기 때문이다.

많은이들에게 지혜를 가진 선인으로 알려진 다산(茶山) 정약용은 기약없는 귀양살이 과정에서 〈논어〉를 다시 공부하고 〈논어고금주〉라는 논어 해설서를 집필하면서 삶의 자세에 대해 공부하고 삶의 지표를 되돌아보았다고 한다. 정약용은 〈논어〉를 통해 삶을 가장 유익하게 채울 수 있는 삶의 방향을 찾고, 스스로에게 가장 이익이 되는 삶의 태도를 배울 수 있다고 제시하기도 하였다. 현대와 과거를 관통하여 모든 사람들이 〈논어〉를 통해 읽고자 하는 메시지에는 어떠한 내용들이 담겨있을까?

이 글에서는 천 년이 넘는 시간동안 고전인 〈논어〉를 관통해서 전해오는 개인과 리더, 조직 관점의 행복하게 일하는 방법에 대해 간략하게 풀어보고자 한다. 〈논어〉에서는 개인에 대한 삶의 태도만 이야기하는 것이 아니라, 리더로서의 자세나 좋은 일터를 만들기 위해 갖추어야 하는 교훈에 대해서도 이야기하고 있기 때문이다. '어떻게 일할 것인가'와 '어떻게 행복한 일터를 만들 것인가'의 기본을 고민하는데 〈논어〉는 오랜 시간 변하지 않은 정도(政道)에 대해 충분한 인사이트를 제공하고 있다. 나아가, 이 글에서는 HR 담당자가 행복한 일터를 만들기 위해 '어떠한 고민을 해야 하는가'와, 흔들리지 않는 좋은 조직문화를 만들기 위해 '무엇을 해야하는가'에 대한 답안을 탐색해보고자 한다.

일터에서 성장하는 사람들의 마음 가짐

학이(學而)

최근 HRD에서 가장 많이 등장하는 키워드 중 하나는 학습 민첩성(learning agility)이다. 빠르게 변화하는 환경에서 학습을 통해 업무에 적용할 수 있는 부분을 파악하고, 개선해 나가는 개인의 학습 민첩성과, 이를 독려하는 조직의 학습 민첩성이 기업의 성과와 명운(命運)을 좌우한다는 것이다.

〈논어〉에서는 이를 가장 첫 장인 학이(學而)에서 다룬다. 지식을 배우고 사용해보는 것이 즐거운 일이라는 것이다. 새로운 변화에 따라 매일 우리는 새롭게 학습해야 할 것들이 늘어나는 세상에 살고 있다. 〈논어〉에서는 학습이 단순하게 지식을 이해하는 것에서 마치는 것이 아니라고 제시하고 있다. 배운 지식을 활용하고 실천해볼 수 있을 때 진정한 학습이 일어난다는 것이다. 그리고 학습은 남이 알아주길 바라고 진행하는 것이 아니라, 내 스스로를 위해 진행한다는 목적성을 가져야 한다고 강조하고 있다.

개인은 새로운 것을 받아들이고 체화 하는 개방적이고 유연한 자세를 갖추어야 한다. 쏟아지는 정보의 홍수에서 우리는 모든 것을 다 익힐 수 없다. 따라서, 정보를 취사선택하여 실천할 것과 실천하지 않아도 되는 것을 구분할 수 있는 안목을 키울 수 있는 공부를 해야 한다. 다산의 〈논어고금주〉에서는 공부를 '매일 보던 풍경을 새롭게 닦아내는 통찰력을 키우는 것'이라고 언급하고 있다. 유연한 자세를 가지고 학습함으로써 지식을 때와 상황에 맞게 구사할 수 있고, 삶에서 실천할 수 있어야 한다는 것이다.

전문가들이 업무를 수행하는 방식 살펴보면, 깊이 있게 아는 전문 영역 이외에 관련 업무의 프로세스나 프레임에 대해서도 두루 이해하고 있다는 사실을 알 수 있다. 이미 스스로 익숙한 전문 영역을 어떻게 더 빛나게 만들 것인가를 확장성있게 고민하고, 끊임없이 공부하면서 더 나은 방안을 모색하는 것이다. HR 담당자들 역시 내가 알고 있는 전문적인 영역(specialist)이외에, HR 업무라는 전반적인 관점(generalist)에서 채용, 평가, 보상, 교육, 노무관리 등의 각 HR의 영역이 어떻게 유기적으로 영향을 미치고 있는지를 이해할 수 있어야 한다. 또한, 최근의 HR트랜드에 대해서도 공부하면서 '왜' 그런 내용이 트랜드로 자리잡고 있는지에 대해 비판적으로 접근할 수 있어야 한다. 그렇게 통찰력을 가지고 어떤 것을 업무에 취사선택하여 적용할지 충분히 검토할 수 있을 때, 학습을 토대로 조직에 긍정적인 영향을 미칠 수 있는 새로운 제도나 개선 활동을 만들어갈 수 있다.

그리고, HRD 담당자라면 조직에서 구성원들이 지속적으로 학습을 통해 경력을 개발할 수 있도록 동기부여 해야 한다. 그리고, 그 동기부여는 단기간 하루, 이틀간의 이벤트성 동기부여로 끝날것이 아니라, 꾸준히 진행되어 지속적인 학습 독려로 이어져야 한다. 억지로 구성원들에게 공부를 하게할 수는 없다고 하더라도, 개인의 학습을 장려하고, 지속적으로 학습의 마중물을 찾아 제공하는 것이 HRD담당자의 역할이기 때문이다.

💡 좋은 리더가 되기위한 자세

교언영색(巧言令色), 온량공검양(溫良恭儉讓), 오하이관지재(吾何以觀之哉)

〈논어〉에는 군자(君子)의 자세와 도리에 대해 다양한 표현이 등장한다. 군자는 혼대의 표현으로 치환하면 '리더'로 해석할 수 있다. 다시말해, 〈논어〉에 등장하는 군자의 자세와 도리에 대한 내용은 '리더로서 갖추어야 하는 자세'를 의미한다.

〈논어〉에서 제시하는 좋은 리더는 교언영색(巧言令色)을 경계하는 리더이다. 교언영색이란 실속없이 듣기 좋은 말만 하고, 가식적인 표정으로 상사를 위하는 태도를 하는 사람을 경계하라는 뜻이다. 우리는 현실세계 곳곳에서 많은 리더들이 교언영색의 늪에 빠지게 되는 것을 마주하게 된다. 리더 입장에서는 현실적인 직언을 하는 사람이 아니라, 지시하는 대로 따르며 좋은 말만 하는 사람들이 다루기 편하고, 익숙하기 때문이다. 그러나, 오로지 듣기 좋은 말만 하는 사람들만 곁에 두는 리더가 속한 조직은 절대 발전할 수 없다. 나아가, 공자는 리더가 구성원을 공경하지 않는 태도, 그러면서도 겉으로 공경하는 것처럼 보이는 태도를 가져서는 안된다고 경계하기도 했다(위례불경, 爲禮不敬). 즉, 리더는 스스로에게 좋은말만 하는 사람을 경계하는 동시에, 본인이 겉과 속이 다른 태도를 구성원들에게 보이보 있는 것이 아닌지 돌아보고 고민할 수 있어야 한다.

또한, 〈논어〉에 등장한 가장 유명한 표현 중 하나는 온량공검양(溫良恭儉讓)과 오하이관지재(吾何以觀之哉)이다. 온량공검양은 공자가 제시한 평생 지향해야 할 다섯가지 덕목을 의미하고, 오하이관지재는 리더가 절대로 피해야 할 태도를 의미한다. 크게 보면 리더가 지향해야할 내용과 지향하지 않아야 할 항목들은 맞닿아 있다는 특징을 가지고 있다.

온(溫)은 리더는 모름지기 온화해야 한다는 것을 의미한다. 공자는 리더가 반드시 피해야 할 자세가 상사로서 너그럽지 않은 태도(거상불관, 居上不寬) 라고 경계한 바 있다. 리더가 감정기복이 심하거나, 본인의 유명세를 위해 부하 직원들에게 모질게 대하는 것은 리더로서의 자세가 아니라는 것이다. 나르시즘적 태도로 '나'에게는 한없이 온화하고 '남'에게는 냉정한 리더들은 진정한 리더로 거듭날 수 없다. 좋은 리더는 타인에 대한 너그러운 시각과 포용적 태도를 가질 수 있어야 한다는 것이 〈논어〉의 가르침이다.

량(良)은 리더가 다른 사람을 적대시하지 않고 선해야 한다는 것이고, 공(恭)은 리더가 공손한 자세를 취해야 한다는 것이다. 리더는 구성원들의 선량한 힘을 믿어줄 수 있어야 하고 모든 문제가 본인의 힘으로 해결되는 것이 아니라는 것을 받아들일 수 있어야 한다. 리더는 혼자서 문제를 해결할 수 없으며, 결국 구성원과 주변 환경의 도움에 따라 원하는 바를 이룰 수 있다는 것을 항상 염두에 두어야 한다.

검(儉)은 리더가 검소하고 가식적이지 않아야 한다는 것이며, 양(讓)은 리더가 겸손하게 다른 사람을 존중할 수 있는 겸양의 자세를 가져야 한다는 것이다. 〈논어〉에서는 리더가 갖추어야 할 검(儉)의 자세를 언급한 후, 현현역색(顯顯易色)이라는 내용도 제시한다. 현현역색은 외적인 집착을 버리고 본질적인 것에 집중해야 할 필요성을 의미한다. 현실 세계에서 리더 중에서도 특히 임원의 경우, 단기적인 재임기간으로 인해 단기 성과, 올해 안에 해야하는 일, 성과로 잘 포장될 수 있는 일들에 집착하는 경우가 흔하게 나타난다. 겉으로 드러나는, 소위말해 '광파는' 일에 집착하는 리더는 결과적으로 조직의 발전을 이루어낼 수 없다. 본질적인 일에 집중하여 장기적 관점을 볼 수 있는 리더들이 조직의 장기적인 발전을 이끌어갈 수 있다.

공자는 공감능력(림상불애, 臨喪不哀)의 부재를 경계해야 한다고도 언급하였다. 자신의 이익만 생각하고 다른 사람에 대한 공감 능력이 없는 리더의 경우, 지나치게 이해타산적이라 어질지 못하다는 것이다. 최근, 뇌과학자인 정재승 교수는 공감능력을 가진 이들이 권력을 가진 리더가 된 후 상대를 공감하려 애쓰지 않아 공감능력이 떨어진다는 통계를 언급했다. 반면에, 마이크로소프트의 CEO인 사티아 나델라는 공감능력이 리더십의 처음과 끝이며, 한사람의 최선을 이끌어낸다는 점에서 리더에게 가장 중요한 요건이라고 여러 번 강조했다.

리더의 자리에 있다는 것은 그만큼 개인의 능력이 뛰어나다는 반증이다. 리더는 뛰어난 사람으로서의 관점이 아닌, 일반적인 조직 구성원의 입장에서 문제를 해결하는 과정의 어려움을 공감할 수 있어야 한다. 공감 능력이 없는 리더와 함께 일하는 구성원들은 본인이 마치 조직에서 도구로 활용되는 것 같은 인상을 받게 되기 때문에, 조직에 로열티를 가질 수 없게 되기 때문이다.

조직에서는 좋은 리더를 손꼽는데 있어서 업무적인 능력과 함께, 리더의 태도에 대해 지속적으로 고민할 수 있어야 한다. 그래서 최근 리더에게 필요한 능력으로 주목받는 것이 자기인식(self-awareness)이다. 리더는 완벽한 사람일 수도, 성인군자(聖人君子)의 모습일 수도 없다. 〈논어고금주〉에서는 완벽한 리더란 존재할 수 없기 때문에, 리더들에게 지혜와 용기가 필요하다고 언급하고 있다(조윤제, 2022). 리더들은 뛰어난 능력으로 더 높은 자리에서 다른 사람들을 통솔하게 된 것 뿐이지, 모든 부분에서 완벽해서 리더가 된 것이 아니기 때문이다. 따라서, 조직에서는 리더들이 스스로의 부족한 면을 발견하고 인정하며, 개발할 수 있도록 독려할 수 있어야 한다. 나아가, 리더들이 부족함을 인정하고 현명하게 이를 극복해나갈 수 있도록 주기적으로 가이드하고 코칭하는 것이 필요하다.

HR에서는 좋은 리더를 육성하기 위한 다양한 방안들을 고려해야 한다. 리더십 역량모델링, 리더십 진단, 리더십 교육 등의 방안이 이미 시행되고 있다면, 이 흐름이 단기 이벤트처럼 매번 바뀌고 흔들리지 않도록 해야한다. 좋은 리더십에 대한 조직의 시각은 끊임없이, 지속적으로 리마인드되어야 한다. 리더십 진단의 영역, 리더십 교육의 영역들이 각각의 개별 활동으로서 수행되는 것이 아니라, 아니라 전반적으로 리더를 육성하기 위한 방안이 하나의 방향으로 흐를 수 있도록 정비해야 한다. 그리고 지속적으로 이를 추적해가며 일관성 있게 리더의 역량개발로 이어질 수 있도록 추진해야 한다.

좋은 일터를 만들기 위해 조직이 추구해야 하는 일하는 방식

근자열 원자래(近者說 遠者來), 군자주이불비(君子周而不比)

〈논어〉는 삶의 태도에 대한 책이기 때문에, 조직이라는 공동체의 관점에 대해서는 읽는 사람에 따라 다르게 해석될 수 있다. 논어의 자로(子路)편에는 근자열 원자래(近者說 遠者來)라는 표현이 등장한다. 이는 가까이 있는 사람은 기쁘게 하고, 멀리 있는 사람은 찾아오게 해야 한다는 것이다. 우리가 이야기하는 좋은 조직은 조직의 구성원들이 행복하고 즐거운 일터, 누구나 다니고 싶어하는 '좋은 회사'의 이상적인 모습일 것이다. 그렇다면 일하기 좋은 일터를 만들기 위해 고민해볼 수 있는 논어의 대목은 어떠한 것들이 있을까?

근자열 원자래(近者說 遠者來)를 해석할 때에는 가장 쉽게 가까운 사람에게 기쁨을 줄 수 있는 방법은 돈, 재화를 통해 이루어질 수 있기 때문에 재화만사성(財貨萬事成)이 될 수 있다는 점을 항상 경계해야 한다고 읽기도 한다(최종엽, 2021). 시간이 지나면서 돈으로 해결할 수 있는 것들은 정해져 있고 그 외에 어떻게 다른사람을 기쁘레 할 수 있을지에 대한 다양한 요인들을 볼 수 있어야 한다는 것이다. 조직 관점에서 이를 해석하면, 단기적인 보상에 대한 확대는 단기적으로 사람들을 기쁘게할 수 있지만, 장기적으로 멀리 있는 사람을 찾아오게 하는 기쁨으로 이어지기는 어렵다. 따라서, HR에서는 보상이나 복리후생, 또는 채용을 위한 브랜딩(employer branding)을 고려할 때에는 단기 이벤트성의 보상이 아닌 장기적인 관점에서 우리 조직을 찾아오게 하는 매력에 대해 고민해볼 필요가 있다. 그리고, 조직 문화적 관점에서 얼마나 우리 조직이 구성원을 신뢰하고 구성원이 조직을 신뢰하고 있는지, 상호간의 성장을 지원하고 있는지에 대해 고민하고 현재와 미래의 구성원들이 즐거운 일터를 만들어갈 수 있도록 고민해야 한다.

〈논어〉의 위정(爲政)편에서는 군자주이불비(君子周而不比)라는 표현이 등장한다. 두루 공정하게 대하며 편을 가르지 않아야 한다는 것이다. 건강한 조직문화는 일관성 있고, 공정하며, 사람들이 함께 일하는 일터로서의 문화로 작용될 수 있어야 한다. 과거에는 한 명의 천재가 택 명을 먹여 살리는 시대였지만, 복잡도가 다양해지면서 세상을 먹여살리는 한 명의 천재도 백 명의 도움을 받아 프로젝트를 진행해야 하는 시대가 왔다. 조직이 한 방향으로 가기 위해서는 다양한 우여곡절이 있다. 그 과정에서 잃지 말아야할 것은 공동체로서의 조직이 일관성이 있게 누구에게나 공정한 태도를 가져야 한다는 점이고, 그 과정에서 포용력을 가지고 다양한 사람들을 품을 수 있는 큰 그릇을 빚어간다는 마음으로 조직문화를 구축해야한다는 것이다.

〈다산의 마지막 질문(조윤제, 2022)〉에서는 정약용이 논어를 해설함에 있어서 '함께 가면 더 멀리 갈 수 있다', '아이가 시행착오를 겪을 기회를 빼앗지 말라'는 해석을 덧붙였다고 제시하고 있다 조직문화를 대함에 있어서도 마찬가지이다. 모든 구성원들은 믿고 다닐 수 있는 회사, 즉 신뢰로운 조직에 대한 관심이 높다. 조직신뢰의 의미를 살펴보면, 단순하게 믿고 따른다는 의미 이외에 '조직에서는 제도와 시스템을 통해 내가 위험에 놓이더라도 나를 지지해줄 것이다'라는 의미를 포함하고 있다. 즉, 구성원들이 생각하는 신뢰로운 조직은 도전적인 기회를 제공하고 그 시행착오의 과정을 개인의 실패가 아닌 새로운 성공을 위한 과정으로 인정하여 더 나은 단계로 발전할 수 있도록 하는 조직이다. 성숙한 조직문화의 구축은 조직의 발전과 조직 신뢰, 현재와 미래의 구성원이 다니고 싶어하는 회사를 만들어 가는 근본적인 방안이라고 할 수 있다.

나가며

    변화가 많을수록, 본질을 고민해서 접근해야 한다. 누구나 본질의 중요성은 알지만, 본질만 추구하기에는 현실적으로 쉽지 않은 것이 우리 직장인들이고, 또 현장의 어려움이기도 하다. 〈논어〉에서는 과즉물탄개(過則勿憚改)라는 표현이 있다. 잘못이 있으면 고치기를 두려워하지 말라는 것이다. 오늘보다 더 나은 내일을 위해 고민하고, 지속적으로 새로운 시도를 통해 나아가는 것은 부끄러운 일이 아니다. 혹시 우리 회사의 문화와 환경에 맞지 않음에도 유행에 따라 충분한 고민 없이 내용을 고민하는 것은 아닌지, 본질적으로 우리회사가 나아갈 방향에 따라 조직문화는 어떠한 방향으로 가야하는 것인지에 대해 다시 한번 고민해볼 수 있어야 한다.

    늘 학이(學而)의 자세로 배우고 학습하며, 더 나은 방향을 찾고자 노력하는 모든 HR 동료들을 응원한다.

참고한 책
공자. (2021). 논어. (오세진 역). 파주: 홍익.
조윤제. (2022). 다산의 마지막 질문. 파주: 청림출판.
최종엽. (2021). 오십에 읽는 논어. 파주: 유노북스.
판덩. (2022). 나는 불안할 때 논어를 읽는다. (이서연 역). 파주: 미디어숲.

CHAPTER 05
4차 산업혁명 시대에 부합하는 학습조직

성호경

프랜차이즈 산업군에서 채용과 조직문화를 시작으로 현재 HR 전반을 담당하고 있는 4년차 주니어 인사담당자입니다. 구성원을 몰입하게 만들고 성과를 창출하는 일에 자부심과 책임감을 가지고 있습니다. 저에게 HR은 여전히 어렵지만 재밌게 배우고 도전하며 조직의 철학을 고민하고 있습니다.

환경과 목적을 고려해야 하는 학습조직

4차 산업혁명 시대에 무서운 속도로 기술이 발전되며 일자리와 삶의 모습 등 많은 것이 바뀌었습니다. 가깝게는 ChatGPT와 AI 기술 발전 등으로 과거에 인사담당자가 해왔던 업무들도, 또 요구되는 역량들도 변화하고 있다는 것이 온몸으로 느껴집니다. 변화하는 환경 속에 기업은 적응하고 생존하기 위해 구성원에게 '변화', '성장' 그리고 '혁신' 등을 강조합니다. 이에 따라 구성원들의 일하는 방식 역시 조직의 목적에 따라 변화하고 있습니다.

세계적인 팬데믹 속 전례 없는 변화를 겪으며 기업과 구성원의 니즈에 맞추어 다양한 문화와 일하는 방식이 생기고 도입되었습니다. 비대면 업무, 유연 근무제, 디지털 업무 환경 구축, 대퇴사, 업스케일링과 리스케일링 등 다양한 아젠다가 나왔습니다. 다양한 아젠다 속에서 경영자와 인사담당자들은 조직의 공통된 목적을 달성하기 위해서 어떤 문화와 일하는 방식이 적합할지 고민하고, 문제를 해결하기 위해 많은 도전을 하고 있습니다.

아이디어와 협업이 중요한 현시대에 기업이 도입하는 일하는 방식과 조직문화 중 하나로 '학습조직'이 있습니다. 피터센게(Perte M.Senge)는 학습조직을 "구성원들이 진정으로 원하는 결과를 얻기 위해 끊임없이 자신의 능력을 확장시키고, 새롭고 폭넓은 사고를 하며, 미래에 대한 비전을 달성하겠다는 집단적 열망이 자유롭게 추구되고, 함께 학습하는 방법을 끊임없이 배우는 집단"으로 정의했습니다. 국내처럼 노동 시장의 유연성이 크지 않은 경우 업스케일링과 리스케일링 측면에서도 조직 내 학습은 중요합니다. 한 예로 팬데믹이 시작된 이후 58%의 조직에서 스킬 변혁을 경험했으며 현재 기업의 43%는 현재 기술 격차를 격차를 겪고 있습니다. 이 문제를 해결하는 효과적인 대응책으로 50%가 직원 역량 강화를 꼽았습니다. 이제 기업은 어느 때보다 구성원의 학습이 필요하게 되었습니다. 위와 같이 기술과 트렌드가 빠르게 변화하는 현시대에 필요할 수 있는 학습조직에 대해 알아보겠습니다.

학습조직의 장점

학습조직은 개인과 조직이 지속적인 학습을 통해 조직이 필요한 지식을 빠르게 창출하고 공유하며 구성원들의 창의성과 생산성 향상에 기여합니다. 이는 대외적인 변화에 능동적으로 대응하여 기업 생존과 발전에 중요한 역할을 합니다. 그 과정 속에서 개인과 조직 모두 성장할 수 있습니다.

대표적인 학습조직 기업으로 3M이 있습니다. 학습조직을 성공적으로 구축한 당시 매년 평균 15%의 순이익 성장률을 만들어냈습니다. 3M은 학습조직의 긍정적인 장점을 가져올 수 있게 다양한 제도와 가치를 지속적으로 신경 썼습니다. 그 결과, 학습조직이 효과적으로 구축되어 기업 성장의 원동력이 되었습니다. 학습조직 자체를 절대적인 정답으로 보는 것이 아니라 조직에 필요한 문화로, 조직에 맞는 하나의 해답으로 학습조직을 풀어 냈습니다.

3M은 학습 조직을 구축하기 위해 전 구성원의 커뮤니케이션을 장려하여 인적 네트워크를 형성했습니다. 그 과정에서 '혁신'이라는 가치가 구성원들에게 내재화 되도록 지속적으로 강조했으며, 구성원들끼리 '혁신'에 대하여 생각하게 하고 학습한 것을 나누기도 했습니다. 이런 활동 뒤에는 큰 포상과 상징적인 보상과 제도적인 지원이 있었습니다. 그 결과 3M은 조직 차원에서 학습조직을 성공적으로 구축했습니다.

학습조직은 오래전부터 있었던 일하는 방식

스스로 성장하며 조직에 성과를 창출하는 학습조직은 개인에게도 기업에게도 이상적인 모습입니다. 학습조직은 새로운 개념이 아니며 오래전부터 있었던 일하는 방식입니다. 수년 전에도 많은 기업이 경영혁신 전략으로 학습조직을 구축하여 제2의 3M이 되고자 많은 투자를 했습니다. 그러나 이러한 노력에도 학습조직은 모든 조직에 성공을 보장하지 않았습니다. 성공 사례를 조직에 똑같이 가져왔다 하더라도 잘 도입되지 않았으며 오히려 학습조직의 많은 실패 사례를 만들었습니다.

학습조직의 실패 이유는 다양하지만 크게 살펴보면 두 가지로 나뉩니다. 학습조직이 초기 기획 단계와 다르게 운영되었거나, 일하는 방식을 단순한 이벤트로 취급하여 구성원들의 혼란을 야기한 경우입니다. 여기서 한 가지 알 수 있는 것은 학습조직 자체가 문제는 아닙니다. 다만, 기업의 환경을 고려하지 않은 채 일방적으로 도입한 방식이 문제가 되었습니다. 그러므로 기업의 문화와 일하는 방식은 일방적인 도입이 아닌 회사의 환경에 맞추어야 합니다.

조직마다 다른 학습조직 도입 환경

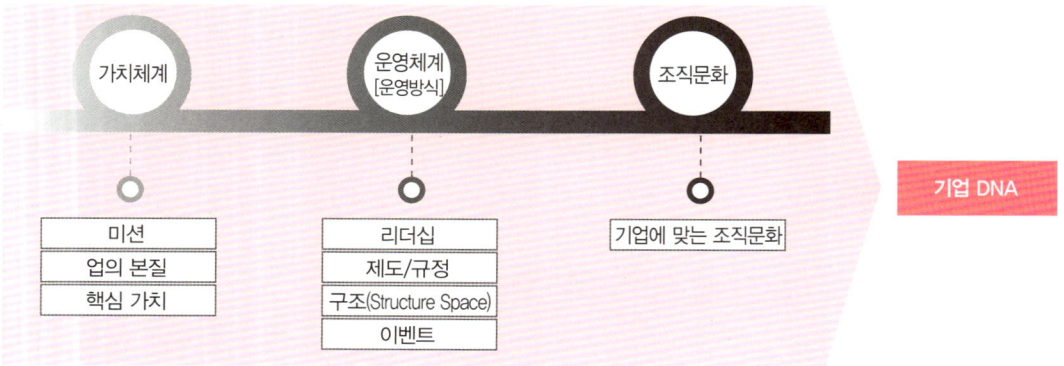

세상에 완벽하게 똑같은 기업은 존재하지 않습니다. 기업이 추구하는 가치, 조직문화, 구성원들의 성숙도, 사용할 수 있는 자원 등 기업 환경은 다 다릅니다. 그래서 무언가를 조직에 도입할 때 기업의 현실(환경)을 인지하고 기업이 가고자 하는 목적에 맞게 전략적으로 일하는 방식을 고민하고 도입해야 합니다. 단순히 돈과 시간 등 자원만 투자되었다고 해서 조직이 원하는 방향대로 모든 것이 자동으로 구축되고 목적이 달성되지 않습니다. 학습조직 또한 마찬가지입니다. 학습조직이 지속적으로 유지되고 초기 도입 목적을 달성하려면 지속적으로 기업 고유의 '전략'과 '제도'가 뒷받침되어야 합니다.

조직문화는 하루아침에 만들어지지 않습니다. 일하는 방식 또한 마찬가지입니다. 다른 회사에서 성공했던 사례가 우리의 구성원들에게 그대로 받아들여져 실천되지 않습니다. 회사에 맞는 일하는 방식을 도입하고 운영하고자 한다면 조직의 산업과 목적 그리고 구성원 등 다방면으로 현 상황을 고려 된 학습조직 환경이 구축되어야 합니다.

G80/20gle™

하나의 예로 구글의 20% 법칙이 있습니다. 구글은 "기업의 성공은 지식 근로자에게 얼마나 많은 것을 이끌어 내느냐에 달려 있다"라며 직원 업무시간의 20%를 창조적 프로젝트에 할당할 수 있도록 배려했습니다. 그 시간에 핵심 사업분야가 창조되었다고 할 만큼 창의적인 생각을 할 시간은 중요합니다. 기업과 직무 특성에 따라 다를 수 있지만, 모든 기업에서 근무 시간 20%에 달하는 시간을 창조적인 업무로 할당하는 것은 힘들 것이라 생각합니다. 그러나, 저는 근무시간 너에 유동적으로 관리할 수 있는 시간이 필요하다고 생각합니다. 이 시간은 창의성을 발후할 수 있는 시간이며, 새로운 도전과 더 나은 성과물을 만들 수 있는 시간이라 생각합니다. 이를 의미 없는 시간으로 여기거나 구성원이 무리한 업무를 부담하고 있는 기업에서 구글의 일하는 방식을 도입하는 것은 맞지 않는 전략입니다. 위와 같이 제도의 취지는 좋더라도 동일한 환경이 아니기 때문에, 모든 조직에 동일한 문화와 일하는 방식을 적용할 수 없습니다.

💡 조직마다 다른 학습조직 도입 목적

학습조직을 고려할 때 도입할 수 있는 환경인지 고민했다면 다음으로는 어떤 목적을 얻을 것인지 명확하게 설계해야 합니다. 일하는 방식의 본질적 목적은 조직의 공통된 목적을 달성하고 성과를 내는 것입니다. 그렇기에 학습조직을 구축할 때 조직에서 성과를 내기 위해 필요한 지식은 무엇이며 어떤 학습조직을 만들 것인지 고민해야 합니다.

조직 구성원, 비즈니스 모델, 기업이 직면하고 있는 과제 등에 따라 학습조직의 도입 목적과 방향은 모두 다를 수 있습니다. 심지어 리더가 생각하는 학습조직의 방향과 실무자들이 생각하는 학습조직 방향 또한 다를 수가 있어 같은 방향으로 정렬 시키는 것이 중요합니다. 그래서 자세히 살펴보면 같은 학습조직이라고 이름이 명하더라도 도입하는 목적은 기업마다 다 다릅니다.

어떤 기업에서는 학습조직 도입 목적이 개인의 학습능력을 높여 생산성을 높이는 것일 수도 있고, 다른 기업에서는 팀 내 지식을 공유하는 것이 목적일 수 있습니다. 이렇듯 학습조직을 바라보는 관점과 목적에서 다양한 차이가 나타날 수 있습니다. 기업의 비즈니스 모델의 차이만 보더라도 필요한 지식은 다릅니다. 동일한 업무에서 생산성을 높여 비용 절감이 중요할 수 있고 또 다른 기업에서는 전혀 다른 창조적인 아이디어로 수익 창출하는 것이 기업의 중요한 액션일 수 있습니다. 비즈니스 모델에서도 차이가 있듯이 학습조직을 도입하는 목적은 기업마다 다릅니다. 그렇기에 기업에서 왜 학습조직을 도입하고자 하는지 기업, 리더 그리고 구성원들의 요구하는 목적이 무엇인지 명확하게 확인해야 합니다.

어떤 기업에서는 학습조직 도입 목적이 개인의 학습능력을 높여 생산성을 높이는 것일 수도 있고 다른 기업에서는 팀 내 지식을 공유하는 것이 목적일 수 있습니다. 이렇듯 학습조직을 바라보는 관점과 목적에서 다양한 차이가 나타날 수 있습니다. 기업의 비즈니스 모델의 차이만 보더라도 필요한 지식은 다릅니다. 동일한 업무에서 생산성을 높여 비용 절감이 중요할 수 있고 또 다른 기업에서는 전혀 다른 창조적인 아이디어로 수익 창출하는 것이 기업의 중요한 액션일 수 있습니다. 비즈니스 모델에서도 차이가 있듯이 학습조직을 도입하는 목적은 기업마다 다릅니다. 그렇기에 기업에서 왜 학습조직을 도입하고자 하는지 기업, 리더 그리고 구성원들의 요구하는 목적이 무엇인지 명확하게 확인해야 합니다.

학습조직 도입에 영향을 주는 요인

환경과 목적은 기업마다 다르지만 학습조직 도입에 있어 영향을 주는 많은 요인이 있으며 크게 네 가지로 분류하면 ①조직구조 ②조직문화 ③리더십 ④인프라스트럭처가 있습니다.

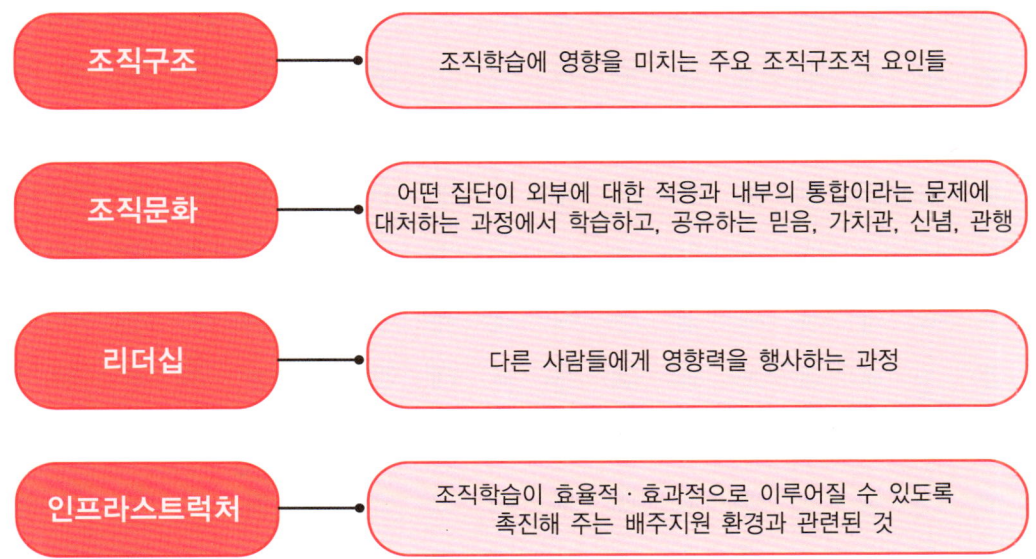

첫 번째, 조직구조입니다. 조직에 자율성과 다양성이 있어야 학습조직 구축에 긍정적인 영향을 미칩니다. 그래야 구성원들이 유연성 있게 다양한 정보에 쉽게 접근하여 정보를 효과적으로 결합할 수 있습니다. 이는 구성원들은 정보를 빠른 시간에 습득하고 외부의 다양한 환경 속에서도 효과적으로 대응할 수 있게 도와줍니다.

두 번째, 조직문화입니다. 조직 내 구성원들이 학습할 수 있는 적절한 분위기가 형성되어 있어야 합니다. 학습하고 성장하는 조직문화가 구축되어 있어야 서로 학습과 실험을 적극적으로 장려하고 그 속에서 학습조직에 대한 니즈가 더욱 강해져 지속적으로 유지될 수 있습니다.

세 번째, 리더십입니다. 리더 스스로 학습을 통한 성과 창출에 대한 믿음이 있어야 합니다. 그리고 구성원들이 필요로 하는 지식이나 기능을 학습할 수 있도록 도와주는 역할을 하며 학습조직 구축에 솔선수범해야 합니다.

네 번째, 인프라스트럭처입니다. 인프라스트럭처에는 지식관리 시스템과 평가와 보상 시스템들이 있습니다. 시스템과 제도 등이 학습조직이 효율적으로 이루어질 수 있도록 구축되어야 합니다. 먼저 지식의 생산 및 공유가 되려면 시스템적으로 구성원들 네트워킹과 정보 공유가 편리하게 되어 있어야 합니다. 이는 학습에 더욱 몰입할 수 있게 도와줍니다. 또한 평가와 보상 시스템도 중요한 요소입니다. 조직에서 구성원의 지식을 측정할 수 있어야 하며 지식에 대한 공헌도에 따라 평가와 보상을 적절하게 제공하면 구성원의 참여와 학습 동기를 이끌어 낼 수 있습니다. 인프라스트럭처가 구축되어 있어야 구성원들이 조직에서 하고자 하는 학습조직의 중요성과 목적을 이해하고 적극적으로 참여하게 됩니다.

💡 학습조직 구축 3단계

구축단계는 학습조직에 영향을 주는 네 가지 요인을 고려한 후에 살펴볼 수 있습니다. 구축단계는 준비, 변화, 지원단계 총 3가지가 있습니다. 첫 번째로 준비단계입니다. 학습조직이 성공적으로 구축되고 구성원들에게 학습될 수 있도록 사전 준비하는 단계입니다. 이 단계에서 환경에 대한 고려, 목적에 대한 확인, 계획, 홍보 등을 고려해야 합니다. 다음 단계는 변화 단계입니다. 변화 단계에서는 학습조직에 대한 장기 계획에 따라 조직구조, 조직문화, 그리고 인프라스턱처 등을 구축하고 개선하는 단계입니다. 마지막 지원단계는 학습조직 구축에 의도적인 노력 없이 구성원들 스스로가 자발적으로 참여하는 긍정 상태가 지속될 수 있도록 지원하는 것입니다.

💡 학습조직을 바라보는 인사담당자

학습조직의 장점은 많지만, 수많은 일 하는 방식 중 하나인 '학습조직' 자체가 기업의 목적이 될 수 없습니다. 구성원이 학습하고 지식을 쌓는 것도 중요하지만, 더 중요한 것은 학습조직을 통하여 기업 공통의 목적을 달성하는 것입니다. 타사의 우수한 일하는 방식을 기교적으로만 보는 게 아니라 우리 기업에서는 어떠한 목적과 철학으로 일하는 방식을 적용할 것인지 고민해야 합니다. 힘들게 도입했다 하더라도 고민하는 과정 없이 학습조직이 도입되었다면 일회성으로 끝날 수 있고 원하는 결과를 얻는 것은 어려울 수 있습니다.

　인사담당자가 고려해야 하는 포인트는 많습니다. 학습조직을 도입하기 위해서는 기업의 목적과 방향성, 환경, 학습조직 구축에 필요한 제도와 요인 그리고 리더까지 다 확인해야 할 포인트입니다. 문화와 일하는 방식에서 정답을 찾기 보다 조직에 맞는 것이 무엇인지 고민하는 것이 먼저라 생각합니다. 물론 이론과 현실이 다르듯, 이것을 모두 고려했더라도 실제 조직에 적용하고 올바른 학습조직을 구축하는 것은 전혀 다른 것이라 생각합니다.

　문화와 일하는 방식을 구축할 때 리더와 소통하고 합을 맞추는 부분은 정말 어렵다고 생각합니다. 학습조직 구축할 때 많은 오류가 발생할 수 있습니다. 단순히 학습조직을 개인의 자발적 학습 또는 사내강사 육성으로 생각할 수 있습니다. 아니면 온라인 강의를 구독해 주며, 학습하지 않는 사람은 성장에 무관심 한 사람으로 몰아갈 수도 있습니다. 별다른 제도 및 지원 없이 구성원들의 열정만으로 학습조직이 잘 구축되길 바랄 수도 있습니다. 일시적으로 운영되더라도 지속성 없어 실패하거나 구성원들이 학습에 대한 반감을 사게 만들 수도 있습니다.

　하지만 HR이기에, 학습조직이 잘못된 방법으로 간다면 리더와 구성원들을 설득하여 올바른 방향으로 가도록 노력해야 합니다. 그러기 위해서는 구성원과 리더들에게 학습조직의 필요성과 목적에 대해 공감할 수 있도록 충분한 설명이 필요합니다. 그전에 학습조직이 우리 기업에 왜 필요한가? 도입은 어떻게 할 것이며 조직에 무엇이 바뀔 것인지 고민해야 합니다. 소통과 고민이 없다면 때로는 도입하지 않는 것이 옳은 방향일 수도 있습니다.

　기업 내 학습조직은 성공하기도, 실패하기도 합니다. 이는 기업의 일하는 방식에 정답이 있기 보다는 각 기업에 적합한 일하는 방식이 있기 때문입니다. 그렇기 때문에 시도 없이 생각만 해서도 안되고, 생각 없이 도입만 해서도 안될 것입니다. 완벽한 준비는 없겠지만 인사담당자가 조직 구성원들과 지속적으로 소통하고 고민한다면 조직과 구성원들이 만족하는 일하는 방식을 찾고 조직의 성과를 창출할 것이라 믿습니다. 우리는 어떻게든 해답을 찾고 기업문화를 만들어 가는 사람들이니까요.

CHAPTER 06 조직문화 담당자는 경험에 집중한다

윤소라

국내 대기업에서 조직문화를 담당한지 7년 차. 현재는 현대모비스 연구소 구성원들이 즐겁게 성장하며 일할 수 있는 조직문화를 만들고 있습니다. '좋은 조직문화는 열정 있는 조직문화 담당자가 만든다!'는 믿음으로 일하고 있습니다.

사람들에게 조직문화 담당자가 하는 일을 소개할 때, 어떻게 이해하기 쉽게 잘 설명해야 할지 곤란한 경우들이 많다. 조직문화 업무를 오랜 기간 하면서, 나름대로 정립했던 정의는 '조직문화 담당자는 구성원들이 어떤 경험을 하게 할 것인가'를 고민하는 사람이다. 구성원은 회사에 출근하는 순간부터 퇴근하는 순간까지 많은 경험을 한다. 출퇴근 시 팀원과 인사를 나누는지, 근무 중에 어떤 협업툴을 사용하는지, 동료와의 소통 빈도는 어떠한지, 리더와의 코칭은 얼마나 자주 하는지 등 이러한 크고 작은 경험들을 살펴보면, 그 회사의 조직문화를 가장 쉽고 빠르게 알 수 있다. 성장 과정에서의 경험이 현재 삶의 철학을 만들 듯, 회사에서 겪는 경험들이 한 조직의 구성원으로서 어떤 마음으로 일할 것인가를 결정하게 된다.

이처럼 조직문화는 반복된 경험 → 신념 → 행동으로 드러난다. 신념이라는 것은 '굳게 믿는 마음'이라는 뜻이다. 마음은 타인에 의해 강제로 만들어지는 것이 아니며, 눈에 잘 보이지 않는다. 개인의 신념은 제각기 다르지만, 한 회사의 구성원으로서 공통적으로 가져야 하는 믿음이 있다. 이를 핵심가치(Core Value)라고 부른다.

핵심가치는 회사가 현재 사업을 영위할 수 있게 한 원동력이자 DNA다. 다시 말해, 회사가 중요하게 여기는 가치를 마음 속에 새겨 일하는 사람이 많을수록 더 큰 잠재력을 보유하고 있다는 것이다. 그럼에도 핵심가치가 잘 지켜지지 못하는 이유는 구성원이 저마다 경험하는 것이 다르기 때문이다.

소통과 협력이 최우선 가치인 회사인데, 회의실에서 자유롭게 의견을 말하는 후배에게 꾸지람을 하는 선배가 있다면, 그 회사의 핵심가치는 과연 소통이라고 말할 수 있을까. 정작 회사의 중요한 소식은 내부 공유가 아닌 언론 기사를 통해 접한다면 구성원은 회사가 소통한다고 느낄 수 있을까. 이런 경험을 통해, 구성원은 핵심가치가 우리 안에 있는 이야기가 아닌 회사가 표방하는 가치라고 생각할 수 밖에 없다.

💡 공감에서 비롯된 경험은 얼마든지 바뀔 수 있다

구성원이 소통하는 모습을 바란다면, 회사가 나서서 소통하는 장면을 보여줘야 한다. 조직 내에서는 리더가 직접 소통의 장을 만들고, 일하는 과정에서 소통을 장려해야 한다. 즉, 핵심가치를 내세우기 보다는 핵심가치 그 자체를 경험하게 만들어 줘야한다.

조직문화 담당자로서 어떤 일을 해야 하는지 모르겠다면, 구성원에게 어떤 믿음을 만들어 주고 싶은지 고민하면 된다. 어떤 경험이 가장 중요하고 시급한 것일까? 정답은 없다. 회사가 구성원에게 어떤 경험을 만들어 줄 것인가는 시대에 따라, 세대에 따라, 기업을 둘러싼 환경에 따라 달라져야 한다. 1970년대 대통제를 하던 시대의 문화와 MZ세대가 주류가 된 지금의 문화는 다르기 때문이다. 그래야 구성원의 공감대를 얻어 추진할 수 있다.

구성원의 공감대를 얻기 위해 추진한 방법은 두 가지다.

1. 트렌드에 민감해 지기 2. 타겟팅하기다.

1. 트렌드 민감해 지기

조직문화 담당자는 요즘 구성원들이 열광하는 트렌드에 대해 민감해 져야한다. 마케팅이 시시각각 변하는 세계를 반영하듯, 조직문화도 대상이 사람이기 때문에 늘 변화해야 한다. MZ세대들과 소통하기 위해서 MZ세대들이 주목하고 있는 것은 무엇이고, 조직문화 프로그램이 이들의 관심과 공감대를 얻기 위해 어떤 노력이 필요하며, 회사가 던져야 하는 메시지는 무엇인지 항상 염두해야한다. 몇 년 전만해도 '권위주의 문화 타파', '워라밸'이 화두였다면, 어느 정도 정착된 요즘은 '갓생', '느슨한 연대', '관심사 기반 소통', '언택트'가 최근 조직문화 활동의 주축이 되고 있다. 사람에 집중하다 보면, 조직문화 활동은 시대와 세대를 기민하게 반영할 수 밖에 없다.

2. '타겟'에 따라 다른 경험이 필요하다

2020년 취업포털 인크루트가 입사 1년차 미만 신입사원 619명을 대상으로 '퇴사 결심 시기 및 이유'에 대해 조사한 발표 자료를 보면, 신입사원 10명 중에 9명은 퇴사를 고민해 본 경험이 있는 것으로 나타났다. '인간 관계'가 가장 큰 원인이다. 많은 대기업에서 대규모 공개 채용은 사라지고 상시 채용으로 전환되면서, 신규 입사자들의 '동기'라는 개념이 사라지고 있다. 입사하면 가장 의지하는 존재가 동기인데, 이러한 존재가 사라지니 신규 입사자들은 커피 한 잔 마음 편하게 마실 상대가 없다. 현대모비스에서 인기리에 진행하고 있는 마북살롱이라는 프로그램은 구성원 간 유대 관계를 넓히고 네트워킹을 지원한다. 특히 신규입사자들 간 랜덤커피를 통해, 언제든지 함께 고민을 나누고 회포를 풀 수 있는 인연을 이어준다. 구성원이 매일 아침 눈뜨면 회사에 가고 싶은 이유를 만들어 주는 것이다. 퇴사 이유가 사람 관계인 만큼, 반대로 회사를 다닐 이유 또한 사람이기 때문이다. 또 각기 다른 주제로 '갓생'을 꿈꾸는 구성원들이 모여 교류하는 프로그램을 운영하며 구성원간 네트워킹을 지원하고 있다. 조직문화 담당자는 이런 활동들이 주는 의미를 되새기는 것도 놓치지 않아야 한다. 회사는 상호 이해와 존중 속에서 함께 일하며 성과를 내는 곳이고, 혼자 해결하지 못하거나 도움이 필요할 때 언제든 든든한 지원자가 있다는 것이라고 말이다.

▲ 2020 신입사원 대상 '퇴사 결심 시기 및 이유' 설문조사, 취업포털 인크루트

리더에게 든든한 지원군이 되자

리더는 조직문화에 큰 영향력을 미친다. 심지어는 조직문화를 개선하기 위해 리더만 바꾸면 된다고 말하는 사람도 있다. (여기서 말하는 리더는 크게는 CEO, 작게는 팀장까지 의미한다.) 그래

서 조직문화를 시작할 때 리더를 '바꿔야 하는 존재'로 인식하여 '변화하지 않으면 살아남을 수 없다'는 강한 메시지를 전달하기도 한다. 이는 구성원에게 부정적 영향을 미치는 일부 나쁜 리더십에만 적용되어야 하는 긴급 처방이라고 생각한다. 조직문화 담당자는 조직의 리더를 '변화의 대상'이 아니라 '동반자'로 생각하는 것이 바람직하다.

결국 최종 목표는 '올바른 리더십으로 좋은 조직문화를 만드는 것'이 목표이기 때문에 리더가 일상적인 부분에서 변화 활동을 할 수 있도록 지원하는 것이 중요하다. 리더에게 "다양한 세대를 아우르는 공감 리더십을 보여주세요."라고 요구하려면, 이들이 새로운 세대와 공존하기 위한 방법을 충분히 제공해야 한다.

현대모비스 연구소에서는 리더스CC(Culture Curation)이라는 이름으로 리더만 참여할 수 있는 리더 커뮤니티를 운영하고 있다. 리더에게 필요한 시시각각 변하는 트렌드와 문화, 리더십에 대한 인사이트를 공유하여 리더들의 일상적 변화 활동을 지원하고 있다. 초기 리더의 소극적인 참여를 걱정하는 시각도 있었지만, 리더들이 알아두면 좋은 트렌드 제공, 리더 기살리기 이벤트 운영 등 실질적으로 리더에게 도움되는 활동들을 지속적으로 전개하니 점차 많은 리더들이 이 커뮤니티를 찾아오고 있다.

"현업을 챙기느라 돌보지 못했던 구성원들에게 작게 나마 소소한 선물을 줄 수 있어 좋았다.", "조직문화 담당자가 리더들을 이렇게 지원해주니 너무 감사하다. 덕분에 좋은 리더가 된 것 같다." 빼빼로 데이 맞이 '리더 기살리기 이벤트'에 참여한 리더의 피드백이다. 조직문화에 리더가 큰 영향력이라고 믿는 조직문화 담당자라면, 한 해 몇 차례 있는 단발성 리더십 교육이 전부인데, 리더에게 너무 큰 역할을 기대하고 있는 것은 아닌지, 조직문화 진단 점수만을 가지고 리더에게 경고 메시지만 주고 있지는 않은지 생각해봐야 한다. 리더가 조직의 리더로서 역할과 책임을 다 할 수 있도록 옆에서 지원하는 것이 조직문화 담당자의 중요한 역할이라는 것을 간과해서는 안 된다.

▲ 리더 대상 이벤트 포스터

익명 소통 게시판, 진짜 필요한가요?

다년간 조직문화 서베이를 분석한 결과, 구성원들이 회사에 바라는 것은 1) "소통을 잘해주세요." 2) "비전을 명확하게 제시해 주세요." 3) "일한 만큼 공정하게 평가해 주세요." 크게 세 가지로 나뉠 수 있다. 이 세 가지가 회사가 구성원에게 해줄 수 있는 동기부여 방법이다.

특히 '소통'은 조직문화 프로그램에 가장 자주 사용되는 키워드다. 조직에서 빈번하게 일어나는 갈등은 대부분 소통의 부재에서 비롯되고, 소통이 잘 되면 회사와 구성원, 팀원, 유관부서 간에 발생하는 이슈를 빠르게 해결할 수 있다. 한 마디로 만병통치약이다. 그런데 이 약이 좋게만 쓰이지 않는 경우가 발생하는데, 그것은 사내 익명 게시판 에서다.

적지 않은 회사에서 구성원간 소통 창구로 익명 소통 게시판을 운영하기도 한다. 익명 게시판은 구성원이 회사에 요구하는 바를 자유롭게 말할 수 있고, 때론 건설적인 제안으로 더 나은 회사를 만드는데 일조한다. 또 누군가의 따뜻한 감사의 글로 구성원들의 마음에 잔잔한 온기를 채워주는 공간이 된다. 때로는 특정 개인에 대한 비난, 근거 없이 비판하는 글로 사내에 부정적인 분위기를 만들기도 한다. 독자의 눈살을 찌푸리게 하는 상황을 수차례 마주하며, 조직문화 담당자는 소통 게시판의 운영자로서 많은 고민을 하게 되는 순간이 온다. "다양성이 중요한 거야! 부정적 의견도 존중받아 마땅해" → "이건 좀 너무한데?" → "이렇게 놔둬선 안 되겠어" 이러한 꼬리에 꼬리를 무는 생각을 하며, 결국 "익명 소통 게시판이 꼭 필요한 걸까?"라는 지점에 도달하게 된다. 필자가 서로 다른 회사에서 다른 모습의 익명 게시판을 경험하며 얻은 교훈은 두 가지다.

1. 긍정이든 부정이든 글이 자주 올라오는 것은 긍정 시그널이다.

사내 익명 게시판의 유무가 중요한 것이 아니다. 익명 게시판이 무용지물이 되지 않기 위해선 사용자가 많아야 하고, 사용자가 많다는 것은 그만큼 구성원이 회사를 신뢰한다는 것을 의미한다. 소통은 신뢰가 기반이어야 하는 당연한 이치처럼 "익명 게시판에 글을 올려도 괜찮다"라는 신뢰를 심어주기 위해서는 "내가 물어보니 회사가 답을 해주네?", "어떤 의견이라도 올려도 되는구나!", "내가 제안한 내용이 잘 반영되네"라고 느낄 수 있도록 경험하게 해야 한다. (시스템적으로 뒷받침

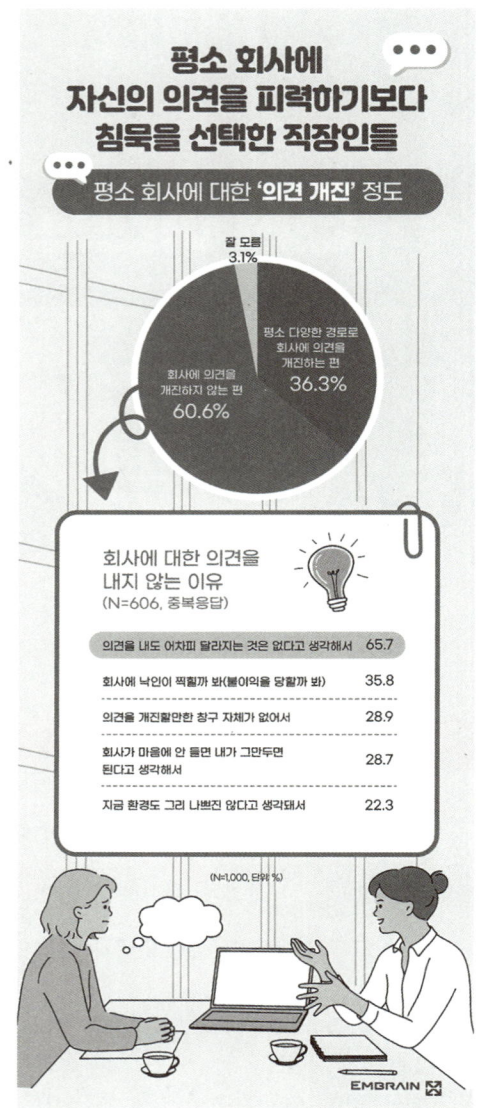

▲ 2021 좋은 직장 및 직장인 익명게시판 관련 인식 조사, EMBRAIN

하는 것은 당연한 것이니 논외)

2. 소수의 부정적 여론이 다수의 긍정 여론을 식민지화 시키지 않도록 만들자

레딧이라는 소셜 뉴스 서비스에서 이용자 활동을 분석했는데, 커뮤니티 내 갈등의 시작은 반대 의견이 있는 게시글에서 시작되며 1%도 안 되는 소수가 74%의 갈등을 야기한다고 분석했다. 아래 그림에 갈등을 유발하는 주체가 초록색 집단에 소수가 들어가게 되는데, 상호작용을 거치면서 빨간색 집단의 세력이 점차 커져 원래 다수를 차지했던 초록색 집단의 사람들이 빠져나가게 된다. 이를 연구진은 식민지화라고 했다.

조직문화 담당자는 갈등을 야기한 사람이 이 공간의 주인이 되지 않도록 즉 식민지화 되지 않도록 반대 의견을 가진 사람들이 커뮤니티에 적극적으로 소통할 수 있는 분위기를 만드는 노력이 필요하다. 그래야 커뮤니티가 무너지는 것을 막을 수 있다. 이러한 상호작용을 거치며, 비판과 긍정이 공존하는 건강한 소통 문화가 만들어지리라 믿는다.

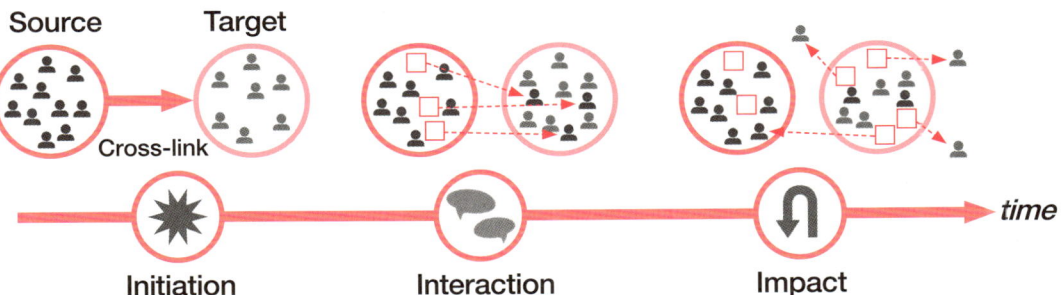

▲ 시간에 따른 갈등 확산 과정 Community interaction and conflict on the Web
(출처 : Kumar, et al., 2018)
원문 전체 : Kumar S., Hamilton, W. L., Leskovec, J., & Jurafsky, D.(2018), Community interaction and conflict on the Web. Proceedings of The Web Conference, World Wide Web(WWW) 2018, 933-943.

 완벽주의자가 되지 말자
(feat.조직문화 담당자로서의 신념/철학)

조직문화를 처음 시작했을 무렵, 선배가 나에게 해준 조언이 기억에 남는다. "열심히 기획한 프로그램이라도 모두를 만족할 수 없으니, 너무 상처받거나 실망하지 않았으면 좋겠어."

대다수 구성원이 좋아할 만한 프로그램을 기획했다고 생각했는데 막상 큰 지지를 받지 못한다고 느꼈을 때, "내가 조직문화 일을 계속 해도 될까?"라고 생각한 적이 있다. 당시 조직문화에 대한 경험도 철학도 전무했던 상황에 그저 '나'의 부족함이 그 원인이 아닐까 자책한 적도 있다.

지금 돌이켜보면, 선배가 해준 말이 옳았다. 좋은 의도지만 일부 구성원에게 받아들여지지 못했던 것은 '나'의 잘못이 아니라, 그 이전에 회사가/조직이/어떤 개인이 야기했던 부정적 경험이 원인이라 생각한다. 자책보다는 '앞으로 더 무엇을 해야할 것인가'에 대한 고민하는 시간이 필요하다.

스마트 워크라는 이름 하에 온라인 회의 장면을 녹화해서 공유하기를 추진했는데, 일부 구성원이 녹화하는 것에 부정적 의견을 갖고 있다면, "구성원이 부정적 반응을 보이는 근간에는 무엇이 있을까? 과거 어떤 경험을 했던걸까? 어떤 새로운 경험이 도움될까?"를 고민하면 된다. 이러한 고민이 쌓이면 구성원들이 공감하는 조직문화 활동이 하나 만들어 진다. 어떤 조직문화 활동을 해야할지 고민이 된다면, 구성원들을 찾아가서 지금 일하면서 힘든 것이 무엇인지 들어보는 것이 가장 빠른 방법이다.

"완벽하기를 바라는 사람은 도중에 실수가 끼어들었을 때 맥없이 무너져버린다. 실패는 포기하라는 신호가 아니라, 먼 길을 갈 때 흔하게 채이는 돌멩이 같은 것이다."

'실패했으니 포기할래'가 아니라 길가다 보면 넘어질 수도 있지. 결국엔 다 지나갈거야.'라고 생각을 돌이키는 것이 좋다. / 임포스터 인용 얼마 전 읽었던 책에서 기억에 남는 구절이다. 조직문화 담당자로서 항상 이 구절을 생각하며 일하려고 노력한다. 조직문화를 하는 사람은 새로움을 즐겨야 하고 더 유연해야 한다. 실패나 실수에 두려움이 없어야 한다. 많은 시간을 투자해 기획한 프로그램이라도 실패할 수 있고, 오랜 기간 고민해 만든 활동이라도 더 좋은 것이 생기면 과감히 버릴 줄 알아야 한다. 처음 접한 것이라도 도전하고 변화에 다가서는 용기가 필요하다. 조직문화 담당자는 변화를 추진하는 사람이기 때문이다.

국내 유명한 조직문화 컨설턴트와 조직문화에 대한 이야기를 나누며, 그가 내게 한 조언이 기억에 남아있다. "조직문화는 조직문화 담당자가 바꾸는 거에요."라고. 조직문화 담당자인 내가 시도하지 않으면, 문화는 변하지 않는다고 믿는 이유다. 변화를 추진하는 데에는 때론 생각이 다른 리더와 구성원을 설득해야 하기도 하고, 혼자만 다른 세계에 있다고 느껴질 때도 있다. 그렇지만 당장 성과가 눈에 보이지 않더라도 무엇이든 지속적으로 한다면 진심은 통하게 돼있다. 조직문화를 하면서 구성원들에게 '감사하다'는 말을 참 많이 듣는다. 연구원이 출근해 연구를 하듯, 조직문화 담당자도 일을 하는 것일 뿐인데, 나의 일을 하며 감사한 마음을 받을 수 있다는 것에 매일이 보람차다.

CHAPTER 07 관료화 조직의 조직문화와 일하는 방식의 혁신에 대하여

이대근

공기업에서 30년 직장생활 동안 무거운 부채의식과 사명감으로 "직원들이 꿈을 꿀 수 있는 직장(DWP)"을 만들기 위해 다양한 혁신에 도전하였고, 희망퇴직 이후 HR부문 경영지도사로서 사람과 조직을 건강하게 만드는 일을 찾아서 돕고 있다. 저서로 "나는 이렇게 공공기관을 혁신했다"와 "직장인의 권리선언, 사랑한다면 분노하라"가 있다

들어가면서

일하는 방식

조직의 존재이유(목적)은 누군가(Who-직원) 무엇을(What-직무와 역할)함으로써 달성되는 것인데, 그것을 어떻게(How-일하는 방식) 하느냐에 따라 조직의 유효성(생산성, 시너지)은 달라진다. 어쩌면 "어떻게"를 최적화하기 위한 방법으로 "누구"에게 "무엇"을 맡겨야 할 지를 고민하는 것이 경영의 현실이다.

조직의 경영자와 관리자는 무슨 직무를 누구에게 맡길 것인가는 비교적 명확하게 정할 수 있지만, 일하는 방식(어떻게 일해야 하는지)의 관리(측정과 개선)에는 많은 어려움을 겪고 있다. 그래서 경영자와 관리자들은 어떻게 하면 직원들이 효과적이고 효율적으로 일할 수 있도록 만들까에 관심을 가질 수밖에 없다.

규정이나 절차를 만들고 자동화 시스템을 도입해서 프로세스 개선을 모색하거나 혹은 조직구조를 개편하는 것들이 모두 일하는 방식에 대한 고민의 결과라고 할 수 있다. 최근에는 근무 장소와 시간에 관한 논의가 많다. 코로나로 인해 어쩔 수 없이 재택근무를 도입한 결과 비대면 근무의 유효성을 체감한 조직들이 업무의 효율성 최적화 차원에서 유연근무나 재량근무 혹은 주 3~4일 근무 등으로 확대하고 있다. 이런 경향은 자연스럽게 MZ 세대와 여성 인재의 니즈에 부합하는 것이어서, 물론 일부 조직은 전통적인 대면근무로 회귀하기도 하겠지만, 사회적 트렌드는 거스를 수 없을 것으로 보인다. 물론 모든 조직이 기대한 효과를 얻게 될지는 알 수 없다.

많은 조직이 일하는 방식의 혁신에 어려움을 느끼는 이유는 그것이 사람에 관련된 것이어서 단지 절차와 규정을 바꾸거나, ERP나 RPA 등의 IT 시스템을 도입하거나, 혹은 조직구조를 개편하여 Agile 방식을 채택한다고 해서 성공되는 것은 아니기 때문이다. 근무 장소와 시간에 대해서도 마찬가지인데, 해외 일류 기업의 사례를 도입하거나 필요한 툴(Tool)이나 IT 인프라를 구축한다고 효과를 얻을 수 있는 것이 아니다.

조직문화 (왜 일하는가)

일하는 방식이 사람에 관련된 문제라면 당연히 직원의 생각을 읽는 것부터, 이른바 동기부여나 보상 등 일하는 이유(Why)에서 시작해야 한다.

사람을 경제인으로 본다면 임금과 복리후생 등 금전적 보상으로 동기를 이끌어낼 수 있을 것이다. 그러나 이런 방식은 오늘날 사회적 존재이면서 지식 근로자인 직원들에게 더이상 유효하지 않다는 사실이 증명되고 있다. 이제 조직들은 일하는 방식의 혁신을 위해서는 직원 개개인의 노동 가치관에 맞춘 비금전적 보상이 필요하다는 사실을 이해하기 시작했다. 이러한 맥락에서 접근하면 일하는 방식의 혁신이란 직무재설계와 Job crafting과 같은 직무 적합성 지향의 조치와 연계되어야 한다. 말하자면 일하는 방식의 혁신 방안으로 재택근무나 재량근무를 도입한다면, 그것들이 실질적으로 직무재설계나 Job crafting에 해당되어서 직원들의 직무 적합성이 제고되는 효과로 나타나야 비로소 성공하게 되는 것이다.

그러나 직무는 본질적으로 경직적일 수밖에 없고, 사람의 개성은 제각각 다르기 때문에 직무 적합성을 맞추기에는 한계가 있을 수밖에 없다. 그러므로 직무 적합성을 위한 노력 이후에도 어쩔 수 없이 드러나게 되는 한계에 대해 이차적으로 어떻게 대처할 것인지를 고민해야 한다. 이것이 바로 "조직문화" 이슈다.

조직문화는 "상황에 대한 해석과 행위를 불러일으키는 조직 내에 공유된 기준"을 말한다. 개개인이 나름의 생각과 기준이 있더라도 조직원으로서 일하는 방식은 "관리의 삼성"이나 "도전의 현대"와 같이 조직문화라고 일컬어지는 암묵적인 조직 분위기에 의해 통제받을 수밖에 없다. 단지 직원뿐만이 아니다. 관리자와 경영진도 조직 전체의 분위기를 무시한 독단적인 행동을 하기는 쉽지 않다. 그래서 조직문화를 건강하게 지켜내면 일하는 방식의 혁신을 저해하는 일탈 행위를 사전에 차단할 수 있게 되는 것이다.

조직에 적합한 일하는 방식

일하는 방식에 대한 논의는 여러 차원에서 다양한 행태가 있다. 우선 첫째로 형식적 측면에서 보면 장소적으로 대면 근무와 비대면 근무가 있고, 시간적으로 유연근무나 재량근무 등도 있다. 둘째로는 조직구조나 제도적 측면에서 보면 Agile 방식 등 수평적 조직에서 일하는 방식과 상명하복과 같이 위계조직에서 일하는 방식이 있다. 마지막으로 조직문화 측면에서 접근할 때도 다양한 행태의 일하는 방식이 있다.

첫째와 둘째 행태는 수단인데, 드러난 업무 비효율 현상에 대한 대증요법이라 할 수 있다. 그러나 대부분의 문제는 근본적이고 구조적인 원인 때문에 초래된다. 그러므로 일하는 방식의 혁신은 반드시 조직문화에 적합한 것이어야 한다.

관료화 조직의 일하는 방식과 조직문화 현황

관료화 조직의 일하는 방식

　공공기관 등 관료화 조직에서도 일하는 방식에 대한 관심이 많다. 관료화 조직일 스록 새로운 사장이 선임 되면 예외 없이 원대한 목표를 제시하게 되는데, 이때 목표 달성을 위한 실행전략에는 흔히 조직구조 개편과 일하는 방식의 혁신이 포함된다. 외부 컨설팅이나 모범 사례를 조사허서 다양하고 멋진 혁신 방안을 마련하지만 조직구조 개편과 일하는 방식의 혁신은 내실있게 추진 되지 않는데 그 이유는 실행 의지가 부족하기 때문이다.

　사기업의 경우 조직의 생산성(효과성과 효율성)은 곧 핵심 경쟁력 요소로써 생존에 직결되는 문제다. 그러므로 일하는 방식을 개선하여 조직의 유효성을 제고하려는 고민은 전사적으로 절박하다. 그러나 공공기관이나 관료화 조직의 경우는 대체로 독과점적 업무 영역을 향유하고 있어서 혁신과 생존에 대한 필요가 상대적으로 절박하지 않다.

　물론 이런 안이한 인식은 "끓고 있는 냄비 속의 개구리"와 같은 상황임을 모르는 무지의 소치이다. 정권이 바뀔 때면 매번 공공기관의 적폐와 방만에 대한 이슈가 제기되고 있다는 사실에서 위기로 느껴야 마땅하다. 작은 개선으로 해결될 문제를 방치하면 마침내 큰 고통의 혁신을 감내하야 하는 상황에 처하게 되는 것은 자명하다.

　아무튼 이러한 상황이므로 공공기관이나 관료화 조직에서 일하는 방식의 혁신은 형식적으로 추진되고, 당연히 직무 적합성 관점으로 접근하지 않는다. 그래서 관련 규정이나 절차를 개정하그, ERP 등 자동화 시스템을 도입해서 프로세스 개선을 모색하거나 혹은 조직구조를 개편해서 수평조직화 등을 시도해도, 최근에는 재택근무나 유연근무와 같은 제도를 적극적으로 도입하면서 관련 IT 인프라를 구축해도, 실질적인 성과(Outcome)는 거의 없고 단지 보여주기 수준의 이벤트(Output)에 머물게 되는 것이다.

일하는 방식의 혁신 성공조건

만약 최고 경영자가 경영혁신에 진정성을 갖고 일하는 방식을 혁신하려면, 우선 직무재설계나 Job crafting 등과 연계해서 직무 적합성 관점에서 추진해야 한다. 그런데 이렇게 직무 적합성을 지향하는 등 동기부여 방안을 마련해도 일하는 방식의 혁신은 대부분 실패하게 되는데, 그 이유는 앞에서 설명한 바와 같이 직원들이 혁신의 필요에 대한 절박성이 없고, 공헌의지와 협력의지가 없기 때문인데, 이런 것들이 바로 전체적으로 조직문화의 문제라고 할 수 있다.

결국 공공기관 등 관료화 조직이 일하는 방식의 혁신을 구상할 때는 반드시 직무 적합성과 연계해서 접근하고, 동시에 조직문화 차원에서 혁신 기반이 어떤지 살펴야 한다.

관료화 조직의 조직문화에 대하여

관료화 조직의 조직문화를 이해하려면 조직의 존재 이유와 업무, 최고 경영자의 경영철학, 그리고 직원의 노동가치관 등이 사기업의 그것들과 어떻게 다른지 알아야 한다.

대표적인 관료화 조직인 공공기관의 경우를 보면, 먼저 공공기관의 존재 이유(미션)는 명확하고, 업무와 사업 또한 안정적이다. 그러므로 생존하기 위해 시장에서 치열하게 경쟁할 필요가 없다. 둘째, 최고 경영자의 경우 대부분 정부에 의해 직간접적으로 임명되기 때문에 경영 스타일은 미션에 집중하거나 아니면 개인적인 이익에 집중하는 극단적인 모습을 취하게 된다. 셋째, 소위 신의 직장을 선택한 직원의 노동가치관은 물론 높은 급여와 정년이 보장된 안정적 근무조건을 중요시하는 경향이지만, 사회공헌 등 공공적인 역할에 의미와 가치를 두는 경우도 많다. 입사 경쟁률이 높고 스펙 중심으로 채용하기 때문에 직원들은 대체로 성실하다.

이러한 이유에서 공공기관은 전형적인 관료제 조직문화인 경우가 많다. 물론 관료제 조직문화가 그 자체로 나쁜 것은 아니다. 그럼에도 많은 공공기관이 결과적으로 방만한 경영이나 적폐 조직인 된 이유는 최고 경영자가 기득권자들과 함께 관료화 문화를 악용하여 사리사욕을 탐하는 잘못된 경영을 하기 때문이다.

공공기관의 이런 조직문화 상황을 방치한 채로 정부 차원에서 민영화나 차등 성과급 또는 직무급 체계 등의 혁신 정책을 시도하면 성공하기 어려운 것이 당연하다.

관료화 조직에서 일하는 방식의 혁신 방안

지혜로운 경영자

공공기관의 특수성을 감안한다면 최고 경영자의 경영철학은 마땅히 "사람중심의 경영"이어야 한다. 그리고 사람중심의 경영으로 조직의 목적을 달성하기 위해서는 지혜로운 경영이 필요하다.

첫째, 통찰력이 있어야 한다. 자기조직화 경영이나 자기주도 학습 조직, 또는 복잡계 이론이나 시스템 다이내믹스 등을 이해하고 있어야 한다.

둘째, 적합한 경영방침을 갖고 있어야 한다. 전략적으로 목적 지향의 사업을 전제로 동태적 목표/성과 관리를 견지하면서 동시에 Lean startup과 Agile과 같은 유연성을 겸비해야 한다.

셋째, 전술적으로 수평조직화를 지향하면서 조직의 내외부 상황에 맞춘 Trigger를 활용할 수 있어야 한다.

조직문화의 측정 및 관리

조직문화 관리의 핵심은 조직 차원의 보상 시스템과 개인에 맞춘 동기관리의 연계에 있다. 그래서 우선 직원의 동기요인 조사가 필요하다. "무엇이 성과를 이끄는가"라는 책에 의하면 직접동기(동기요인)와 간접동기(위생요인)를 조사할 필요가 있다고 한다. 직접동기에는 일의 즐거움, 일의 의미와 가치, 개인의 성장과 성취 등이 포함되고, 간접동기에는 인간관계, 경제적 이익, 관행/

타성 등이 있다. 기존의 직원만족도(ESI) 조사결과를 활용하여 분석하는 방법이 효율적일 것이다.

공개와 참여

조직의 경영은 "임직원들이 공동의 목적을 달성하기 위해 협동하려는 의지를 갖게 만드는 것"에서 시작된다. 버나드의 조직이론에 의하지 않더라도 유기체적 조직이 지속성장하기 위해서는 공동의 목적 달성을 위한 조직원들의 협동 의지가 필수적인 요소라고 할 수 있는데, 이것들은 바람직한 조직문화의 모습과 동일하다. 말하자면 바람직한 조직문화를 갖고 있는 조직이 유기체로써 지속성장할 수 있다.

다행히도 공공기관의 경우 조직의 설립목적(미션), 업무와 사업의 안정성, 그리고 직원들의 노동가치관에 비추어 임직원 모두가 공동의 목적에 공감하고 협동 의지를 갖게 만드는 것은 어렵지 않다. 최고 경영자의 진정성 있는 소통으로 바람직한 조직문화는 쉽게 형성될 수 있다. 한편, 낙하산 사장은 업의 본질을 정확히 파악하기 어렵기 때문에 사업가적 역량을 갖추기 어렵다. 뿐만 아니라 조직 내부의 세세한 부분을 모두 알고 있는 관리자적 역할도 쉽지 않다. 그렇다면 결국 "임직원들의 참여"에 의한 경영을 할 수밖에 없는데, 이런 모습이 바로 앞에서 설명한 "공동의 목적을 달성하기 위해 협동 의지를 갖게 만드는 지혜로운 경영"에 해당될 것이다. 직원들의 참여를 유인하려면 투명한 공개가 전제되어야 한다. 투명한 공개에는 경영자와 관리자에게 불편한 진실도 포함되어야 한다. 그래서 투명한 공개를 통해 직원들의 자발적 참여를 이끌어 낼 수 있을 뿐만 아니라 부도덕한 의사결정을 사전에 차단할 수 있는 자정 기능도 가능하다.

Trigger와 넛지

무조건 투명한 공개를 한다고 해서 직원들의 자발적 참여와 공헌의지가 생기지는 않을 것이며, 적폐와 방만이 해소되지도 않는다. 그래서 조직의 내부와 외부 여건을 고려한 맞춤 실행이 필요하다. 맞춤 실행이란 유기체인 조직 내부의 복잡계 현상과 시스템 다이내믹스 차원의 파급효과를 감안해서 적절한 Trigger를 찾아서 넛지 방식을 활용하는 것을 말한다.

Trigger로 활용 가능한 두 가지 방안을 제안한다면, 우선 조직 내부에 충분한 혁신자들이 있다면 자연스럽게 혁신의 불꽃을 자발적으로 피울 수 있도록 여건을 조성해서 기회를 주고 지원을 하면 된다. 외부 컨설팅 등으로 요란하게 혁신 구상을 수립하거나, Top-down 지시로 독려하는 방법은 부작용의 위험이 훨씬 크다. 또 하나는 공공기관에서 도입하여 실행하기 용이한 "CDP(경력개발계획)"와 "대체도(Replacement Chart)"를 Trigger로 활용하는 것이다. 이를 통해 직무 적합성을 지향하는 직무재설계와 Job crafting을 연계 시킨다면 일하는 방식의 혁신 방안으로 유효할 수 있다.

마무리

유기체인 조직이 설립목적인 미션을 지향하면서 지속성장에 성공하기 위해서는 조직원 모두가 공유하고 존중하는 바람직한 조직문화(공동의 목적과 협동의지)가 있어야 한다.

만약 조직의 최고 경영자가 진정성을 갖고 경영혁신을 추진한다면 처음에는 개별 기관마다 처해진 내외부 상황에 적합한 다양한 형태의 "Trigger"로 시작하겠지만, 결국 "공개와 참여"의 단계를 거치게 될 것이고, 어느 순간 다다르는 모습은 "일하는 방식"의 혁신이 될 것이다. 이러한 전개는 지혜로운 경영의 모습과 동일이다.

한편, 일하는 방법의 혁신에 성공하면 조직 차원에서는 생산성 향상이 되겠지만, 직원들의 입장에서 보면 직무에 만족하는 행복한 직장생활을 의미한다. 많은 공공기관 경영자들이 짧은 임기를 마칠 즈음에 직원들로부터 재임과 삼임을 요청받거나, 혹은 퇴임 이후에 노조로부터 초청 강연을 받게 될 때 아마도 공공기관 혁신은 성공했다고 봐도 될 것이다. 과연 무엇으로 그렇게 만들 수 있을까? 결국 일하는 방식의 혁신과 조직문화에서 답을 찾을 수밖에 없을 것이다.

CHAPTER 08
40여년의 제조회사에서 [○○님 화나지 않게 하는 방법] 만들기

김빛나

함께 일하는 사람들의 성장을 지원하고 좋은 문화를 위해 고민하는 자칭 '은은한 열정녀'입니다. 은은하고 자연스럽게 접근하지만, 그 안의 지치지 않는 열정을 보유하려고 무던히 애쓰고 있습니다. 회사를 이끌어가는 구성원들이 재미있게 일하고 작은 성취부터 시작하여 큰 성과로 이어지는 과정을 올바르게 돕는 사람이 되기를 꿈꿉니다.

사람의 나이로 40대, 어느정도 본인의 신념과 주관이 뚜렷해진 중년을 떠올릴 수 있을 것이다. 기업은 어떨까? 40년 된 기업에 경력직으로 입사한 나는 굉장히 촘촘하고 타이트한 조직문화를 어렵지 않게 느낄 수 있었다. 40년 이상의 업력이 가져다주는 무게가 있었고 문자로 드러나진 않더라도 아주 자연스럽게 곳곳에 스며들어 있었다. 그 조직 안에서 교육과 조직문화의 담당자로 진행중인 경험들을 공유하고자 한다. 조직문화 담당자는 거의 다 읽었을 법한 김성준 교수의 '조직문화 통찰' 그 책을 읽으며, '강한 문화'에 대한 내용이 인상깊었다. 내용 중 학자들이 정의하는 강한 문화는 총 다섯가지의 요소와 회사를 빗대어 간략하게 소개하자면 다음과 같다.

1. 신념의 세기 : 구성원들이 얼마나 그 가치를 중요하다고 여기고 있는 정도

이 조직은 회장님의 강력한 리더십으로 철저한 품질을 강조하셨고 열정을 '안되면 되게 하라' 라는 표현으로 사용하시면서 직원들에게 숱하게 강조하셨다. 아마 그 시기의 다수 회사에서의 열정은 그러한 방법으로 표현되지 않았을까 싶다. 물론 그로 인한 성과도 많았기에, 직원들에게 그러한 강조점은 잘 인식되었고 문화나 일하는 방식에도 녹아 들어있었다.

2. 동질성의 문제 : 얼마나 많은 구성원들이 동질적으로 믿고 있느냐에 대한 정도

근속년수가 평균 15년 이상 된 임직원이 굉장히 많다. 이는 15년 이상을 회사의 경영방침과 일하는 방식에 익숙해져 있는 직원이 많이 있다는 의미이다. 암묵적으로 장기근속자 분들이 회사를 인식하는 이미지는 꽤나 비슷하다는 것을 대화를 통해 쉽게 느낄 수 있었다. 그러한 모습들이 근속년수가 오래되지 않은 직원들에게도 영향을 미치고 있었다.

3. 신념과 행동의 연결 강도 : 신념이 실제 행동으로 표출되느냐의 문제

장기 근속자들의 경우, 조직에서 강조하는 신념들이 본인의 업무에서 성과로 이어지는 경우가 많았다고 답했다. (직원 경험 조사) 본인 성과의 기저가 신념을 잘 지켰던 행동에서 나온 실질적인 경험들이기에 연결의 강도가 굉장히 센 걸 확인했다. 하지만 근속년수가 상대적으로 짧은 직원들의 경우, 전혀 반대의 경우가 많았다. 본인의 성과 혹은 일하는 방식이 회사에서 오랫동안 추구했던 방향이 전혀 영향을 주지 않았다고 답한 직원이 꽤 있었다. 추측하건데, 장기근속자들이 경험했던 성과들은 아마도 현재, 근 5년 내의 시점보다는 더 오래된 시점이지 않을까? 해당 주제의 인터뷰에서도 90년대~00년대의 일들을 말씀해주신 분들이 꽤나 많았다. .

4. 역사적으로 침투한 정도와 5. 인공물에 침투한 정도는 40년된 제조회사이며, 회장님의 설립 당시부터 지켜지고 있고 회사의 하드웨어, 소프트웨어에 많이 남아 있었다.

이러한 강한 문화가 회사의 성과에 기여했고 안정성으로 이어져 지금까지 회사가 존속할 수 있었다. 한 회사가 40년동안 운영될 수 있었던 것은 성장성과 안정성 그리고 회복 탄력성을 모두 가지고 있었기 때문이라고 생각한다. 생각해보면 한국의 근대사 40년 동안 얼마나 많은 일들이 있었는가, 우리가 지켜왔던 이러한 문화들이 대단한 결과를 만들어낸 것이다. (물론 문화가 100%

는 아니겠지만, 많은 부분 영향을 줬다고 생각한다.) 하지만 조직 내의 세대가 다양해지고 외부의 환경 변화가 강한 시대에서 우리의 '강한 문화'가 더 이상 강할 수만은 없었으며 '강함'에 의한 부정적인 요소들이 등장했다. 이런 부분은 성과로도 반증되어 나타나 숫자로도 보이기 시작했고, 직원들을 둘러싼 조직 내의 전반적인 분위기에도 영향을 미쳤다. 특히나 타격이 컸던 건 2020년도부터 시작된 '코로나'였다. 더 이상 조직에서 '안되면 되게 하라' 라고 이어지는 열정이 직원들의 다양성을 덮는 말이 되었고 심지어 한 공간에 모이는 것조차 어려운 환경이 되었으니 말이다.

상황과 필요성에 따라, [일하는 방식 개선 프로젝트]를 지금의 사장님이 지시하셨고 TFT가 구성되었다. 물론 담당자인 나는 제일 어리고 직급이 낮지만. 퍼실리테이터로 선정되어 전체 워크샵 설계를 해야만 했다.

막막한 마음을 뒤로하고 최대한 많이 관찰하고 들으려 했다. 전체 프로그램은 총 5개의 프로세스로 진행하였다.

1) 현재 회사에 게시된 일하는 방식에 대한 직원들의 생각 듣기

다행히도 직원들의 의견들을 듣기 위한 익명 설문을 다양하게 진행했던 터라, 담당자가 진행하는 설문에 대해 반감을 갖지 않는 분위기였기에, 현재 회사의 핵심가치와 일하는 방식이 얼만큼 업무에 반영되고 있는지를 간단하게 익명으로 물었다. 긴 설문은 생산직을 포함한 모든 직원에게 피로도를 주기에 최대한 컴팩트하게 구성하였다. 항목은 다음과 같다.

❶ 핵심가치가 현업에 미치는 영향을 점수로 표기하기 (7점 척도)
❷ 핵심가치 중 더 강조해야 할 것은 무엇이라고 생각하는 지 (객관식)
❸ 우리 회사의 강점과 부족한 부분은 무엇인지 (주관식)
❹ 회사에서 성과를 낸 상황을 회상했을 때, 가장 의미 있다고 여겨지는 일하는 방식은? (객관식)
❺ 급변하는 상황속에 필요한 것은? (주관식)
❻ 현재 일하는 방식은 업무에 있어 기준이 되는지 (o/x)

❼ 제안 사항

직원들은 생각보다 솔직하게 대답해주었고, 해당 설문의 결과를 TFT와 함께 공유하며 그들과 함께 다음 순서로 넘어갔다.

2) 회사에서 핵심인재로 선정한 이들, 팀장급에서 리더십으로 인정 받는 이들이 우리 회사가 잘하는 것, 필요한 것에 대해 이야기 해보기

TFT와 함께 움직였다. 각 본부에 속해 있는 핵심인재와 팀장급을 만나 우리 회사에서 지속적으로 지켜져야 하는 강점들, 추가로 필요한 것들에 대한 생각들을 대화를 통해 들어보았다. 최대한 다양한 직군, 직급을 들어보려고 했고 최대한 부족한 점 보다는 우리의 강점에 집중하고자 했다. 나의 개인적인 생각인지는 모르겠지만, 보통 인터뷰를 하게 되면 솔직하고 깊게 대화를 나누기 보다는 겉핥기 식의 질문과 대답들이 오가거나 라포가 잘 형성되어 이야기를 하게 되면 부정적인 요소들에 대해 조금 더 많이 이야기하게 되는 것 같다. 최대한 이번 인터뷰에서는 부정편향보다는 긍정적인 요소를 다루어 주시기를 TFT 에게도 말씀드렸었다.

인터뷰에서는 최대한 '핵심가치' '일하는 방법'의 접근은 제외하고 인터뷰어가 어떻게 성과를 낼 수 있었는지, 주된 강점이나 태도를 보려고 했었다. 이 과정에서의 팁은 인터뷰어가 이야기하는 내용에서 떠오른 키워드를 적어두고 왜 그 키워드가 떠올랐는지 인터뷰 직후 브충해서 적었다. 이 부분이 결과 정리할 때 아주 큰 도움이 되었다. 2주간의 인터뷰 후 TFT는 그 결과를 가지고 본격적으로 대화를 하게 되었다.

3) 세 번의 퍼실리테이팅을 통해 의견을 하나로 모으기

설문조사와 인터뷰가 끝나고, 나는 외부 업체의 도움을 받아야겠다는 생각이 들었다. 벽에만 붙어 있는 일하는 방식을 벗어나려면 촘촘하지만 직관적인 흐름이 필요하기에, 퍼실리테이터의 경험이 많은 선배에게 상황과 도움을 요청했다.

총 3번의 워크샵을 1차는 TFT를 대상으로, 2차는 중간관리자 중 차세대 팀장급을 대상으로, 마지막 3차는 다시금 TFT를 대상으로 구성했고 전반적인 흐름은 동일하게 진행했다. 그 중 2차만 선배가 퍼실리테이터를 진행했고 1차와 3차는 내가 진행하였다.

이 과정에서 초보 담당자인 내가 한 실수는 참 많지만 몇 가지 공유를 해보자면, 사실 핵심가치와 일하는 방식에 대한 논의가 교육 담당자나 조직문화 담당자는 자연스럽고 단어나 생각의 구조가 익숙하다. 반면, 현업에 계시는 실무자 분들에게는 단어조차 어색하고 생소한 주제다. 처음부터 '단어'가 주는 어려움과 모호함에 빠지지 않도록 흐름을 잡는 데 시간을 많이 쏟는 것이 중요하다. 어떻게 하면 이질감을 느끼지 않으실 수 있을까 고민을 많이 했고 어려운 단어나 표현 보다는 쉬운 단어로 표현하려고 애썼다. 이 부분에서 가장 유용하게 사용했던 방법은 '본인이했던 행동'에 집중하게 하는 것이었다.

다음은 TFT 목적성을 지속적으로 말해야 하는 것이다. '우리의 일하는 기준 만들기' 라는 너무나도 명확한 결과물을 만들어야 하지만 이야기를 하다보면 그 결과물과는 다르게 대화의 흐름이 진행될 때가 있다. 특히나 미래에 우리가 필요한 부분에 대해 논의를 하다보면, 지금의 부족한 부분에 대해 더 많이 이야기하게 된다. 퍼실리테이터를 내부적으로 한다면 꼭 목적성을 강조해주는 것이 필요하다.

감사하게도 TFT들은 각자의 고민과 의견을 가지고 오셨다. 우리는 누구이며, 우리는 어떠한 성공경험을 가지고 있으며, 해당 경험이 영향을 준 가치는 무엇이며, 우리가 추구해야 하는 미래의 사업과 태도는 어떠해야 하는가로 질문의 흐름을 확장해 나갔으며, 마지막에는 현재의 있는 행동 양식에 대한 평가와 함께 새로운 행동 양식을 만들어 나갔다.

각 질문에 대한 자유로운 생각이 오갈 때 나는 열심히 동일한 단어들을 포스트 잇에 써서 카테고리화 시켰다. 신기하게도 한 분, 한 분 말씀하시는 내용에서 동일한 단어, 동일한 내용이 꽤나 많이 나왔었고, 모호한 부분의 경우 더 정확한 의미를 물어보면 결국에는 공통되는 단어

로 표현되기도 했다

1차 워크샵이 끝난 후 결과를 2차 워크샵의 베이스 데이터로 사용하며 해당 단어들을 발전시키기도 했고 조금 더 명확하게 의미를 전달하기 위하여 단어를 정의했다. 역시나 외부 퍼실리테이터가 진행하는 과정이 조금 더 설득력이 있었던 것 같다. 내부 직원 보다는 외부 강사의 목소리에서의 해당 과정의 진행이 더 전문적으로 느껴지는 이유였던 것 같다. (그리고 진행을 도와준 선배가 참 잘 이끌어 주셔서 더욱 그러했다.^^)

3차의 워크샵에서 얻은 가장 큰 수확과 어려웠던 점은, 40년간의 경험들이 제각기 단어와 표현으로 전달되고 있다는 점이다. 예를 들어, 열정이라는 핵심가치를 해석하는 표현이 다 달랐다. 어떤 분은 '본인의 자리에서 성실하게 임하는 것' 이라 표현하시고, 어떤 분은 '본인의 자리에서 수많은 개선을 도출하는 것'이라고 표현하셨다. 공통된 단어는 '본인의 자리'라는 것 외에 성실과 개선을 도출하는 것은 그 의미가 달랐기에 이를 구분하는 작업이 시간이 많이 소요되었고 어려웠다.

세번의 워크샵이 끝나고 최종으로 TFT의 의견을 담아 '우리의 일하는 기준'을 정했다. 총 10가지 행동 양식들에 대해 큰 글귀 (1문장) 와 그것을 설명하는 작은 글귀 (2~3문장)을 덧붙여서 완성하였다.

4) '어떻게 직원들에게 접근할 수 있을까?' 대표님 과의 TFT 의견을 하나로 모으기

지금까지의 결과물들을 대표님께 보고 드리고, 최종 조정과 함께 어떻게 직원들에게 전달할 지의 방안도 함께 논의했다. 이대로 전달한다면, 직원들에게 임팩트가 없을 것 같다는 의견이 컸다. 우리가 이 프로젝트를 한 이유는, 우리 회사가 더 잘 되기 위해서지만 직원들의 입장에서는 '혼나지 않기 위해서'라는 생각이 스쳤다. 제조 환경의 경우 규정 매뉴얼 대로 하지 않으면 품질과 서비스에 차질이 있을 수 있기에 매뉴얼대로 하지 않는 직원의 경우 꾸지람을 듣기도 했다.

결국 직원들이 이렇게 일을 해야 하는 이유는, 혼나지 않기 위해서… 누군가를 화나지 않게 하기 위해서 라는 결론을 내고 일하는 방식의 제목을 'OO님 화나지 않게 하는 방법'이라고 지었다. '생각해보면 참 일차원적이지만, 임팩트를 끌기엔 충분했다고 생각한다.^^

5. 최대한 다양한 방법으로, 다양한 장소에서 볼 수 있도록 노출시키기

지금부터 다룰 이야기는 현재 진행형이다. 아직도 숙제로 고민하고 있는 부분이고 참 오랜 시간이 걸릴 것 같다. 지금까지 해왔던 활동들은 첫번째, 동영상으로 만들어 회사 곳곳의 모니터에 반복 재생으로 노출시켰다. 일하는 방식들의 키워드를 나열하고 영상으로 볼 수 있도록 짧게 만들었다. 두번째로는 사무실/공장 입구에 워드 디자인을 통하여 포스터를 만들어 크게 붙여 놓았다. 또한 일러스트레이터와 협업하여 원페이지 삽화로도 만들어 회사 곳곳에 배치하고 다이어리에도 추가하였다 세번째로는 신규입사자 OJT 에는 해당 주제로 1시간 분량의 설명 및 워크샵을 진행할 수 있도록 교안을 만들었다. 마지막 네번째로는 함께했던 TFT 분들에게 각 본부에서 해당 일하는 방식을 설명할 수 있도록 '찾아가는 설명회'를 진행했었다. 아무래도 교육 담당자가 아닌 동일한 직원이 해주는 설명이기에 가장 여운이 오래 갔던 방법이었던 것 같다.

마지막으로 내년도 집체 교육에는 '일하는 방식'으로 2시간 정도의 내부 프로그램을 추가하여 진행하고자 한다. 어떻게 하면 본인의 실무와 연결 지을 수 있을지, 필요성을 어떻게 어필할 수 있을지 아직도 고민이다.

1년쯤 지난 현재, 체감하고 있는 직원들의 변화는 '우리 회사 뭐 바꼈데.' '아 저거?' 정도로 느껴진다. 일하는 방식의 문구가 달라지고 곳곳에 노출을 시킨다고 해서 드라마틱 인식하고 바뀌지 않는다는 걸 경험적으로 깨닫고 있다. 이렇게 단기간 내에 할 수 있는 작업이 전혀 아니라는 것과 진행했던 방식이 맞다고 이야기할 수도 없다. 사실 조직 내의 일하는 방식을 바꾸기는 어떻게 보면 조직의 체질을 바꾸는 작업일 수 있다. 조직의 체질이라는 말은 조직의 문화라는 말로도 쓸 수 있다. 문화란 "우리는 이래!" 라고 이야기하지 않아도 스며든 우리만의 아우라이기에, 담당자의 열정 하나만 가지고 그 문화는 변화하기 어렵고, 그것이 설령 대표이사라고 하더라도 마찬가지 일 것이다. 물론 영향력의 원은 커지겠지만 단번에 눈에 보이는 결과들을 가져올 수 없을 것이다.

하지만 '변화해야 할 때' 라고 느낀 업력이 오래된 회사들이 조금의 시도라도 했으면 좋겠다. 지금까지 잘 해왔던 부분은 지키면서 시대의 흐름에 조금씩 변화해야 할 준비가 필요하다. 우리는 기본적으로 어떻게 일해야 하는 지를 지속적으로 묻고, 우리의 방식들이 맞는 방향인지 치열하게 고민해야 할 것이다. 그리고 그러한 고민과 시도들이 직원들에게 느껴질 때, '우리 회사도 뭔가 바꿔려고 하는 구나' 라고 인지하기 시작한다. 담당자가 가진 고민의 깊이가 깊어질수록, 조직을 꿈틀거리게 할 수 있는 요소가 많아지지 않을까 생각해본다.

만약 이러한 경험을 맞닥뜨리게 된다면, 우선은 '우리 회사의 짬바'를 담당자인 나부터 살펴볼 것을 추천한다. 보통은 개선이라는 관점하에, 우리의 부족함을 살펴보려고 하고 부족함은 사실 어렵지 않게 찾을 수 있다. 하지만 우리의 짬바는 분명히 있다. 특히나 업력이 오래된 회사일수록, 그 부분을 먼저 집중해서 찾아본 후, 다음 작업들을 이어갔으면 좋겠다. 다른 회사의 베스트 케이스만을 보고 우리 회사에 적용하려고 하면 아무도 공감하지 못하는 벽보가 될 수 있다.

PART 03
일하는 방식 구축 과정 사례

CHAPTER 01_ 조직문화는 사업전략과 함께 진행될 때 앞으로 전진한다

CHAPTER 02_ 'HR 혁신, 중요한 것은 서로에게 스며드는 것'

CHAPTER 03_ 일의 의미를 찾는 과정, 잡크래프팅 직접 설계하기

CHAPTER 04_ 바보야, 문제는 시스템이야!

CHAPTER 05_ "목표가 살아 숨쉬는 조직 만들기 - 기억'하게' 하지말고 기억'나게' 하자"

CHAPTER 06_ 좋은 동료로 가득한 SK브로드밴드의 기업문화를 소개합니다!

CHAPTER 01 조직문화는 사업전략과 함께 진행될 때 앞으로 전진한다

윤석원

기업에서 HRD를 시작으로 컨설턴트의 삶과 조직문화 조직개발 경험을 바탕으로 사람들의 행복한 성장을 돕는 일을 하고 있습니다. 현재는 중견기업의 피플팀장으로 일하고 있으며 기고만장, 트레바리, 네이버 팀장클럽 등에서 온오프라인 소통에 진심으로 참여하고 있습니다. 언제든 함께 행복한 성장을 하고픈 분들과의 만남을 기다리고 있습니다.

조직문화는 휠체어를 조작하는 것

조직문화를 자전거에 빗대 이야기 하는 경우를 본 적이 있다. 그런데 내 생각엔 문화와 성과란 두 바퀴는 맞지만 자전거 보다는 휠체어 같다는 생각을 해 본다. 조직문화의 일은 일단 속도가 생각보다 느리다. 그리고 한 바퀴는 방향성을 잡고, 나머지 바퀴가 움직이면 나아가는 자전거와는 달리 조직문화는 휠체어 같은 두 바퀴 관계와 같다는 점을 실무를 이끌어가며 느꼈다.

몇 년 전 건강한 조직문화를 구축해보겠다는 신념을 가진 멋진 리더를 만났다. 그리고 다행히도 그 실무를 추진할 수 있는 기회를 부여 받았다. 그리고 즐겁고 행복하게 일을 했다. 그렇게 3년을 보낸 후 4년차… 폭망했다. 사상누각이라는 사자성어를 몸소 체험했다. 오늘은 그 과정을 아주 심플하게 안내해 보고자 한다. 어지러울 수 있으니 안전벨트 잘 매고 따라오기 바란다.

💡 조직문화 개선의 순조로운 시작

　많은 기업은 경영진 교체시기나 조직에 큰 변화를 시도할 때 뉴 비전을 수립하곤 한다. 이 시점에서 모든 직원들이 일상 업무장면에서 비전에 어울리는 행동으로 변화되기를 원하며 일명 조직문화 개선활동을 전개한다. 내가 있었던 기업도 마찬가지였다. 당시 그룹 연수원 소속으로 그룹차원의 새로운 경영철학을 선포하고 알리는 활동을 하면서 일상에 어떻게 녹일지를 고민했었다. 그러던 중 그룹 내 계열사로 이동하게 되었다. 그 계열사도 경영진이 교체되는 시기였다. 신임 대표이사는 새로운 비전선포식과 함께 역시 조직문화에 대한 변화를 시도해 보고자 했었다. 그 때 계열사로 이동한 나는 조직문화를 개선하기 위한 전담 업무를 맡게 되었으며 크고 작은 성공과 실패를 경험했었다.

　당시 새로운 비전의 핵심은 두 가지였다. 비전 달성을 위해 앞으로 어떻게 사업을 끌고갈지 전략적 방향과 목표를 제시했다. 그러면서 이를 위해 구성원들이 가져야 할 마음가짐과 의사결정의 기준을 정했다. 전자는 사업과 전략이었으며 후자는 사람과 조직문화에 대한 이야기였다. 당시 당연하다는 듯이 사업과 전략은 기획과 재무파트 임원이 끌고, 사람과 조직문화는 인사파트 임원이 끌기로 되었었다. 누구라도 나서야 하는 시점에, 당연히 내가 그 책임을 맡아야 하는 분위기로 이어졌다. 새로운 일은 무에서 유를 창조하는 것 같았다. 다행히도 나와 합이 맞을 만한 함께 할 사람을 지원해 주었다. 앞으로 해야 할 일들은 핵심가치에 맞추고 일정계획을 수립해 보고하니 대표이사는 강하게 지지의 의사를 표현해 주셨다.

　초반 조직 구성원들과 소통하고 일하는 일상에 녹이기 위한 대부분의 계획은 순조롭게 진행되었다. 초기 추진과제를 도출하고 실행계획을 수립할 때 충분히 동기부여 된 멤버들과 함께 하니 빠르게 계획을 수립할 수 있었다. 그리고 대표이사는 추진팀의 실행의지가 강한 것은 칭찬해 주지만, 너무 급하게 추진하다 보면 실망할 수 있기에 긴 호흡을 갖고 추진하자며 격려를 아끼지 않았다. 대표이사의 강력한 스폰서십을 받고 시작한 추진팀은 순조롭게 계획을 이행할 수 있었다.

💡 초기 성공체험을 통한 동참 유도에 성공

조직문화 개선의 틀은 존 코터의 변화관리 8단계에 맞춰 계획을 수립했다. 초반에 위기감 조성과 비전수립, 강력한 변화추진팀을 구축했다. 이후 대표이사로부터 받은 스폰서십을 통해 새로운 비전을 전달하기 위한 크고 작은 소통활동을 통해 단기적 성공경험을 쌓을 수 있었다.

우선 소통활동은 크고 작은 실행과제를 동시다발적으로 전개했다. 비전을 선포하고 전방위 소통활동을 전개해야 구성원들은 회사가 정말 변할 의지가 있다고 생각한다고 판단했다. 그렇게 준비한 모든 활동은 핵심가치에 부합하는지 여부를 검토했다. 그리고 말로만 하는 소통이 아닌 눈으로 보이는 환경의 개선을 병행하고자 했다. 그래야 자꾸 눈에 들어오고, 그래야 자연스럽게 일상에 녹아들 것이기 때문이었다. 조직 내 원활한 소통을 위해 홈페이지를 개편하고, 그룹웨어 내 서로의 얼굴을 확인하기 위해 최신 프로필사진을 찍어 활용했다. 찍은 프로필사진은 예쁜 사원증으로 교체할 때 사용됐다. 사내 임직원들을 소개하기 위한 비인가 사내 소식지를 조직문화팀에서 발행했다. 생일자, 신규입사자, 주요 부서 및 임원 인터뷰, 읽을만한 책 소개와 핵심가치 기판 캠페인도 전개했다. 사무공간 곳곳에 핵심가치와 관련된 문구나 상징물을 배치했다. 개인 자리에는 화면보호기, 마우스패드 등에도 핵심가치 심볼을 개발해 모를 수 없도록 했다.

큰 활동으로는 조직문화의 중요성과 회사가 설정한 핵심가치가 어떻게 업무상에 작동되야 하는지 알리는 전사원 교육(워크숍)도 진행했다. 또한 주기적으로 구성원들이 참여할 수 있는 이벤트도 매월 개최했다. 팀 내 소통, 팀 간 소통을 촉진할 수 있는 이벤트면 뭐든지… 어떤 달은 팀 대항 사다리를 탔고, 어느 달은 일일주점도 개최했다. 전사 조직개편이 있던 시기에는 새로 바뀐 부서위치를 자연스럽게 알 수 있도록 오피스 보물찾기도 기획했다. 당시에 얼마나 참여할지 걱정이었으나 그 걱정은 기우임으로 밝혀졌다. 아침에 이벤트 오픈 메시지가 새벽같이 울리자마자 단톡방은 불이 났다. 그 과정에 참여한 구성원들은 재미에 빠진 사람도 있지만, 일부는 이런 활동을 왜 하는지 이해한다는 메시지를 남겨 기획자들을 감동시키기도 했다.

이러한 활동은 조직문화 전담팀만 가지고 성공할 수 없었다. 일명 사내 변화관리자, 변화 촉진자로 불리는 CA(Change Agent)들을 선발하여 함께 만들어 갔다. 일반적인 CA는 부서장 추천이나 지명이 많았겠지만, 자발적 참여 의사가 있는 인물 중 평판조회, 업무평가까지 고려해서 선발했다. 그런 멤버들은 우리가 하는 활동의 치어리딩과 품질검증까지 맡아 주었다. 기획안이 나오면 일반 구성원들 사이에 먹힐건지 검증을 해 주어 세부적인 준비에 도움을 주었고, 일단 시작을 하면 조직 내 '뿌락지'와 같은 활동을 했기에 우리의 실행이 조기에 정착하고 성공체험을 할 수 있었다.

💡 가시적 성과, 그 이면에 잠재된 문제점

이러한 전방위적 활동의 지속적 전개 속에서 구성원들의 조직만족도는 점차 높아졌다. 당시 잡플래닛의 회사 평판은 매우 높아졌다. 그런 활동 시작 전엔 3점 언저리에 머물던 점수는 4점 정도로 높아졌다. 더 크고 잘 알려진 그룹 내 주력계열사들과 비교했을 때 조직문화와 리더십에 대한 평가는 가장 높았다. 그리고 퇴사율도 시행 전과 비교할 때 크게 낮아졌다. 타 기업 담당자가 벤치마킹 하고 싶다고 연락이 오기 시작하고, HR 전문잡지에 당시 회사소개하는 기사도 실렸다. 이런 분위기 속에서 채용은 지원서류 검토하는데 시간이 많이 소요될 정도로 많은 지원자가 몰렸다. 매년 실시하고 있는 조직진단에서도 조직만족도, 이직성향 등에서 긍정적인 수치로 개선됨을 확인할 수 있었다. 이런 다양한 긍정적 신호는 조직문화 전담팀에게 큰 힘이 되었다.

또한 추진 2년차에 실시한 전사원과정은 내 직무인생에 가장 큰 칭찬을 받은 활동으로 기억된다. 핵심가치를 모두 체험할 수 있는 활동으로 교육적 방법론을 버렸던 것이다. 소통과 책임, 열정과 창의라는 핵심가치의 중요성과 의미는 지난 해 과정을 통해 소개했고, 일상에 자연스럽게 체험할 수 있도록 제도, 환경, 프로세스의 개선도 진행했었다. 그리고 2년차에 실시한 함께 노래하는 '합창' 프로그램은 그 절정을 경험할 수 있었다. 프로그램을 경험한 구성원들 거의 도두는 한 목소리로 화음을 내면서 커다란 희열을 느낄 수 있었다. 각자의 자리에서 책임감을 갖고 최선을 다하며, 주변 동료들의 목소리에 귀를 기울이는 소통의 힘을 경험했던 것이다. 대표이사를 비롯하여 모든 임원도 합창의 각 파트를 맡으며 직원들과 하나가 된 경험을 하게 되었고, 이를 통해 업무상에서도 편하게 다가갈 수 있는 관계로 발전할 수 있었다.

그렇게 잘 돌아가고 있다고 느끼고 있었지만 한 켠에 찜찜함은 떨치기 어려웠다. 앞서 언급한 비전수립의 두 축 중 하나인 사업과 전략의 변화는 체감하기 어려웠다. 사람과 조직문화 쪽에서 쭉쭉 나아가고 있음에도 비즈니스 측면엔 변화의 조짐이 없던 것이다. 인사 임원에게 확인해 보고 대표이사에게 어필도 해보았지만 나눠져 있는 역할에 따라 각자의 역할만 잘 하면 되야 하는 입장이었다. 사업부 전략에 비전과 연결성을 유도하기 위해 전사 소통 이벤트에서 사업부장들의 발표의 시간을 넣었다. 걱정했던 대로 비전은 사업과 전략에 녹아 들지 못하고 있었다.

발표자료를 컨펌할 수 있는 입장이 아님에도 행사 주관부서장으로써 도저히 걱정을 떨칠 수 없었다. 대표이사의 확인 후 재작성을 통해 나름 실행과제와 현업에서 리더십을 발휘하겠다는 약속을 포함할 수 있었다. 전사 소통 이벤트는 다행히 잘 끝났다. 우리는 순진한 생각을 했다. '그 정도 했으면 이젠 챙길 것이다'라고… 연말이 되어서야 변화는 없었다는 사실을 알게 되었다. 나중에 대표이사와 개인적 대화를 통해 경영회의에서 비전에 맞는 전략과 실행계획의 점검이 없었다는 것을 알면서 크게 실망하게 되었다. 조직의 분위기는 좋았다고 순진하게 생각했었다. 그러나 실제는 속으로 곪고 있었던 것이다.

💡 조직문화 활동의 강제 종료

약 2년간 겉으로는 밝고 건강한 조직문화를 만들어 가고 있다고 생각했으나, 사업과 전략, 현업에서는 크게 바뀌지 않았던 것이다. 영업은 이전과 같이 월말 밀어내기를 하고 있었다. 신규 브랜드와 마케팅은 구성원들의 참여를 유도하지 않고 탑다운(Top-down) 방식의 지시와 통제 중심으로 진행하고 있었던 것이다. 문화와 사업이 엇박자를 내면 구성원들은 혼란스러워 한다. 그러면서 평가와 보상과 직결되는 사업 중심으로 사고를 하게 되는 지경에 이르게 된다.

조직문화 개선활동을 통해 관계적인 부분과 소통을 통해 조직에 대한 소속감을 높이는 성과를 보여주고 있었으나 이 부분이 조직 성장에 선순환을 끌고 가기에는 역부족이었다. 당시 회사의 사업은 산업 전체의 침체기를 맞아 어려움을 겪고 있었다. 그 과정에서 실적에 대한 압박과 저조한 성과는 조급함을 가져왔고, 조직문화도 중요하지만 결국 기업은 성과로 말하는 것임을 소홀히 할 수 없다는 분위기로 바뀌게 되었다. 기존에 하던 소통활동에 참여율이 점차 낮아지고, 이전엔 당연히 진행했을 소통활동이 살짝 제동이 걸리기도 하였다.

그렇게 분위기가 넘어가게 된 다음부터는 그토록 강력한 스폰서십을 보여주던 대표이사 역시 힘이 빠지고 있음을 체감할 수 있었다. 그렇게 몇 개월이 지나며 그룹차원에서 대표이사의 교체 이야기가 나오게 되면서 조직문화팀의 역할도 그 수명이 길지 않음을 알 수 있었다. 새롭게 대표이사직을 맞게 되는 부사장은 성과 제일주의, 실적이 인격이라는 타입의 경영자였기 때문이다. 그렇게 3년 가까운 조직문화 활동은 단 6개월 만에 그 끝을 맞이하게 되었다. 그 끝엔 구조조정과 희망퇴직이 기다리고 있었으며, 그 과정에서 조직문화팀은 공중분해 되고야 말았다.

💡 지속적 성공의 키는 성장과 문화

최초의 계획이 잘못된 것은 아니었다. 비전을 수립하고 이를 달성하기 위한 두 축을 사업과 전략 그리고 사람과 조직문화라고 정의했었다. 그리고 그 한 축을 전담하면서 체험할 수 있었다. 조직은 결국 사람이라서 조직문화를 중시하면 사업도 잘 변화될 것으로 본 것이 패착이었다. 물론 산업환경이 우호적이고 경쟁도 심하지 않았다면 달라질 수도 있었을 것이다. 그러나 대부분의 기업은 그렇지 못할 것이다. 그렇기에 사업과 전략도 발을 맞춰 나가야 한다.

앞서 언급한 휠체어를 생각해 보라. 조직이란 휠체어의 두 바퀴는 사업과 사람으로 구성되어 있다. 사업은 전략으로 사람은 문화로 연결된다. 사람과 문화란 축을 강조해 사업과 성과를 간과하고 열심히 굴려보자. 그 바퀴는 계속 앞으로 나아가는 것 같을 것이다. 하지만 사업과 전략적 움직임이 받쳐주지 않게 되면 결국 휠체어는 제자리 걸음을 하고 있는 것이다.

매 순간 같은 페이스로 바퀴를 움직일 수는 없다. 물론 그렇게 하는 것이 가장 짧고 에너지를 덜 들이고 목표에 닿을 수 있는 방법일 것이다. 하지만 약간 삐뚤삐뚤하게 움직이더라도 두 바퀴는 함께 움직이고 나아가야 한다. 사업과 사람이 엇박자를 내면 결국 시장과 경쟁에서 도태되는 것이다. 조직에서 문화를 사업과 떼어 생각하면 안되는 점이 바로 이 부분이다. 문화는 업무와 일상에 녹아들어야 한다. 그러나 그 업무라는 것이 직원들의 사고와 생각 정도에 그쳐선 안된다. 사업전략과 실행을 위한 관리에도 적용되어야 한다. 인사평가가 아닌 회사 전체의 사업과 목표관리를 말하는 것이다.

비전 달성을 위해 비즈니스 적으로 어떻게 도달할 것인가 전사와 사업부는 방향성을 일치해야 한다. 그 과정에서 지속적으로 구성원들이 방향성을 잃지 않고 조직과 업무에 몰입할 수 있도록 관리하는 것이 필요하다. 조직문화는 즐겁고 좋은 관계만을 추구해서는 안된다. 불편하지만 잘못된 방향을 솔직하게 인정하고 고칠 수 있어야 한다. 함께 일하는 동료들이 서로에게 긍정적 에너지를 주고 받도록 분위기를 조성하는 것이 필요하다.

조직문화 성공을 위한 제언

많은 조직에서 조직문화는 인사 혹은 교육을 담당하는 부서가 주관하는 경우가 많다. 그러다 보면 사업과 전략이란 한 축을 관리하는데 한계를 경험하게 될 것이다. 그래서 조직문화는 전담부서 혼자 추진해서는 안된다. 사업과 전략을 관리하는 임원과 사람과 문화를 담당하는 임원, 그리고 최고 경영자가 리더십팀으로 적극 나서야 한다고 본다. 최고 경영진 삼각편대가 작동하는 가운

데 조직문화 전담팀이 있을 때 주의해야 할 사안이 있다. 최고 경영층과 전담팀이 있어도 중간의 현업 리더들의 동참 없이는 또 성공을 장담하기 어렵다. 아무리 중요성을 언급해도 중간관리층(주로 팀장급)이 마음으로 동참하지 않으면 현장에서 일하는 방식으로 녹아들기 쉽지 않다. 모든 상황을 모니터링 할 수 없으니 말이다.

사업과 전략도 계획만 번지르 하고 작동하지 않는 것은 현장의 리더들이 그 필요성을 인식하지 못하고, 또한 동기부여 되지 않았기 때문이다. 팀장은 단위조직의 리더이다. 각 포지션의 리더들이 합심하여 한 방향으로 나아갈 때 조직의 성장과 건강한 조직문화로 보상받을 수 있을 것이다.

CHAPTER 02 'HR 혁신, 중요한 것은 서로에게 스며드는 것'

김문규

HR전문가로 성장하고 있는 김문규라고 합니다.
서로에게 어울리는 회사와 나, 목표-성과-평가-보상의 여정,
같이 만들어 가는 조직문화가 더 나은 우리를 만든다고 믿습니다.
신뢰할 수 있는 우습지도, 어렵지도 않은 HR담당자가 되고 싶습니다.

'일하는 방식'이라는 주제를 생각하며 어떤 이야기를 나누면 좋을지 많은 고민을 하였다. 어떤 경험을 공유하는 것이 독자들에게 조금이나마 도움이 될지를 계속 생각하였기 때문이다. '일하는 방식'은 회사마다 다르다. 100개의 회사라면 100개의 일하는 방식이 있다. 다양한 Case를 직/간접적으로 이 책을 통해 경험하고, 가장 어울리는 '일하는 방식'이 어떤 것일지 고민할 수 있는 계기가 되는 글들이 되길 바란다. 이 글을 통해 필자가 전달하고 싶은 메시지는 '스며듦' 이다. '스며듦'과 '일하는 방식'이 어떤 관계가 있는지 궁금해할 수도 있다. 어쩌면 필자가 말하는 '스며듦'은 HOW를 설명하는 디테일한 '일하는 방식' 보다는 좀 더 가치 지향적인 메시지일지도 모르겠다. 그러나 '스며듦'을 기반으로 하는 회사-HR담당자-구성원의 소통 방식을 '일하는 방식'의 중요한 특성으로 표현하고 싶었다.

🔆 소명의식 가지기

나와 같이 HR을 '업'으로 하는 많은 HR담당자들이 있다. HR담당자들이 가지고 있어야 할 역량은 다른 직무와는 조금은 다른 것 같다. HR담당자에게 가장 중요한 역량은 무엇일까? '남들과는 다른 관점'을 가지는 것이 무엇보다 중요하다고 필자는 생각한다. 다르게 표현하자면 'HR'이라는 직무를 잘 감당하기 위해서는 '업' 이상의 '소명의식'이 필요하다고 생각한다. 소명의식 없이는 너무나 쉽게 번아웃에 빠질 수 있는 직무이기 때문이다.

소명의식이란? 부여된 어떤 명령을 꼭 수행해야 한다는, 책임 있는 의식 (출처 : 네이버)

소명의식의 사전적 의미를 해석해본다면 '강한 책임의식'으로 해석할 수 있다. 여러 업종의 HR 직무 선/후배들과 이야기를 나누면 항상 나오는 말이 "HR담당자는 사측인지 노측인지 모르겠다." 라는 이야기를 한다. 경영진(사측)과 구성원(노측)의 브릿지 역할을 하기 때문에 그렇다. 브릿지 역할은 경영진과 구성원의 입장을 이해하면서 서로를 연결해주는 것에 집중해야 하기 때문에 정작 HR담당자 본인을 살피는 시간이 없는 경우가 왕왕 발생한다. 소위 '현타'의 경험이 쌓이면 HR이라는 직무가 적합하지 않다는 결론에 도달하게 되고, 다른 직무로 전환하는 케이스를 너무 많이 보았다. 이렇듯 웬만한 책임의식 없이는 쉽게 지칠 수 있는 직무임이 분명하다. 그렇다면 구성원들은 HR담당자를 어떻게 생각하고 있을까? 필자의 와이프만 해도 HR담당자가 무엇을 하는 사람들인지 잘 모르겠다고 한다.

일반적으로 구성원 입장에서 보기에 납득이 어려운 어떤 제도를 갑자기 도입한다거나, 인력효율화라는 명목으로 권고사직을 하거나, 네거티브한 큰 이슈가 있을 때 가장 많은 욕을 먹는 사람들이 바로 HR담당자일 것이다. 욕을 먹는 것이 월급의 절반이라는 말이 괜히 있는 것은 아니다. 이렇듯 회사와 구성원 사이에서 조율을 하는 것은 HR담당자의 숙명과도 같다. 그렇기에 HR담당자들은 아래와 같이 경영진과 구성원을 정의하는 것을 추천한다.

> **경영진** : 올바른 의사결정을 할 수 있도록 다양한 방식으로 도와야 하는 파트너
> **구성원** : 성장하며 성과를 낼 수 있도록 다양한 방식으로 도와야 하는 파트너

회사는 경영진의 의사결정과 구성원의 성과 없이는 어떠한 혁신도, 성장도 할 수 없다. 경영진과 구성원들이 한 방향으로 달려갈 때 비로소 진짜 성과를 만들 수 있다. HR담당자를 통해 회사(경영진)와 구성원이 서로에게 스며드는 순간이 많이 쌓이면 쌓일수록 필자가 말하는 '스며듦'이라는 가치를 이해할 수 있을 것이다.

워라밸의 진짜 의미 알기

회사에서의 '워라밸'(Work & Life Balance)을 중요하게 여기는 구성원들이 많을 것이다. '워라밸'이 지켜지는 것이 굉장히 중요하다는 말에 필자도 동의한다. 그렇다면 '워라밸'은 정확히 어떤 것을 의미할까? 필자가 느낄 때 대부분의 경우는 출근 이후의 자아와 퇴근 이후의 자아를 균형 있게 구분하는 것을 '워라밸'이라고 부른다고 생각한다. 즉 'Work'와 'Life'를 균형 있게 잘 살아내는 것일 것이다. 그러나 많은 경우 일은 그저 일 뿐이고, 삶이 더 중요하다는 것으로 '워라밸'이라는 용어를 사용하는 것 같다. 특히 '워라밸'은 출근 이후의 삶과 퇴근 이후의 삶을 시간적으로 균형을 맞추는 개념이지, 회사에서의 시간을 무의미하게 보내야 한다는 뜻이 결코 아닐 것이다. 하루 중에 1/3 이상을 보내는 회사에서의 시간을 그저 생계유지를 위해 참아야 하는 어쩔 수 없는 시간으로만 보낸다면 너무나도 소중한 하루의 1/3을 포기하는 것과 같을 것이다.

> **진짜 워라밸 실천하기 = 회사에서 주어진 시간을 유의미하게 보내기**

요즘 들어 회사에서 성과를 낼 수 있는 핵심요소는 바로 '워라밸'의 진짜 의미를 실천하는 것이라는 생각이 많이 든다. 출근 이후의 자아를 퇴근 이후의 자아와 얼마만큼 일치시키면서 살고 있는지가 중요하다고 생각한다. 그저 월급을 목적으로 회사를 다니는 것이 잘못되었다는 것이 아니

다. 좀 더 의미 있게 삶을 보낼 수 있는 것을 포기하는 것이 안타깝다는 이야기이다. 회사에서의 본인의 모습을 퇴근 이후의 본인의 모습만큼 소중하게, 가치 있게, 의미 있게 보낼 때 개인의 성장과 회사의 성장이 같이 발현될 수 있다고 생각한다. 다시 한번 말하지만 '진짜 워라밸'의 실천이 '스며듦'의 핵심요소라고 말하고 싶다. HR에서 담당하고 있는 주요업무 중 하나는 회사의 핵심인재를 선발하고 육성하는 것이다. 필자의 경험에 의하면 핵심인재인지, 아니면 일반 구성원인지를 나누는 핵심 질문은 "진짜로 회사와 함께 성장하기를 원하는가?"라고 말하고 싶다. '진짜 워라밸'을 실천하는 사람들이 결국은 회사와 함께 성장하는 '스며듦'의 가치를 실천하는 핵심인재일 가능성이 높다고 말하고 싶다. 이러한 핵심인재의 특성을 가지고 있는 구성원들과 파트너로서 동행하는 경험을 해보는 것도 HR담당자로서 꼭 필요한 경험이라고 생각한다.

지금까지 이야기를 정리하면,

첫째. HR담당자가 '소명의식'을 가지고 있을 때 회사와 구성원 간의 '스며듦'을 잘 도울 수 있다.

둘째. '진짜 워라밸'을 실천하는 구성원들이 '스며듦'의 방식을 통해 회사와 같이 성장할 수 있다. 이렇게 말할 수 있을 것 같다.

이번에는 구성원과 함께 소통하며 만들어 갔던 '스며듦'의 실천 사례를 이 책을 통해 소개하고자 한다.

💡 '빠르게' 보다는 '납득'할 수 있게! 직무급을 도입하다

필자는 여러 업종, 여러 규모의 회사를 경험했고, 감사하게도 모든 회사에서 HR을 담당했었다. 그 중에 한 회사의 사례를 소개하고자 한다. 당시 평가/보상 제도를 기획하는 것이 중요한 과제로 선택되었고, 설계하면서 가장 주된 쟁점은 바로 '기대에 대한 정의'였다. 구성원들에게 기대하는 정도, 즉 회사가 바라고 있는 역할에 대한 정의가 필요했다. 구성원들의 역할은 본인이 맡고 있는 직무마다 상이하다. 각 직무마다 '기대'를 정의하기 위해서는 '직무분석'을 했어야 했고, 30개가 넘는 직무를 분석하는 프로젝트를 진행하게 되었다.

프로젝트를 진행하는 과정은 굉장히 디테일 하게 이루어졌다. 직무분석에서 가장 중요한 것은 '직무평가'이다. '직무평가'를 하는 방식은 학문적/실질적 방법의 조화가 필요하다. 실질적으로 한국에서 직무급 제도를 운영하는 곳은 외국계 기업을 제외하고 찾아보기가 어려운 것이 사실이다. 미국에서 주로 활용하는 HR방식이 바로 직무급 제도의 형태이다. 반면 우리나라는 입사일을 기준으로 연차와 경험을 중시할 뿐 아니라, 승진을 기반으로 하는 직급을 운영하기에 직무급과 같은 직무 중심의 인사체계가 여전히 어색하다. 직무급 도입 프로젝트가 당시 신선했던 이유이기도 하다.

'직무평가'는 대외적으로는 각 직무별 페이밴드로 직무의 가치를 파악하고, 대내적으로는 직무별 SME(직무전문가)와의 인터뷰, 구성원들의 의견 취합, 평가위원회의 의사결정 순으로 진행된다. 그 중에서 '스며듦'의 소통이 필요한 부분은 '직무평가'였다. '직무평가'는 현재 본인이 하고 있는 직무의 레벨을 결정하는 과정이기에 더욱 어려운 영역이다. 예를 들어 HR과 재무라는 직무가 있다면, 대외적인 연봉 수준, 대내적인 중요도를 감안하여 HR은 100점 만점의 90점, 재무는 92점으로 최종 평가가 되었다고 한다면, HR이 재무보다 상대적으로 중요도가 낮은 직무임을 인정하는 것이 된다. 본인이 하고 있는 직무의 순위이기에 더욱 민감한 주제였고, 30개가 넘는 직무들의 순위를 결정하는 작업은 결코 만만치 않았다. 그렇다면 당시 필자가 속한 HR팀에서 선택한 설득 방식은 무엇일까? 당시 HR팀에서 선택한 전략은 '시간이 걸리더라도 Why를 납득할 수 있도록 설명하자!' 였다. 회사의 비전과 그 비전을 바탕으로 중요할 수밖에 없는 직무가 무엇인지를 솔직하게 소통하는 방식을 활용했다.

모든 구성원들이 중요한 역할을 하고 있지만, 회사에서 반드시 필요한 핵심직무가 있다는 것에 모두 동의하였고, 서로 중요하게 생각하는 직무가 무엇인지 같은 공간에서 서로의 생각을 주고받는 시간을 먼저 가졌다. 그 자리에는 경영진도 같이 참여했다. 회사의 비전과 방향성을 공유하고, 핵심직무에 대한 의견을 일치시켰던 그 순간이 가장 주요했다.

이러한 결정은 결코 쉽지 않았다. 우선 HR담당자가 모든 SME(직무전문가)들과 만나야 했다. 당시 나는 꽤나 큰 '소명의식'을 가지고 있었고, 그 덕분에 쉽게 지치지 않았던 것 같다. 그 다음 당시 SME들은 꽤나 '진짜 워라밸'을 잘 실천하는 구성원이었다. 회사와의 동행을 기꺼이 받아들여 주었다. 그리고 구성원과 같은 방향으로 가는 것이 얼마나 중요한지를 잘 알고, 기꺼이 시간을 할애해주는 경영진(CEO)이 있었다. 경영진의 생각을 솔직하게 전달하고, 일방적 결정이 아닌 Why에 대한 설명과 함께, 구성원들이 이해하고 납득할 수 있는 시간을 주고 지켜봐 주는 것. 이 순간을 필자는 HR담당자로서 경영진과 구성원들이 서로에게 스며들었던 순간으로 기억한다. 회사에서의 삶을 의미 있게, 가치 있게 만들며 성장하기를 바라는 '진짜 워라밸'을 실천하는 구성원들의 참여와 '소명의식'을 가지고 있는 HR담당자의 준비가 있었기에 '직무평가'에 대한 협의와 의견 일치가 될 수 있었다고 생각한다.

형식은 결코 중요하지 않다. PPT의 부족함이나 엑셀의 수식 오류도 크게 문제되지 않았다. '기대'에 대한 올바른 정의, 성과에 대한 공정한 보상의 시작이 '직무분석' 이라는 것을 구성원들이 납득하였기에 해당제도가 잘 도입될 수 있었다고 생각한다. 그것이 바로 '스며듦'일 것이다. 서로가 서로의 색깔에 물드는 것은 노력 없이는 어려운 일이다. 다만 늦더라도 서로 천천히 스며들기 시작한다면 어느덧 비슷한 색깔을 가지고 있음을 느끼게 될 것이다. 이것이 서로 이해하며 일할 수 있는 가장 설득력 있는 방식이라고 생각한다.

당시 필자의 회사는 직무급 도입을 연내에 성공적으로 도입할 수 있었다. '직무분석'의 결과와 평가/보상 제도를 Align 시킬 수 있었을 뿐 아니라 고용노동부에서 주관하는 '노사문화 우수기업'에 선정되는 영예를 안을 수 있었다.

💡 글을 마치며

보통 '인사가 만사다'라는 이야기를 많이 한다. 필자가 이야기하는 '스며듦'이라는 가치를 같이 생각해보면 좋을 것 같다. 어쩌면 많은 회사에서 이야기하는 '일 잘하는 사람'은 단기간내 속도 있게 진행하는 사람인 경우가 더 많은 것 같다. 빠르게 만드는 결과가 있으면 훨씬 많은 일을 할 수 있는 사람으로 인정받는 측면이 있기 때문이다. 그러나 진짜 변화는 느리더라도 서로에게 조금씩 스며들고, 서로를 이해하며, 대단하지 않더라도 같이 합을 맞추며 변화하는 것이 돌아보면 더욱 중요한 것 같다고 생각한다. 망울만 맺히고 아직 피지 아니한 꽃을 '꽃봉오리'라고 한다. 꽃봉오리를 한 시간, 두 시간 그 자리에서 바라본다고 꽃을 피우지 않는다. 꽃봉오리가 꽃을 피우는 변화의 순간을 우리 눈으로 볼 수는 없을 것이다. 다만 시간이 지나고 보면 어느덧 만개한 꽃을 볼 수 있을 뿐이다. 스며들어서 서서히 어느덧 변화를 만들어 내는 방식을 이 글을 읽는 독자들의 여러 순간순간에 녹일 수 있게 되면 좋겠다.

CHAPTER 03 일의 의미를 찾는 과정, 잡크래프팅 직접 설계하기

방성환

'내가 발 딛고 있는 곳을 더 나은 조직으로 만드는 것'이 HR담당자의 사명이라고 믿습니다. 이를 생생히 실현해보기 위해 대기업과 스타트업을 오가며 더 나은 인사제도와 조직문화를 만들기 위한 도전을 하고 있습니다.
'굿피드백, 팀장은 팩트로 말한다'(플랜비디자인, 2022년)을 썼고, CLASS101에서 '원팀을 만드는 리더의 무기, 굿피드백'이라는 강의를 하고 있습니다.

미국 의료기기 회사의 유명한 동기부여 방식이 있다.

회사 제품을 사용해서 인생을 바꾼 환자들을 초대하여 직원들 앞에서 강연을 하도록 하는 것이다. 고객의 스토리를 직접 듣는 과정에서 직원들은 자신의 일이 고객에게 어떤 영향을 미치는지 더 생생하게 이해하게 된다. 제품설계자, 영업담당자, 인사관리자 등 자신의 업무가 무엇이든지 간에 모두 자신이 어떤 방식으로 회사와 고객의 삶에 기여하는지 느끼고 자부심을 갖게 된다. 자칫 대수롭지 않아 보이는 사례지만 동기부여 관련 책과 연구에서 자주 인용되는 강력한 방법이다.

어려운 이웃을 위한 기부금을 모집하는 콜센터 사례도 있다. 냉랭한 고객의 대응에 콜센터 상담사들은 이직이 잦았고, 동기부여는 쉽지 않았다. 앞에서 설명한 미국 의료기기 회사의 사례처럼 기부금을 통해서 어려움을 극복한 이웃을 만나게 했고, 그 결과 이직률이 줄었다고 한다.

예일대학교 에이미 레즈네스키라는 교수는 '잡크래프팅'이라는 개념으로 이를 설명했다.

잡크래프팅은 '주어진 업무를 스스로 변화시켜 의미 있게 만드는 일련의 활동'을 말한다. 일에 대한 자신의 관점을 바꾸는 것이다. 일 자체의 의미와 목적을 생각해 보거나, 일을 통해 도움을 받는 고객을 생각해 보도록 한다. 일에 대한 관점전환이 효과가 있을까? 에이미 레즈네스키 교수에 따르면 잡크래프팅을 시도한 직원들, 즉 적극적으로 자신의 일에서 의미를 찾은 직원들은 대체로 삶에 더 만족하고 더 나은 성과를 올렸고, 높은 회복탄력성을 보였다고 한다.

팀원을 위한 잡크래프팅 직접 설계하기

인사팀의 업무는 어떨까?

스스로 의미를 부여하지 않으면 그저 행정적인 일로 치부되기 쉽다. 자조적으로 '아무 일이 일어나지 않으면 잘하는 것'이 인사, 지원 업무라고 생각하기도 한다. 요즘은 블라인드나 잡플래닛 같은 익명게시판이 늘어나면서 공공연한 직원의 욕받이가 되는 경우도 많다. (이 대목은 너무 슬프다.) 그 과정에서 인사팀 구성원들은 자기 일에 의미를 부여하지 못하고, 스스로를 무가치한 존재라고 인식하기도 한다. 점점 '회사는 그저 일터이고 내 삶의 의미와는 동떨어진 곳'으로 인식하는 직원도 늘어간다. 오히려 적극적으로 일과 삶을 분리해서 일에서 의미를 찾는 것을 이상하게 보는 시각도 발생한다.

팀원들의 일의 의미를 찾을 수 있게 도와주고 싶었다.

의료기기 회사 사례처럼, 우리가 한 일을 통해서 삶이 개선된 구성원이 있다면 이들의 이야기를 우리 팀 구성원들에게 전달해주고 싶었다. 어떤 내부 고객이 인사팀에게 감사 인사를 전해줄 수 있을까 고민하다 '커리어마켓'이 떠올랐다. 커리어마켓은 인력이 필요한 팀과 직무전환을 희망하는 구성원들을 연결시켜 주는 잡포스팅 프로그램이다. 이 프로그램에 선발되어 이동한 직원이라면 우리 팀원들에게 감사의 인사를 전할 수 있을 것이라는 확신이 생겼다. 이를 통해 우리가 한 일의 의미를 팀원들과 함께 생각할 수 있을 것이었다.

팀원들 몰래 커리어마켓 대상자들에게 메일을 써서 솔직한 취지를 설명했다. 대상자 중 절반만이라도 회신을 주면 다행이라고 생각했는데 대부분 회신을 주었다. 예상했던 것보다 더 감동적인 내용과 함께. 그들의 편지를 모아서 팀원들에게 메일을 썼다.

팀원 여러분 안녕하세요.

인사팀 덕분에...

'너무 기뻐서 눈물을 흘린 뻔했다'

'매일을 즐겁게 출퇴근하고, 야근을 해도 웃게 된다'

'입사 후 처음으로 더 잘 해야겠다는 생각이 든다'

위의 메시지들은 책에서 나오는 것이 아니고,

다른 회사의 이야기도 아닌,

우리 회사 직원들이 저희 팀에게 전해준 메시지입니다.

올해 상반기 커리어마켓으로 이동한 직원들에게

소감을 보내 달라고 부탁드렸고,

많은 직원들이 적극적으로 회신을 주셨습니다.

그 메일 중에서 발췌했습니다.

우리가 하고 있는 일,

간혹 업무에 바빠서 행정적으로 '쳐내는 일'이

우리 직원들에게는 너무나 고마운 일이 되곤 합니다.

커리어마켓 업무뿐 아니라 채용, 보임, 발령 등 모든 업무에서

우리가 어떤 태도와 의지를 가지고 대하느냐에 따라서

구성원들에게는 잊지 못할 순간이 될 수 있습니다.

우리 모두 같이 노력하도록 합시다.

새해 복 많이 받으세요.

잡크래프팅으로 얻은 두 가지 효과

두 가지 긍정적인 효과가 있었다.

첫째, 소규모지만 확실한 Fan을 확보했다.

인사팀에게 감사의 인사를 전하는 과정에서 구성원들도 그 당시의 긍정적 기억과 감사함을 다시 떠올리게 되었다는 이야기를 해주었다. 머릿속으로 생각하던 감사함이라는 감정이 글로 쓰면서 인사팀과 연합되고 더 강화되었을 것이다. 이로 인해 인사팀에 대한 인식이 더 나아지고, 확실한 인사팀의 Fan이 되었을 것이다. 간혹 다른 구성원이 인사팀에 대해 좋지 않은 이야기를 할 때, 이들은 한 번쯤 우리 입장에서 생각해 줄 수 있을 것이다.

둘째, 인사팀 멤버들에게도 우리 일이 고객에게 미치는 긍정적인 의미를 생각하게 한 계기가 되었다. 이를 확신할 수 있는 일화가 있었다.

잡크래프팅으로 시작된 프로그램이 전사 우수 사례로 선정

얼마 후 다시 커리어마켓을 진행했는데, 담당자가 주저하면서 지원서 하나를 보여주었다. 정년 퇴직을 몇 년 남기지 않은 현장 물류 사원의 지원서였다. 평소 같았으면 제대로 읽어보지 않고 탈락시켰을 지원자였다. 전환배치를 받는 팀의 입장에서 젊은 직원을 선호하기에 정년퇴직이 얼마 남지 않은 직원은 애석하게도 고려 대상이 아니었다. 긴가민가하는 생각으로 그의 지원서를 봤다.

그는 입사 후 약 30년을 물류센터에서 근무했다. 정년퇴직을 몇 년 앞두고 은퇴 후의 삶을 생각하다 자동화 농장 사업을 하겠다는 생각이 들었는데 배울 곳이 막막했다. 그러던 중 사내에 '자동화팀' 포지션이 오픈되었고 가능성이 없지만 한번 두드려보자는 심정으로 지원한 것이다. 담당자 또한 지원서를 보고 망설이다 내게 보여주었다. 그를 받아야 하는 팀은 부담스럽겠지만, 그에게는 둘도 없는 기회가 될 것이라 생각했다.

지원서에 묻어나는 열정에 확신이 생겼다. 한평생 회사를 위해 노력한 선배를 위해 회사에서 도움을 주는 것 자체가 의미 있는 일이었다. 이런 선배님과 함께 일하는 후배에게도 좋은 영향을 미칠 수 있을 것으로 믿었다.

마침 사장님께 보고를 드릴 사안이 있었다. 다른 보고가 끝나고 사장님께 슬쩍 지원서를 보여드리며, 그에게 도움을 주고 싶다고 말씀드리며 추진해 보겠다 했다. 사장님도 공감해 주셨고, 그 직원을 이동시켜주는 것이 다른 시니어 구성원들에게도 귀감이 될 것이라며 잘 추진해보라 하셨다. 사장님을 지원을 받으며 그 선배님을 이동시켜 드렸다.

여기에서 멈추지 않았다. 담당자는 '시니어 대상 리스킬링 커리어마켓'을 기획했다. 정년을 얼마 남기지 않은 선배 중 은퇴 후의 삶에 도움이 될 만한 직무가 있다면, 그 팀으로 매칭을 시켜주었다. 팀의 입장에서는 시니어 직원의 노하우와 네트워크를 통해서 업무에 도움을 받을 수 있었다. 많은 인원은 아니지만 지원한 선배들에게 새로운 기회를 드렸다.

좋은 홍보소재로 신문에 실리기도 했다. 사내의 구성원들도 모두 회사와 구성원 모두에게 좋은 취지의 일이라 칭찬해 주었다. 이 과정을 추진한 담당자는 그 해 연말에 모범사원상을 받았다.

이 모든 것이 내부 고객으로 하여금 감사편지를 쓰게 한 것의 긍정적 연쇄작용이 아니었을까? 적어도 나는 그렇게 내 일에 이렇게 의미를 부여해서 잡크래프팅을 한다.

CHAPTER 04 바보야, 문제는 시스템이야!

백승일

조직문화는 미들업다운(Middle up down)이라는 믿음으로, 분명하고 실질적인 조직의 변화와 실무자로서의 성장을 꿈꿉니다.

현재 HD현대 그룹 소속, 중형선박 분야 세계 1위 기업인 현대미포조선에서 기업문화 팀을 맡고 있습니다.

💡 어차피 바뀌지도 않을 거

"어차피 바뀌지도 않을 거, 이런 것 좀 하지 말자. 했는지 안 했는지 귀찮게 물어보잖아!"

올해 진행한 조직문화 진단 서술형 문항에서, 한 구성원이 실제 답변에 적었던 내용이다.

그리고 이는 변화에 더디고, 그 동안 조직문화 업무에 다소 소홀했던 전통 제조업에서 조직문화 업무를 시작하는 담당자라면 한번쯤은 스스로 던질 수 밖에 없는 질문이기도 하다.

"어차피 바뀌지도 않을 텐데, 내가 하는 일이 의미있을까?, 우리가 정말 변할 수 있을까?"

현대, 그리고 조선업이라는 묵직한 두 단어를 짊어지고 있는 중공업 기업의 첫 조직문화 담당자로서 필자 역시 이런 질문에서 자유로울 수 없었다. 이 글을 통해 전통 제조업에서 조직문화 개선 작업을 진행하며 고민했던, 그리고 지금도 고민하고 있는 경험과 사례들을 공유하고자 한다.

💡 우리가 그동안 변하지 못했던 이유

전통 제조업에서도 그 동안 기업문화나 일하는 방식을 변화시키고자 하는 시도는 많이 있어 왔다. 유행에 맞춰, 때로는 경영진의 지시로 보고문화를 바꾸는 캠페인을 하거나, 회의 시간을 측정하는 타이머를 비치하거나, MZ세대의 의견을 듣는 간담회 정도는 진행을 했을 것이다.

그렇다면 과연 "우리가 그동안 변하지 못했던 이유는 무엇일까" 왜 그 동안 우리의 시도는 실질적인 변화를 이끌어내지 못하고 단발성에 그치거나, 보여주기로 귀결되었을까.

첫번째, 생산 중심적인 사고다. 생산의 효율성과 능률이 우선되고, 이에 따라 인사시스템에도 X이론에 기반한 관리와 통제의 가치관이 지배적이다. 따라서, 직원 경험보다 제도와 복지, 임금과 같은 하드 컬쳐(hard culture)에 집중하는 경향을 보인다. 제도가 변화하면, 문화는 알아서 바뀐다는 제도주의적 시각이 지배적이며, 많은 경우 제도의 취지가 기존의 문화로 인해 왜곡되는 경험을 겪게 되기도 한다.

두번째, 수직적 의사결정 구조와 관료주의이다. 이러한 조직 구조에서는 조직문화 업무 역시 단기적인 성과를 요구받거나 충분한 자율성을 보장받지 못할 가능성이 높다. 기존의 조직들로부터의 협조 또한 원활하지 않을 수 있다.

전통 제조업의 이러한 조직 환경은 조직문화 업무를 기존의 문제점을 개선해주고, 구성원들의 고충을 처리해주거나, 소위 '신바람 나는 회사'를 만드는 계절성 업무로 포지셔닝하게 만든다. 따라서, 일하는 방식 개선을 장기적으로 추진할 시스템 구축이 이뤄지지 않는 경우가 많고, 그로 인해 실질적인 변화를 이끌어내지 못하게 된다.

이런 반복되는 실패 경험은, 실무자들에겐 "조직문화는 답이 없고, 손 대기 싫은 영역이야, 그냥 하던 거나 하자" 라는 인식을, 구성원들에게는 "그거 예전에 해 봤는데 안 됐잖아, 쓸데없는 짓 또 하고 있네"라는 선입견을 심어주며 악순환으로 이어지게 된다.

때문에 이러한 환경을 가진 전통 제조업에서 우리가 제일 먼저 해야 할 일은, 과거 실패의 경험에서 비롯된 구성원들의 부정적 경험, 즉 불신과 무관심을 소거해 나가는 작업이 되어야 한다.

이것들이 지금 미쳤나?

조직 출범 후 일주일만에 처음 기획한 아이템은 '리더 없는 날'이었다. 이미 많은 기업에 도입되어 있지만, 공장과 함께 있는 제조업 현장에서는 낯선 제도이다. 이걸 처음 한다고 할 때 내부 반응은 "바빠 죽겠는데 이것들이 지금 미쳤나?" 였다. 지금에야 제도가 자리잡고, 그룹사 전체로 확산되는 분위기지만, 시행 초기 리더들은 회사의 지침보다 직속 임원들의 눈치를 보기 바빴고, 휴가를 쓰고 본사 밖에 있는 공장으로 대피 아닌 대피를 하기도 했다.

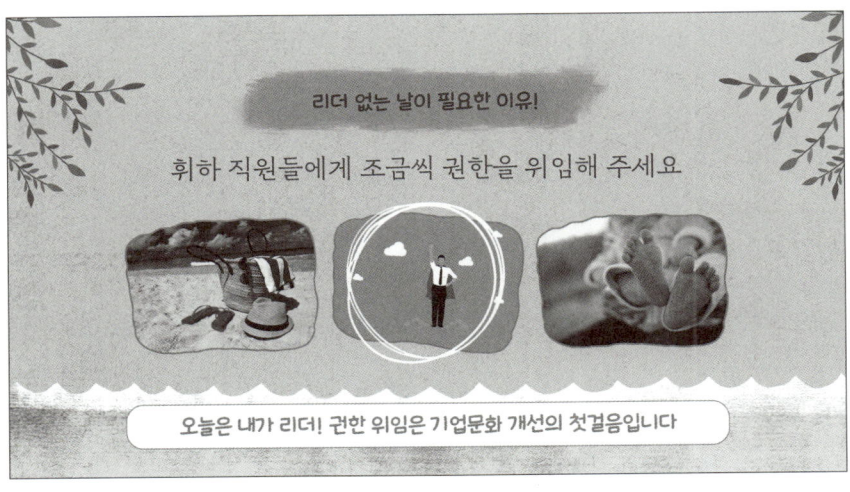

▲ 리더 없는 날 홍보 영상

제조업 현장에서는 통일적인 근무복, 즉 유니폼이 일반적인 편이다. 공식적인 행사는 '근무복 필수 착용'라는 지침이 항상 따라붙는다. 당장 모든 분야에서 복장 자율화는 어렵더라도, 최소 기업문화 관련 행사에서는 유니폼을 배제시켜 나갔다.

늘 하던 업무 방식들을 비틀기 시작했다. 설문조사는 늘 쓰던 그룹웨어가 아닌 외부에 별도로 구축한 웹페이지를 통해 진행했고, 홍보물에서는 기존의 메인 컬러인 블루 톤을 버리고, 핫핑크 색감을 차용하기 시작했다. 최대한 키치하고 팬시하게 미디어를 제작해 나갔다. 소통 행사에서는 경영진을 배제한 직원들만의 이벤트를 기획해갔다.

▲ 진단 홍보 포스터 / 동기 모임의 날(Sparkling Day) 포스터 및 가이드

▲ 기업문화 진단 웹사이트 / 가이드 영상 캡쳐

위의 업무들을 추진하며 휴식에 대한 암묵적인 집단 가정의 변화 유도, 권한 위임, 수평적 네트워킹 강화 등 여러 부가적인 목표들이 있지만, 일차적인 지향점은 하나였다.

"최대한 우리 회사에서 그 동안 안 할 것 같았던 일을 하기". 그리고 그를 통해 그 동안 축적된 구성원들의 부정적 경험을 소거해 나가기. 한마디로 "호객행위"다. 조직문화 업무가 구성원이라는 고객에 대한 마케팅 행위라고 했을 때, 기성 제품에 실망한 고객들에게, 새로운 제품을 리뉴얼하고 있다는 시그널을 남기고, 지속적인 관심을 가질 수 있게 할 필요가 있었다.

호객 행위로 구성원의 관심을 모았다면, 다음은 시식 코너를 운영할 차례다. 실제로 무언가 내가 불편했던 것들이 해소되는구나, 라는 경험과 신뢰를 쌓아주는 작업이 필요했다. 복장을 편하게 할 수 있는 사무실 분위기 조성, 암묵적으로 강제되던 아침 체조 자율화와 같은 작은 변화의 경험들을 조금씩 제공해 나가기 시작했다.

올해 조직문화 진단의 선임(대리) 이하 직급의 응답률은 75%에 달한 반면, 근속년수가 높은 책임(과장 이상) 직급의 응답률은 50%에 미치지 못했다. 그 동안의 실패로 쌓인 구성원들의 불신을 최대한 걷어내고 관심을 유도하는 일에 대한 고민이 필요했던 이유다.

지금 우리 조직에 필요한 건

"우리의 업(業)에 대한 이야기를 해 보려고 합니다" 조직문화 업무를 처음 시작하며 리더들에게 배포했던 메시지의 첫 문장이다. 하지만 업무를 진행해나갈수록 이 문장을 머리 속에서 지워나갈 수 밖에 없었다. "아, 지금 우리 조직에 먼저 필요한 건 이게 아니구나"

조직문화 개선 작업은 최고 경영층의 의지에 의해 킥오프될 때가 많다. 문제는 앞서 밝혔듯이 수직적 의사결정 구조가 일반적인 전통 제조업에서는, 조직의 니즈와 상관없는 최고 경영층의 지시 사항이 우선하는 경우가 일어날 가능성이 높다는 것이다. 당장 목이 마르다는데, 덥지 않냐고 부채질만 하는 꼴은 부정적 경험만 하나 늘려주는 결과를 초래하기 십상이다.

고객(구성원)의 니즈를 파악하고, 그에 맞게 조직문화 개선 작업을 단계별로 밟아나가는 것. 어떻게 보면 굉장히 당연한 이야기지만, 조직문화 업무에 대한 경험이 충분하지 않은 조직에서는 자칫 간과되기 쉬운 부분이다. 먼저, 조직 내 모든 리더들과 저년차(사원급) 구성원들을 대상으로 우리 조직에 대한 인식을 묻는 인터뷰를 진행했다. 변화관리조직(Change Agent 등) 활성화, 익명 채널 개설을 통해 의견 수렴 창구를 다양화하고, 조직문화 진단을 실시했다.

▲ 사원급 인터뷰 '나, 우리 Lunch Talk' 사진

물론, 기존의 레퍼런스가 없는 상황에서 구조화된 인터뷰 문항을 구성하고, 변화관리조직을 신설하고, 진단 문항을 설계하는 것까지 하나하나가 새롭고 쉽지 않은 일이었다. 하지만, 이 작업을 통해 조직 문화 개선 작업이 어떻게 스텝별로 나아가야 할 것인가에 대한 청사진과, 이를 경영진에게 설득할 수 있는 데이터를 확보해 나갈 수 있었다.

앞서 말했지만, 업무를 시작하며 첫 스텝으로 놓았던 가치가 업의 재정의였다면, 위의 작업들을 거친 후 맨 처음에 놓이게 된 가치는 워라밸(Work and Life Balance)이었다. 조직내 업무 피로도가 과중한 상황에서 일과 휴식에 대한 암묵적 집단 가정을 변화시키는 것이 가장 시급했던 것이다.

최근 워라블(Work and Life Blending) 개념이 각광받는다고 해서, 정확한 조직의 니즈 파악 없이 이를 먼저 추진하게 된다면 원하던 변화를 이끌어낼 수 있을까? 혹시라도 최고 경영층이 워라블에 꽂혀서 이와 관련된 아이템을 추진하라고 하면 담당자는 어떻게 해야 할까?

조직문화공작소 유준희 대표는 조직문화 담당자가 최고 경영층의 말에 흔들리는 것은 자기 조직에 대한 확실한 가치관을 갖지 못해서라고 표현한다. 필자는 그 가치관을 갖기 위해서는 조직의 니즈를 먼저 파악하고, 그 데이터를 확실한 담당자의 무기로 삼는 과정이 필요하다고 생각한다.

💡 바보야, 문제는 시스템이야!

회의 개선하는 법, 보고 잘하는 법, 코칭 잘하는 법, 애자일한 조직을 만드는 법. 검색창에서 검색만 하더라도 방법론에 대한 이야기를 우리는 쉽게 찾아볼 수 있다. 그렇다면, 한번 반문해보자. 그 동안 우리 조직이 조직문화 개선 작업에 실패한 것은 방법론을 몰라서였을까?

아마 이 부분에서 많은 실무자들은 리더의 의지를 이야기할 것이라 생각한다. 리더의 의지가 부족해 성공하지 못했다는 의견이다. 분명, 마이크로소프트의 경우처럼 리더의 역할은 매우 중요하다. 하지만, 조직문화 담당자들이 리더의 한명만을 기다려서는 안 된다는 의견에도 아마 많은 분들이 공감하실 것이라고 생각한다.

우리가 주목한 것은 방법론도 아니고, 리더의 의지도 아닌, 시스템이었다. 조직문화 개선이 최고 경영층의 의지에 좌우되거나, 전담 조직의 의견에 따라 추진되는 것이 아니라, 조직 전체의 컨센서스를 통해 진행되고 있다는 정당성을 확보해 줄 기제가 필요했다.

첫번째, 변화관리조직(Culture Crew)이다. 저년차(사원급) 직원들을 동기 그룹별로 그룹핑해서 자율적으로 그룹 리더를 선정하게 했다. 스파클러(Sparkler)라 명명된 이 그룹군은 조직문화 영역에서 MZ세대의 니즈를 파악하고, 자율적인 동기 행사 기획 등 수평적 네트워킹 강화 기능을 수행하고 있다. 다음은 책임(과장)급 직원들로 구성된 CA(Change Agent) 조직이다. 주로 조직 내 핵심인재로 구성된 이 그룹군은 업무와 일하는 방식 개선 영역의 업무를 수행한다.

두번째, 일하는 방식 개선 회의체(Smart Move Committee)이다. 이 회의체는 최고 경영층과 기업문화팀, 그리고 변화관리조직으로 구성되어 있으며, 1개월을 주기로 운영되고 있다. 변화관리조직과 기업문화팀은 보고/회의, 스마트 워크 등 일하는 방식 개선과 관련된 핵심 아젠다와 추진 방향을 협의하며, 월 1회 최고 경영층과의 회의를 통해 정책을 결정하고 있다.

이러한 제도 설계를 통해 일하는 방식 개선 작업에 대해 조직내 권위와 정당성을 부여하고, 변화관리조직(Culture Crew)에게 실제 변화에 참여하는 경험을 제공해 동기를 부여하고자 했다.

마지막, 일하는 방식 개선 캠페인(Smart Move Campaign)이다. 회의체의 핵심 아젠다 추진 내용과 연계하여 캠페인을 진행하고 있다. 이는 캠페인에 회의체에서 수렴된 조직내 컨센서스를 담고, 제도 개선과 캠페인을 동시에 진행해 보다 실질적인 변화를 유도하기 위한 설계 방식이다.

이처럼, 일하는 방식 개선(Smart Move)을 구심점으로, 변화관리조직(Culture Crew)과 회의체(Committee), 캠페인이 유기적으로 연계되는 시스템을 구축하는 것, 이것이 현대미포조선이 기존의 조직문화 개선 작업의 실패 경험을 딛고, 실질적이고 불가역적인 변화를 위해 진행한 작업들이다.

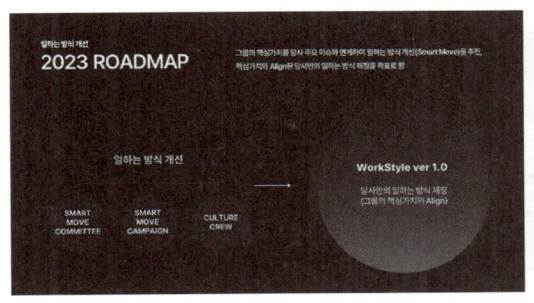 

▲ 2023년 일하는 방식 개선 로드맵 자료

누구에게도 환영받지 못하는 일이 될 수 있다

"누구에게도 환영받지 못하는 일이 될 수 있다" 필자가 이 업무를 시작할 때, 한 리더가 했던 말이다. 맞다. 조급한 이들은, 다른 기업의 혁신 사례를 들며 변화의 느림을 탓할 것이며, 기존 질서에 익숙한 이들은 냉소와 비웃음을 쏟아낼 것이다. 변화가 필요하다고 말하지만, 막상 자신에게 닥친 매우 작은 변화조차 불편해 하는 구성원들의 모습을 하루하루 마주치게 될 것이다.

그렇지만, 언제까지 손놓고 있을 수만은 없는 일이다. 도르마무 앞에 선 닥터 스트레인지와 같은 심정일지라도, 끝없이 두드리고 깨 나가는 것. 그리고 분명한 변화를 꿈꿔 나가는 것. 비록 소서러 수프림은 되지 못하겠지만, 변화가 정체되어 있는 제조업에서 조직과 함께 성장하는 경험을 할 수 있다는 것은 분명 큰 자산이 될 것이라 생각한다. 척박한 환경에서 오늘 하루도 고군분투하고 있을 이 땅의 조직문화 담당자들을 다시 한번 응원한다.

CHAPTER 05
목표가 살아 숨 쉬는 조직 만들기 – 기억'하게' 하지 말고 기억'나게' 하자

이찬샘

경력 : KDB생명 (2020. 4월~2023. 5월)

2020년 4월 KDB생명 인사팀 신입사원으로 입사, 2021년부터 성과관리 업무를 담당하였다. 2년간 분기단위 성과관리 시행, 성과리뷰 제도 도입, 다면평가 도입, 성과관리 시스템 개편, 절대평가 전환 등 '목표가 살아 숨 쉬는 조직'을 만들기 위해 많은 시도를 하였다.

성과는 목표의 달성 정도이고 이는 평가를 통해 측정(판정)된다. 쉽게 말해 성과관리는 직원들이 목표를 향해 달리게 하는 동기부여 장치이다. 따라서 목표가 명확하지 않다면 성과관리는 의미가 없으며 성과관리가 제대로 작동하려면 조직과 직원의 목표 의식이 강해야 한다.

목표 의식이 약한 조직은 어떤 모습일까? 연초 목표 수립 시와 연말 평가 직전에만 잠깐 목표를 들여다보고, 연중에는 목표가 무엇이었는지도 잘 기억하지 못하는 조직이야말로 목표 의식이 약한 조직일 것이다. 우리 회사도 다를 바 없었다. 연초에 고민하여 수립한 목표는 잠시 반짝하고는 금세 잊혔고, 연말이 되어서야 발등에 불 떨어진 듯 부랴부랴 실적을 꿰 맞췄다.

성과관리를 공부하며 OKR이라는 구글의 성과관리 기법을 접했다. 국내 기업문화와 다소 맞지 않는 부분도 있지만, 성과관리의 최신 트렌드로 자리 잡은 좋은 개념이었다. 특히 '목표가 살아 숨 쉬어야 한다'는 개념은 성과관리 담당자로서 절대 지나칠 수 없는 핵심 중의 핵심이었다.

KDB생명을 '목표가 살아 숨 쉬는' 조직으로 만들고 싶었다. 직원들이 본인의 목표가 무엇인지 명확히 인식하고, 이를 달성하기 위해 치열하게 고민하며 밤잠을 설치게 하고 싶었다. 목표 의식을 높이려면 어떻게 해야 할지를 밤낮으로 고민했다. 하지만 우리 조직에서 목표는 이미 형식적이고 귀찮은 존재였다. 이러한 상황에서 목표를 기억'하게' 하기는 어려울 것 같았다. 하지만 목표를 기억'나게' 하는 것은 가능해 보였다. 기억하기 싫어도 기억이 나게 하려면 자주 보고, 신경 쓰이게 하면 된다. 그래서 직원들을 목표와 뒹굴게 했다.

1. 목표를 자주 보게 했다

연 단위로 시행하던 목표 설정 및 평가 주기를 분기 단위로 줄였다. 이미 형식적으로 여겨지던 평가를 3번이나 더 한다는 반응이 예상됐지만, 연초에 잠시 반짝하고 증발하는 목표 그리고 1년이 지난 후 목표와 무관하게 진행되던 기존의 평가를 꼬집으며, 제대로 된 평가로 거듭나기 위한 변화라는 점을 강조하여 소통했다. 연초에 한번 연말에 한번 보던 목표를 이제는 매 분기 초, 말에 한 번씩 총 6번을 더 보게 된 셈이니 전보다 최소 4배는 더 보게 된 것이다.

2. 목표를 신경 쓰이게 했다

성과리뷰 제도를 도입하여 직원이 직접 분기 초 작성했던 목표별 달성 여부와 특이사항을 작성하고 자기평가를 진행하게 했다. 평가자의 주관으로만 진행되던 기존 평가에서 '내가 나의 성과를 직접 어필하는 쌍방향 평가'로 변화한다는 점을 강조했다. 분기가 끝날 때마다 내가 적었던 목표를 다시 보게 되고, 이를 바탕으로 성과를 작성하니 직원들이 목표 수립에 신중해지기 시작했다.

또한, 이와 연계된 동료 추천 제도를 도입하였다. 동료는 서로가 작성한 목표와 리뷰(자기평가)를 조회할 수 있으며 이를 바탕으로 추천하고 싶은 동료를 선정한다. 동료가 나의 목표와 성과를 지켜보고 있기 때문에 목표 수립에 더욱 신중해졌다. 대충 적어도 될 것만 같았던 목표가 이제는 매우 신경 쓰이게 되었다.

피평가자는 성과리뷰와 동료 추천으로 움직였다면, 평가자들은 리더 평가를 통해 피평가자의 목표를 신경 쓰도록 했다. 피평가자들은 평가자가 등급을 부여한 후 등급 본인확인을 해야 하는데, 이때 리더 평가를 필수적으로 진행하도록 시스템을 설계했다. '평가자가 나의 목표에 대해 면담하였는가?', '분기 초 수립했던 목표와 일관되게 평가하였는가?' 등의 문항을 통해 목표 중심의 성과관리가 진행되었는지 확인하였다. 부여된 점수와 코멘트는 평가자가 익명으로 조회할 수 있으며 리더 본인의 평가에도 반영된다. 평가자가 올바른 목표 수립을 지원하고, 이를 평가에 제대로 반영하도록 노력하게 한 것이다.

3. 간편하고 직관적인 시스템으로 모든 과정을 지원했다

앞서 말한 분기 단위 성과관리 사이클(목표설정→동료추천→성과평가→리더평가)이 단 하나의 시스템 화면에서 진행되도록 시스템을 기획했다. 평가자와 피평가자는 모든 성과관리 과정에서 서로 동일한 화면을 보며 목표에 대해 소통할 수 있다. 피평가자가 분기 초 목표를 작성하면 평가자는 해당 화면에서 이를 승인하고, 분기 말이 되면 해당 화면에서 작성된 목표별로 성과를 작성한다. 작성된 성과는 평가자와 동료가 모두 조회할 수 있으며, 동료는 이를 통해 동료를 추천하고, 평가자는 성과를 평가한다. 이후 피평가자의 본인확인 및 리더 평가를 끝으로 분기 성과관리가 마무리된다.

새로 도입된 제도와 개념들이 많았지만, 매우 직관적으로 시스템을 설계하여 직원들은 금세 적응하였고 나아가 건의 사항까지 제시하는 직원들 덕분에 시스템은 분기를 거듭할수록 개선되고 있다. 5분기째 운영한 지금 직원들은 완벽히 적응했고 평가 시즌이 되어도 담당자의 전화가 거의 울리지 않는다. 일일이 마감을 챙기지 않아도 분기 초가 되면 직원들은 목표를 작성하고, 분기 말이 되면 성과를 리뷰한다. 직원들 스스로가 목표와 친해지게 된 것이다.

직원들이 변화에 만족하냐고 묻는다면 솔직히 모르겠다. 다행히 블라인드에는 관련 불평이 단한 번도 올라온 적은 없다. 그러나 기존보다 훨씬 귀찮아졌기 때문에 아마 불만이 적지 않을 것이다. 그래서 필자는 직원들을 만날 때마다 '번거롭게 해드려 죄송합니다'하며 미안함을 표시하곤 했다. 그래도 매 분기 100%에 달하는 목표 작성률, 리뷰 작성률, 다면평가 참여율로 미루어 볼 때, 직원들이 목표와 훨씬 가까워진 것은 분명하다. 아직은 갈 길이 남았지만 KDB생명은 점차 '목표가 살아 숨 쉬는 조직'으로 변화할 것이라고 확신한다.

부모님의 잔소리를 듣는 자식 없듯, 바쁜 직장 생활에 지친 직원들도 회사의 제안에 흔쾌히 따르지 않을 것이다. 변화를 만들기 위해 직원들의 능동성과 자발성에 의존한다면 변화를 기대하기는 어려울 것이다. 직원들의 인식이 부족해서가 아니라 그냥 그런 것이다. 회사의 문화를 바꿔야 한다면 직원들에게 '하자'고 하기 보다는, 자연스럽게 '하게 되는' 방식을 떠올려 보는 것은 어떨까?

CHAPTER 06 좋은 동료로 가득한 SK브로드밴드의 기업문화를 소개합니다!

김진호

SK브로드밴드에서 B2C 사업기획, 브랜드 커뮤니케이션 등으로 경력을 시작하여, 이후 기업문화(CEO PI~GWP), HRM(인사운영~조직설계)의 다양한 실무 영역을 경험하였습니다. 현재는 리더/구성원의 성장을 지원하는 성장 Designer 역할을 하고 있습니다. 9살 차이가 나는 형제 단유, 단빈이의 아빠입니다.

'따라올 테면 따라와 봐! 하나포스', 'See the Unseen! SK브로드밴드' 어디서 한번쯤 들어보신 광고 카피인가요? SK브로드밴드는 여러분들의 가정에서 사용하시는 초고속 인터넷과 IPTV, 그리고 기업에서 사용하는 통신 서비스와 DC(Data Center) 등을 제공하는 회사입니다.

어떤 사업을 하는지는 잘 알려진 회사인데, 캠퍼스 리크루팅 등에서 취업 준비생들을 만나보면 'SK브로드밴드의 일하는 방식이나 기업문화에 대한 자료가 별로 없었다', '내부가 베일에 싸인 회사 같다'라는 말들을 많이 들었습니다. 그런데, 막상 SK브로드밴드에 신입이나 경력으로 입사하신 분들은 대부분 회사에 만족하며 잘 다니고 계시고, 한번도 년간 자연 퇴사율이 1%를 넘긴 적이 없습니다.

생각해보니 최근 몇 년간 일하는 방식, 근무 공간 및 시간, 복장 등의 혁신적인 변화가 이루어져 저 역시 SK브로드밴드에 만족하며 잘 다니고 있지만, 공채로 입사하여 오랜 기간 SK브로드밴드에만 근무했기 때문에 저의 생각은 객관적일 것 같지 않다고 생각했습니다. 그래서 최근 3년 내 SK브로드밴드에 입사하여 3개월 이상 근무한 180명(신입 76명, 경력 104명)을 대상으로 SK브로드밴드의 기업문화에 대해 설문조사를 진행했습니다.

'22년 현재 SK브로드밴드에서 시행중인 기업문화 프로그램, HR 제도 중 작더라도 가장 많은 구성원들로부터 호응을 받은 내용들을 소개해 드리겠습니다. 단, SK그룹에서 공통적으로 시행하거나, 다소 일반적인 내용들은 가급적 제외하려고 노력하였습니다.

[Intro] 좋은 동료

SK브로드밴드에는 '기업문화'라는 기업문화를 담당하는 C-Level 조직이 있습니다. 기업문화부터 HR제도, 교육, 노사관계, 경영지원(총무), 구성원들의 건강까지 책임지고 있습니다. SK브로드밴드 기업문화의 핵심 키워드는 '좋은 동료'입니다. '좋은 동료'란? 우수한 성품과 역량, 통찰력과 실행력을 겸비한 구성원을 말합니다. 그러면 올해 25번째 생일을 맞은, 좋은 동료들로 가득한 SK브로드밴드의 기업문화를 소개해 드리겠습니다.

[기업문화] Fun & Together

Fun & Together란 '행복한 일터 만들기'의 일환으로 SK브로드밴드에서 시행하고 있는 각종 기업문화 프로그램들을 말합니다. 매년 초 연간 Road Map을 SK브로드밴드의 온라인 기업문화 공유/공감 공간인 '행복 라운지'에 안내하고 있습니다. 또한, 현업 구성원 중 직접 기업문화 프로그램을 기획 단계부터 참여하는 구성원 참여형 기업문화 프로그램 온앤오프(On&Off) 멤버를 모집하여 운영하고 있습니다.

1위 Be One Bonus (일명 BOB)

분기마다 구성원 1명당 4포인트(리더는 15포인트)를 지급합니다. 평소 고마웠던 분에게 사연과 함께 1포인트를 선물할 수 있으며, 본인이 받은 포인트는 다른 사람에게 다시 선물할 수도 있습니다. 분기가 끝나면 받은 포인트만큼 스타벅스 e-Gift Card를 선물로 받습니다. (1포인트 = 5천원) 최근에는 사내 구성원뿐만 아니라, 함께 일하는 협력사 구성원들도 받을 수 있도록 대상을 확대하였습니다. 커피를 좋아하는 저로서는 Be One Bonus를 많이 받는 동료들이 부럽습니다.

2~3위 어린이날 축하 선물, 초등 자녀 입학 축하

경력으로 입사한 구성원들로부터 많은 호응을 받은 프로그램입니다. '어린이날 축하 선물'은 6세~초등학교 6학년까지의 자녀들에게 CEO의 어린이날 축하 카드와 문화상품권 선물을 보내줍니다. CEO의 카드는 유치원, 초등학교 저학년/고학년에 따라 디자인과 내용이 다릅니다. '초등 자녀 입학 축하' 역시 CEO의 축하 카드와 문구 세트를 선물로 보내줍니다. 선물을 받은 자녀들이 많이 좋아하고, CEO에게 답장을 보내주는 친구들도 많습니다. 저희 집 아이들은 사내 녀석들이라 그런지 카드보다는 선물에 관심이 더 많은 것 같습니다.

4위 We Help Day

매월 부서나 개인이 업무상 도움(Help)을 요청하면, 이에 다양하고 참신한 댓글을 달아 도움을 주는 집단지성 프로그램입니다. 도움을 요청하는 구성원은 고민의 배경, 포인트 등을 상세하게 안내하고, 약어 등은 이해하기 쉽게 풀어서 작성합니다. 아이디어로 도움을 주는 구성원은 '질보다는 양'이 중요하며, 거칠고 정제되지 않은 아이디어도 환영합니다. 이미 나온 아이디어의 재활용도 가능하며, 브레인스토밍처럼 비판은 금지하는 룰이 있습니다. 부담없이 참여할 수 있어 많은 구성원들이 아이디어를 내고 있으며, 도움을 요청한 구성원들의 고민 해결에 큰 도움이 되고 있습니다. 저희 팀도 학습 방법, 강연자 추천 등에 대해 Help를 받았습니다.

공동 5위 공감토크 & 위퀴즈 라이브

과거의 딱딱하고 형식적이었던 일방향 재무 성과 발표를 벗어나, 분기에 한번 CEO가 Live로 회사의 성과와 기업문화를 허심탄회하게 구성원들과 쌍방향 소통하는 시간입니다. CEO의 공감토크 후에는 회사의 Biz.와 기업문화에 대한 퀴즈를 푸는 '위퀴즈 라이브'가 진행됩니다.

유튜브로 생중계를 하고, 정답은 카훗으로 제출합니다. 높은 점수를 받은 구성원들에게는 최신 전자제품 등 어마어마한 선물을 드립니다. 저는 손이 느려서인지 한번도 순위권 안에 든 적이 없어 늘 아쉽습니다.

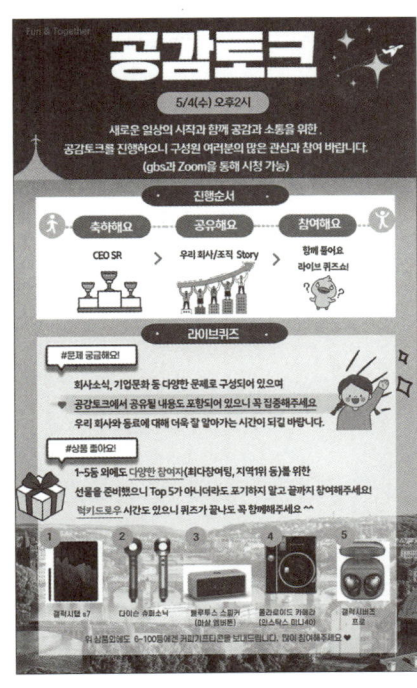 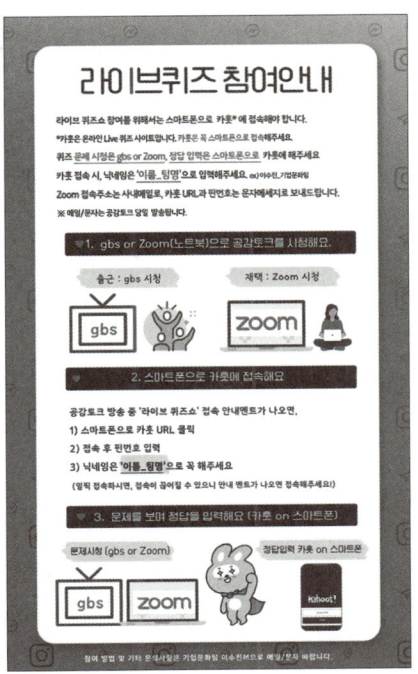

공동 5위 우리들의 스물다섯 온라인 전시회

회사 창립 25주년을 맞아 온라인 사진전을 개최하였습니다. 세가지 이벤트를 진행했는데,

❶ **라떼니스타 :** 과거 풋풋했던 나의 20대 청춘 시절 사진과 현재는 어떻게 변했는지 Before/After 사진을 소개했습니다.

❷ **응답하라 1997 :** 회사가 태어난 1997년에 내가 좋아했던 음악, 패션, 굿즈 등을 공유하고 공감했습니다.

❸ **레트로 감성 :** 오랜 시간 함께 했던 동료 구성원들과의 즐거웠던 추억을 소개했습니다. 저도 입사 동기가 신입사원 연수 시절 사진을 올려줘서 잠시 추억 여행을 떠날 수 있었습니다.

기타1 (Junior 구성원들에게 인기가 많았던 프로그램 : 패셔니스타 브밴인)

옷 가게 피팅룸 거울에 비친 멋진 내 모습을 구성원들에 자랑하고, 패셔니스타 브밴(브로드밴드)인으로 선발되면 옷값을 지원해주는 프로그램입니다. 참여 방법은 옷 가게에서 입고 싶은 옷을 고른 후, 셀카를 찍어서, 행복라운지에 올리기만 하면 됩니다. 톡톡 튀는 개성을 가진 많은 MZ세대 구성원들이 참여하셨고, 최종 6명을 선정하여 온라인 투표로 패셔니스타 브밴인을 선발했습니다. 후속으로 유명 스타일리스트를 모시고 구성원들의 패션 스타일링 교육도 진행할 예정입니다.

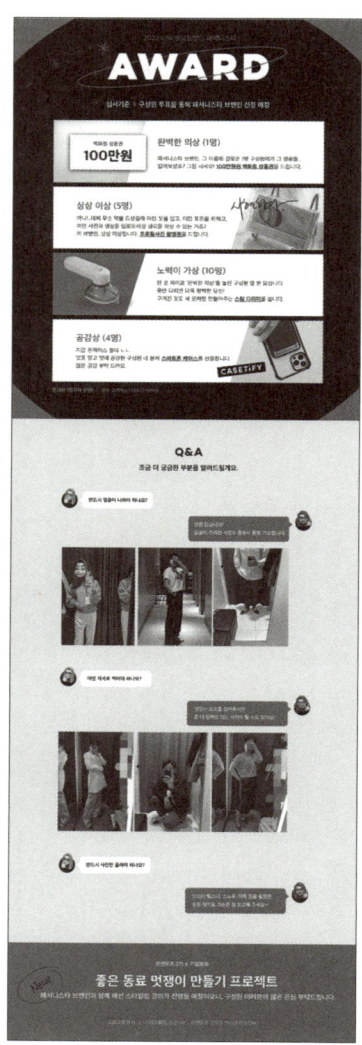

기타2 (Junior 구성원들에게 인기가 많았던 프로그램 : 이모티콘 공모전)

요즘 카카오톡에서 다양한 이모티콘으로 감정을 표현하듯이, 행복라운지에도 다양한 이모티콘이 있으면 좋겠다는 구성원들의 니즈가 있었습니다. 그래서 행복라운지 이모티콘 공모전을 시행했습니다. 많은 구성원들이 직접 또는 자녀를 통해 귀여운 이모티콘을 그려 주셨고, 그 중 가장 인기가 많은 캐릭터들은 이모티콘으로 제작하여 구성원들의 감정 표현 도구로 잘 활용하고 있습니다. 참고로 저는 '남산의 호매니저', '의욕만땅 B매니저' 이모티콘을 자주 사용하고 있습니다.

💡 [HR] 인사제도와 교육

인사제도는 법률로 규정되는 것들이 많고, 노동조합이 있는 SK브로드밴드에서는 매년 노사가 충분한 협의를 통해 임단협을 도출하고 있습니다. SK브로드밴드의 기업문화를 잘 보여줄 수 있는 몇 가지만 소개해 드리겠습니다. 또 SK브로드밴드 리더/구성원의 성장을 책임지고 있는 교육 부서의 리더로서 SK브로드밴드의 교육 프로그램 중 올해 시행한 대표적인 교육 프로그램도 추가로 몇 가지 공유해 드리려고 합니다.

1위 We Fresh Day

많은 리더/구성원들로부터 폭발적인 반응을 얻고 있는 프로그램입니다. 매월 2, 4번째 금요일을 자율휴업일로 지정하여 휴가를 사용하거나 근무시간을 조정하여 쉴 수 있는 제도입니다. 물론 업무가 있는 구성원들은 정상적으로 근무할 수도 있습니다. CEO를 포함한 리더부터 구성원까지 모두가 실천하는 문화로 완벽히 잘 자리 잡았습니다. 저 역시 We Fresh Day 도입 이후 삶의 질이 높아진 것을 느끼고 있는데, 주로 등산을 하거나 전시회 관람 등으로 시간을 보내고 있습니다.

2위 자율책임 근무제

자율과 책임 기반 하에 구성원 스스로 본인의 근무 시간 및 공간(재택근무), 휴가 등을 자유롭게 설계하는 제도입니다. SK브로드밴드에서는 구성원이 왜 휴가를 사용하는지, 재택근무를 하는지 묻지 않습니다. Core Time인 10~15시를 제외하고, 자유롭게 출퇴근 시간을 정할 수 있습니다. 월초에 많이 근무한 구성원은 월말에 눈치보지 않고 일찍 퇴근하거나, 실 OT(초과근무수당)를 신청할 수 있습니다.

또한 휴게시간 등록 후 점심 약속을 길게 잡거나, 개인적인 용무를 보는 것도 가능합니다. 예전에는 잠깐의 육아나 병원 방문 때문에 연차까지 사용해야 했는데, 이제는 효율적인 시간 관리가 가능해졌습니다.

3위 휴가 제도

다양한 휴가 제도가 마련되어 있고, 필요할 때 자유롭게 사용할 수 있습니다. 연차휴가 외에 매년 6일의 하계 휴가가 부여됩니다. 6일을 한번에 붙여서 사용해도 되고, 분할해서 사용할 수도 있습니다. 또한 연차휴가를 붙여서 더 길게 쉬는 것도 가능합니다. 생일 또는 결혼기념일에 하루를 쉴 수 있는 기념일 휴가도 있습니다. 장기 근속을 맞는 구성원들에게는 3주의 휴가와 휴가비를 지급합니다.

연차는 연간 10일 사용을 권장하고 있는데, 앞서 소개한 We Fresh Day와 연계하여 사용하는 구성원들이 많습니다. 저는 결혼 전에는 주로 해외 오지(티벳, 네팔, 인도 등)로 하계 휴가를 갔고, 장기근속휴가는 가족들과 한달 동안 유럽 배낭여행을 다녀왔습니다.

4위 좋은동료 공감캠프

코로나19 펜데믹 기간 동안 고생한 동료들을 서로 위로하고, 그사이 변화된 동료와 회사에 대해 조금 더 깊이 알아보기 위해 모든 구성원들이 참여하는 1Day 대면 Workshop '좋은동료 공감캠프'를 시행하고 있습니다.

'22년 11월초 현재, 60여회 1,500명 이상의 구성원이 참여했습니다. 하루 동안 다양한 부서 / 지역 / 나이대의 구성원들이 한데 모여 '나' 자신에 대해 생각해 보고, '회사'의 Biz와 기업문화를 이해하고, '좋은 동료'가 되기 위한 Mind-set을 강화하는 시간으로 구성되어 있습니다. 초반에는 코로나19 확진자가 많아 대면 Workshop에 대한 우려도 있었지만, 현재는 많은 구성원들의 기억에 남는 소중한 하루가 되고 있습니다.

5위 mySUNI (마이써니)

　mySUNI는 SK그룹의 학습 플랫폼입니다. SK브로드밴드는 '22년 리더 200시간/구성원 100시간의 학습을 목표로 잡았습니다. 정량적인 시간 목표와 함께, 년중 다양한 학습 콘텐츠들을 추천하는 정성적인 노력도 하고 있는데요. 그 중에서 SUNIDAY라는 분기 프로모션을 시행하여 좋은 반응을 얻고 있습니다. 1분기에는 하얀 눈을 연상시키는 WHITE SUNIDAY, 벚꽃이 만발하는 2분기에는 PINK SUNIDAY, 파란 바다가 떠오르는 3분기에는 BLUE SUNIDAY, 4분기에는 BLACK FRIDAY를 패러디 한 BLACK SUNIDAY를 시행하고 있습니다. 이런 노력의 결과, '22년 10월말 기준으로 SK그룹 내 학습시간 1위를 달리고 있습니다.

기타1 (Junior 구성원들에게 인기가 많은 제도 : Cool Biz Casual)

　라떼 이야기를 잠깐 드리면, 제가 신입사원 시절에는 넥타이에 정장을 했었고, 어쩌다가 청바지에 운동화를 신고 온 날에 꼰대 리더로부터 혼났던 기억이 있습니다. 최근 많은 기업들이 여름철 반바지 착용을 허용하고 있는데요. SK브로드밴드에서도 Cool Biz Casual을 시행하고 있습니다. 타인에게 불쾌감을 주지 않고 품위를 잃지 않는 선에서, 쾌적하고 간편한 옷차림으로 근무하는 자율적인 문화로 자리 잡았습니다. 다만, 당연한 이야기지만 노출이 심한 의상, 오래되어 목이 늘어난 티셔츠, 등산복, 트레이닝복, 슬리퍼 착용 등은 금하고 있습니다.

기타2 (추가로 소개해 드리고 싶은 교육 프로그램 : DNA아카데미)

구성원들의 Data 역량 향상을 위해, 'DNA아카데미(Data Next-normal Analyst, 새로운 시대와 기준의 데이터 분석가)'라는 Data 교육 과정을 운영하고 있습니다. 여러 Naming 후보 중 BTS의 DNA가 연상되어 DNA아카데미로 정했는데요. 총 4단계로 구성되어 있습니다. 1단계는 Excel, 2단계는 OLAP, 3단계는 Python, 4단계는 CDS/SQL/Python+입니다. 팀장급 리더는 직무에 따라 2~3단계 이상 이수를 권장하고 있습니다. 저도 올해 열심히 해서 2단계까지 이수를 했고, 내년에는 Python에 도전해보려고 합니다.

💡 [Outro] 더 좋은 기업문화를 꿈꾸며

　지금까지 SK브로드밴드의 기업문화와 HR제도, 교육 등을 소개해 드렸습니다. 개인적으로 더 소개해 드리고 싶은 내용들도 많지만, 앞서 말씀드린 대로 SK브로드밴드에 최근에 합류하신 분들이 긍정적으로 생각하는 문화와 제도를 소개해 드렸습니다. 대한민국에 SK브로드밴드 보다 더 좋은 기업문화를 보유한 회사들도 많겠지만, SK브로드밴드에서 고민하고 실천하는 내용들을 많은 분들과 공유하고 싶어 소개해 드렸습니다.

　주관식 설문 결과도 대부분 긍정적인 답변들이었으나, 'Junior 구성원들을 위한 제도가 상대적으로 부족한 것 같아 아쉽다', '프로그램에 아쉬운 점은 없으나, 좋은 문화와 제도들이 많이 홍보

되지 않아 모르고 지나치는 경우가 많다'라는 개선할 점들도 있었습니다.

SK브로드밴드는 구성원들이 더 '행복'해지는 기업문화로 진화/발전하기 위해 계속 노력할 겁니다. 그리고 그 내용들은 유튜브 숏폼 등을 통해 외부에 계신 분들과도 지속적으로 공유하고 소통할 예정입니다. 마지막으로 SK브로드밴드에 근무하는 모든 구성원들이 각자의 자리에서 '재미'와 '의미'를 찾고, 매일매일 조금씩 '성장'하는 행복감을 느끼시길 늘 응원하겠습니다.

2023년 이후의 SK브로드밴드 이야기가 궁금하신 분들은 연락주세요.
링크드인 : www.linkedin.com/in/kjhrid

PART 04
담당자가 바라보는 일하는 방식의 영향력

CHAPTER 01_ 직원 몰입도 향상을 위한 Culture Transformation

CHAPTER 02_ Culture Signature

CHAPTER 03_ 엔터키의 무게

CHAPTER 04_ 팬데믹 상황에서 찾아보는 조직 커뮤니케이션의 키

CHAPTER 05_ 실제로 작동하는 조직문화 만들기

CHAPTER 06_ 조직문화 전략은 곧 일하는 방식을 변화시키는 것

CHAPTER 07_ 핵심가치는 조직에서 어떤 의미를 갖는가.

CHAPTER 08_ 우리가 '함께' 일하고 성장하는 법

CHAPTER 01
직원 몰입도 향상을 위한 Culture Transformation

오용석

삼성중공업 인사기획팀을 거쳐, SAP Korea 최고문화전문가로 재직중입니다. 현재 정부 인사혁신처 정책자문위원이라 주요정책 현안 뿐 아니라, 대한민국 45개 전 부처의 근무혁신평가도 하고 있습니다. 하이브리드 워크, 조직문화진단, 기업문화의 확장, 조직 몰입도, 동기부여와 성과창출, 디지털리더십 등을 주제로 다양한 활동 및 강연을 통해 조직문화 영역을 만드는 트랜드 세터가 되고 싶네요.

직원 몰입도(Employee Engagement)에 관한 이야기를 관심있게 접한 것은 7년전이었다. 쉽게는 기업의 성과를 높이기 위해 가장 필요한 요소이며, 직원 개개인이 행복하기 위해서도 꼭 필요한 것이기도 했다. 약간 당황스러웠던 것은 이직한 새 직장에서 나에게 지워진 직책 중 하나가 Employee Engagement Champion이었다는 사실이다. 혼자만의 뜨거운 고민이 시작되었던 것 같다.

조직에서 몰입도는 굉장히 중요하다. 직원의 조직 몰입도는 주로 기업환경, 리더십 스타일, 커뮤니케이션 관행 및 조직 문화 측면에 영향을 받는다. 소통이 원만하지 못하다고 느낄 때는 불만들이 조금씩 쌓여가고, 조직 내에서 인정받지 못한다면 서서히 이별을 직감할 수도 있다. 게다가 개인의 성장 기회도 부족하다고 느끼고, 직무 만족도까지 떨어진다면 급격하게 업무 몰입도를 깨지게 만든다. 누구도 원치는 않지만, 우리는 조직 내에서 몰입도가 깨진 직원들을 쉽게 발견할 수 있다. 부정적인 태도를 가진 한 명의 직원 탓에, 팀 이니셔티브를 늦추고 사기저하가 나타나기도 한다. 일반적으로 책임감이나 도전의식보다는, 남 탓이나 책임 회피를 주요 방어 무기로 사용하며, 못하는 것이 아닌, 안 하는 모습으로 생산성의 저하를 일으키는 부류다.

물론 이러한 모습을 개인 탓으로만 볼 수는 없다. 몰입도는 어느 정도 컨트롤이 가능한 부분이기 때문이다.

구성원들의 업무 몰입은 개인 측면과 조직 측면으로 나누어 생각해야 한다. 개인 측면의 몰입은 능력을 발휘할 수 있는 '시간, 장소, 환경적인 측면의 기회'와 '개인의 능력[Ability]'과 '동기 부여[Motivation]'가 좌우한다. 이 중 몰입과 가장 밀접히 관련돼 있고 변화시킬 수 있는 부분이 바로, '동기부여'라는 항목이다. 구성원들이 성장의 기회가 부족하다고 느끼거나 조직 내에서의 소통이 원만하지 못하거나, 자신이 한 일에 대해 인정이나 보상이 부족하다고 느끼는 경우 동기부여 지수가 쉽게 하락한다. 이러한 개인의 동기부여는 리더들의 관심, 칭찬과 꾸짖음, 문제에 대한 공감, 대안 제시, 올바른 평가와 코칭 등의 방법으로 회복할 수 있다. 그러나 개인 측면의 몰입 이상으로 기업에서 더 많이 신경써야 할 부분은 바로 조직 측면의 몰입도 관리다. McKinsey 보고서에서는 조직 몰입도 관리한다는 것은 목적 의식 제공, 신뢰 문화 촉진, 자율성과 유연성 지원이라는 세 가지 핵심 영역에 초점을 맞추는 것이 좋다고 얘기한다

특히나 이것은 문화적 변화(Culture Transformation)를 통해 쉽게 접근할 수 있다. 프로세스든, 리더십이든, 제도변화든 한걸음씩 천천히, 느리지만 다같이 변화시키는 방법이다. 몰입도에 대해서는 이론적으로는 여러 학자들이 이미 설명해 놓은 것이니 가장 트랜드 있는 실제 방법에 대해 알아보겠다.

💡 조직문화 진단은 스냅샷이다. 현 상황을 분석하라.

첫번째로 중요한 것은 주기적이고 장기적인 현 상황 분석이다.

가끔 조직문화 진단결과를 가지고 평가에 반영하고 싶어하는 분들이 있다. 도움을 드린다면,

조직문화 진단은 "스냅샷"이라는 것이다. X-ray 사진으로 금이 간 뼈의 부위와 진행사항을 체크하는 것으로도 충분하다. 단순한 점수 비교로 어깨에 힘이 들어 간다거나, 자존심에 상처를 입을 필요도 없다. 우리는 당황스러운 나머지 누구의 불만인지 찾아내고 싶어하고, 수만가지 핑계거리로 의미 없는 변명을 만들어 내기도 한다. 여기서 중요한 것은 솔직하게 말할 수 있는 안전감을 유지시키고, 점수의 등락폭 속에 숨어있는 이면의 인사이트를 찾아내야 한다는 것이다.

일반적으로 조직진단 설문에는 몰입도에 관한 질문이 혼재되어 있다. 범위를 놓고 보자면, 직원 만족도가 높다고 몰입도가 반드시 높지는 않다. 그러나 몰입도가 높은 조직은 직원 만족도가 월등하게 높다는 것이다. 그도 그럴 것이 몰입도 항목의 특징을 살펴보면 팀워크, 리더십이나 동료에 대한 신뢰, 가치나 인정 등 직원 스스로 내면을 평가하는 질문으로 이루어져 있다. SAP는 2009년부터 BHCI (The Business Health Culture Index)를 측정하고 있다. 9가지의 질문을 통해 직원의 행복에 대해 정량화 시켰으며, 2014년 72%이었던 수치를 2023년까지 81%로 차분하게 끌어올렸다. 1% 상승 할 때마다 1억 유로의 Finance Impact를 발생시키며 비 재무적인 KPI중에서 가장 중요하고 강력한 수치임을 강조하고 있다. 여기서 다시 한번 당황스럽게도, 나의 역할 중 하나가 Global Health Champion이고 이 수치를 책임진다는 것이다.

최근 들어 조사방법에 있어서 또 한 번의 혁신을 가져왔다. 조직진단 설문이 Qualtrics를 활용한 Employee Experience 영역으로 확장하여 진행된다는 것이다. 초단기 피드백은 물론이고, 지속관리 가능한 데이터 적립이나 머신러닝 기반의 분석이 제공되며 개선요소도 추천된다. "Less INPUT, More OUTPUT" 이라고 일컬어지는 데이터 시뮬레이션도 가능하여 더 쉽게 내면의 인사이트를 도출할 수 있으며, 상승된 점수가 중요하기 보다는 어떠한 요소로 상승이 가능했는지 파악할 수 있는 기회를 준다. 그렇기 때문에 2020년부터는 1년에 한 번 시행하던 진단을 6개월에 한 번으로 줄이고 직원경험 데이터를 지속적으로 측정하고 있다. 향후에는 진단주기가 더욱 짧아질 수 있으며 실시간 측정 및 직원 데이터 마이닝에서 생체 인식과 같은 새로운 기술을 혼합하여 즉각적인 펄스 제공 영역까지 발전될 것이다.

아직도 평가하고 싶다면 그냥 꼰대일 뿐이다.

두번째 중요한 것은 직원의 성장에 초점을 두는 것이다.

최근 삼성이나 네이버 등 국내기업들은 수평적 문화확산을 위해 직급을 단순화하며 내부 레벨제를 도입하고, 상대평가에서 절대평가로 전환하고 있다. 글로벌 기업들을 기준으로 하자면 이미 꽤 오래전에 변화되어 정착된 일이다.

OKR과 유사한 측면이 많지만, SAP에서는 SAP Talk이라는 절대평가를 2017년부터 시행하고 있다. 단순히 1년의 2번 평가가 아니라, 365일 24시간 피드백으로 이루어진다. 중요한 것은 과거의 일이 아닌 미래의 이야기가 중심이 되며, 그 수단은 평가가 아닌 코칭이라는 것이다. 매니저는 직원 성장의 동반자이며, 목표달성을 위해 아낌없는 지원을 해야 한다. 또한 지속적인 커뮤니케이션을 통해 시장상황에 맞도록 수시로 목표를 수정할 수 있으며, 지원사항은 더 중요하게 약속되어 진다. 이는 Goals, Development, Working Conditions의 영역에서 논의되며 feedback Guide를 통해 객관적인 시각으로 어려운 문제를 풀어가는데 도움을 주고 있다.

 Employee　　 Manager

BEFORE

| 나의 성장과 성과를 나타냅니다
- 동료 및 고객의 피드백 기반으로
- 개발목표 달성의 필요 요소나
　잠재적 리스크를 없애기 위한 지원사항 | 최소 분기마다 한 번씩 체크인을 잡습니다
성과 목표와 연결시키면서 팀원의 진전과 기여도를 반영합니다. 잠재적 위험, 추가 지원 영역 및 다음 우선 순위를 파악합니다 |

DURING

 우리는 함께 기여에 대한 관점을 공유하고, 잠재적인 문제와 해결 방법을 식별하며, 지원 및 개발을 계획합니다. 우리는 다음 단계에 대해 서로 동의합니다.

AFTER

| 액션 아이템에 대한 후속 필요사항 문서화 | 문서 검토 및 지원사항을 반드시 실행 |

단순히 평가방법을 예를 들긴 했지만, 개인성장 수단으로는 1) 경영전반에 대한 광범위한 공유나 2) 커리어에 대한 성장지원도 좋은 방법 중 하나다. 3) 업무성과에 대한 인정으로 책임감과 성취감을 부여하기도 하며 4) 직무전환의 기회를 허용하는 제도적 지원, 혹은 5) 교육기회 등으로 직원을 개인성장을 돕기도 한다.

온라인에서 소통하라고? 낙타가 목말라서 입 돌아가는 소리

세번째 중요한 것은 변화된 업무환경이다. 업무환경에 대한 적극적인 활용이다.

잠시 Employee Experience 영역으로 가보자.

2021년 12월 딜로이트의 분석에 따르면 COVID 19으로 극한의 파괴적 혁신과 복원력(Resilience)를 경험한 해라고 표현했다.

1. 예전에는 내부 프로세스와 보수적인 문화로 인해 혁신을 하지 않던 조직이 거의 하룻밤 새에 그들의 일하는 방식을 바꿨다. (재택근무, 가상 작업공간 및 툴 도입 등)
2. 사회적 거리두기에도 불구하고, 조직은 비즈니스 활동을 계속하기 위해 고객에게 다가갈 수 있는 새로운 방법을 찾았다 (온라인 주문이나 예전에 없던 품목의 온라인 거래)
3. 경영진은 작업을 완료하는 가장 좋은 유일한 방법이 물리적인 존재를 확인하는 것이라는 "오래된 사고방식"을 재평가하게 되었다.
4. 글로벌 위기는 경영진, 조직관리자를 대신하여 그들의 구성원과 구성원의 개인적 니즈에 대해서 더 깊은 공감을 나타내는 계기가 되었다.
5. 조직은 근본적인 비지니스 요구와 결과에 가장 중요한 것이 무엇인지 명확하게 파악하였다.

2021년 9월 Mckinsey는 역시 다음과 같은 보고서를 제출했다. "COVID 19의 환경을 겪어오며 직원들은 신뢰, 사회적 결속, 목적에 굶주려 있다. 그들은 자신의 기여가 인정받고 팀이 진정으로 협력적이라는 느낌을 원하기 시작했다. 그들은 배우고 성장할 수 있는 명확한 책임과 기회를 원하며, 개인적인 목적 의식이 조직의 목적 의식과 일치하기를 기대한다. 그리고 그들은 일과 삶의 균형을 달성할 수 있는 유연성을 제공하는 적절한 물리적 및 디지털 환경을 원한다." 이를 통해 알 수 있듯 Digital Tool과 원격환경의 등장은 업무적 몰입도를 향상시킬 수 있는 또 하나의 중요한 요소가 되었다. 오프라인으로도 안되던 소통과 협업을 온라인으로 가능하게 한다는 것은 개그맨 지상렬의 말을 빌어 "낙타가 목말라서 입 돌아가는 소리"라고 생각했을지도 모른다.

이메일, 메신저, 전화, 문서, 대면회의 등으로 모든 업무를 처리하던 시기에서 화상미팅, 동시 문서작업, 스트리밍, 클라우드서비스, 프로젝트 매니징, 스케쥴러 등의 프로그램을 활용하는 단계로 넘어갔다. 이것은 상호간의 거리를 밀착시켰을 뿐 아니라, 보다 디테일한 커뮤니케이션을 완성시켰다. 다시 말하면 엔데믹 상황에서는 다시 예전으로 돌아가는 것이 아니고, 굉장히 다양한 방법을 통해서 보다 명확하고 신속한 커뮤니케이션으로 업그레이드 된다는 것이다. 이를 통해 매니저는 시간관리가 아닌 성과관리에 다가갈 것이고, 직원들은 장소가 어디든 상관없이 성과를 창출해 낼 것이다.

잘 듣는 리더가 직원을 몰입하게 만든다

넷째로 중요한 것은 직원에 대한 인정과 기대이다

일반적으로 대기업의 직원들은 회사에 대한 자부심을 가지고 있다. 또한 스타트업이나 유니콘 기업을 살펴보면 단순히 좋은 느낌을 갖는 것이 아닌, 회사의 성장에 대한 기대를 가지고 있다. 동일한 목적의식을 내재화 시킨 환경속에서 인정을 받는다는 것은 매우 큰 보상이며 몰입도를 높일 수 있는 요소이다. 또한 이것은 신뢰를 바탕으로 더 높이 더 멀리 갈 수 있는 에너지를 부여한다. 2018년 Mckinsey 분기보고서에 따르면, 사람들은 자신의 행동이 주목받고 높이 평가된다는 것을 알 때 일은 더 의미가 있다고 했다. 회사는 직원들이 자신의 작업이 가치 있다고 느끼도록 돕거나 더 큰 목적과 어떻게 연결되어 있는지를 이해시키는 것은 매우 중요한 포인트임을 언급했다.

그런데 재밌는 사실 중 하나는 조직을 살펴보면 가장 신뢰받지 못하는 계층이 바로 리더십층이라는 것이다. 이런 사실을 잘 알고 있는 리더는 비전이나 경영계획을 통해 회사의 더 높은 목적을 정기적으로 전달하고 회의 및 워크샵에서 이를 강화하려고 노력한다. 지속적인 소통을 하겠다고 매주 타운홀을 하는 대표들도 어렵지 않게 만날 수 있다. 잘되는 조직을 확인하기 위해서는 누가 말하고 있는지만 살펴보면 된다. 과연 이 시간을 통해 누가 말하고 누가 들어야 하는 것일까? 그렇다. 잘 듣는 리더가 직원을 몰입하게 만든다. 누구도 질문하지 않고 쉴새 없이 리더가 말하고 질책하는 순간 그 조직은 떨어지며 튕겨나간 단추마냥 몰입도를 잃어버린다.

회사와 성장을 같이 한다고 생각하는 직원은 질문이 많을 수 밖에 없다. 우리의 공통된 목표는 무엇인지, 잘 나아가고 있는 것인지, 현재 우리는 어느 위치까지 와 있는지 궁금하다.

짧게 설명되었지만 이러한 인정과 기대까지 나타나면 처음 얘기한 문화적 변화(Culture Transformation)가 진행되고 있는 것이다.

그 순간 몰입도를 높일 수 있는 몇가지의 환경적인 변화가 만들어진다.

1. 리더중심의 문화에서 직원중심의 문화로 변화된다.
2. 구성원간 신분 격차가 축소된다.
3. 자연스럽게 diversity & inclusion의 영역까지 폭을 넓힌다.
4. Growth mindset이 발현되는 순간이다.

다만 여기서 주의할 점은 문화가 전략의 시중을 드는 노예가 되어서는 안된다는 것이다.

전략만을 챙기다 보면 문화는 내려갈 수 밖에 없지만, 문화를 먼저 생각하면 직원의 몰입도는 저절로 올라갈 것이다. 직원들의 몰입도를 높이기 위해서 언급된 현상황 분석, 성장지원, 변화된 소통방식, 리더의 인정과 기대를 통해 직원의 명확한 목적 의식 제공, 신뢰 문화 촉진, 자율성과 유연성 지원을 만들어 가고, 체계적인 제도화를 통해 자연스럽게 성과를 만들어야 한다고 생각한다.

많은 기업들이 하이브리드 환경 혹은 엔데믹의 시기에 직원의 개인몰입과 조직몰입을 다시 강력하게 만들 수 있을지 고민하고 있다. 이제는 생산성을 넘어 행복, 가치, 관계, 신뢰와 같은 한 단계 높은 몰입의 요소를 고려해야 할 시기라고 생각한다.

쉽게 표현하자면, 내가 좋아하는 곳에서, 내가 좋아하는 사람들과, 내가 좋아하는 일을 하며 성장하기 위한 변화의 방향이 몰입도를 높이는 방식이라는 것이다.

CHAPTER 02 Culture Signature

최지훈

現 티오더(t'order) Culture Head(팀장)

테이블 오더 1위 기업 티오더에서 조직문화를 담당하고 있는 최지훈(Jiny)입니다. 지성과 감성을 모두 갖춘 조직문화를 만들고, 구성원들의 꿈을 함께 이루어 가며, 기업문화를 건강하게 만들어 가는 일을 하고 있습니다.
대한민국의 기업문화에 대하여 새로운 판도를 제시하기 위해 이 글을 쓸 수 있게 되어 영광입니다.

우리에게 필요한 일의 의미

구성원 개개인이 주어진 일에 대한 의미를 알고 일하는지는 이상적인 조직문화를 판단하는 중요한 요소 중에 하나이다.

일의 의미를 알아보기 위해 한 예시를 제시하고자 한다.

청소 담당 직원 A와 직원 B로 예를 들어보겠다. 직원 A는 자신이 하는 청소 업무를 단순한 돈벌기를 위한 수단으로만 생각하고 있는 반면, 직원 B는 자신의 과업이 해당 장소를 이용하는 모든 사람들에게 청결하고, 편리한 환경을 제공하는 일이라는 것을 명확하게 알고 있다. 만약 두 사람에게 지금보다 더 청결한 청소 환경을 요구해야 하는 경우에는 어떠한 일이 발생할지 생각해 보자.

일의 의미를 알고 있는 직원 B에게는 이용자들의 만족도에 대한 인지만 시켜주어도 스스로 청결한 상태를 유지하고자 노력할 것이다. 반면에 직원 A에게는 더 청결한 상태를 달성할 경우 금전적 이익을 제시해 야지만 납득하고 달성하려고 할 것이다.

이 글을 읽으면서, '직원 A처럼 당연히 금전적인 보상이 더 중요하지 않냐'고 생각할 수도 있다.

물론, 금전적인 보상이 무시할 수 없다. 이를 통해 동기부여를 하면, 단기적으로 성과 및 결과물 도출이 용이할 수 있다. 하지만, 이런 접근 방식은, 향후에도 동일한 방식과 기준으로 동기부여를 원하게 되고, 이는 닻내림 효과(Anchoring effect, 사람들은 처음에 제시된 정보에 대해 과도하게 의존하고 그것을 기준으로 판단)로 인해 타성에 젖을 확률이 높아지게 된다.

반면, 직원 B의 경우, 본인 스스로가 일의 의미를 알고, 그를 통해 얻는 효용감이 크기 때문에, 금전적 보상(외재동기) 보단 스스로의 의미부여(내재동기)로 구성원 모두가 만족하는 더 큰 결과물을 만들어 낼 수 있다. 위의 예시를 통해 동기부여 방식이 어떻게 조직문화까지 연결되는지 이어서 설명하고자 한다.

💡 내재동기의 중요성

대부분의 기업의 경우, 성과를 도출하기 위해 통상적으로 외재동기(금전적 보상 드는 인센티브)를 활용하는 경우가 많다. 이는 단기적으로 빠르게 원하는 결과물을 얻을 수 있는 효과적인 제도처럼 보일 수 있지만, 장기적인 측면에서는 오히려 '코브라 효과(기대한 효과가 일시적으로 나타나 보이나 시간이 지나 현황을 더욱 악화)'가 발생하게 된다.

외재동기를 활용하는 것은 성장하는 산업에서 일시적으로 성과를 유도하기 쉬운 방식이다. 그러나 산업이 성숙기 또는 쇠퇴기에 들어서게 되면, 위와 같은 방식은 기업의 경쟁력을 유지하기에 힘든 구조를 만들게 된다. 장기적인 기업 성장을 위해서는 구성원들이 본인의 업무에서 즐거움, 성취감 등의 일의 의미를 가지는 내재동기가 중요한 시대가 된 것이다.

문화적 장치의 이론적 배경과 필요성

조직문화 또한 내재동기를 기반으로 만드는 것이 중요한 시대가 되었다. 내재동기를 기반으로 한 조직문화를 만들기 위해서는 '문화적 장치'가 필요하다. 특히, 조직에서 추구하는 가치를 구성원들이 자연스럽게 인지하고 받아들일 수 있도록 '의도적 기획'을 펼치는 것이 문화적 장치라고 설명하고자 한다.

'기업 문화의 아버지'로 불리는 세계적인 석학, 애드거 샤인(Edgar H. Schein)은 조직문화에 대해 세가지의 층위로 나눴다. 직관적으로 눈에 보이는 '인공적 결과물(Artefacts)'과 명시되지 않는 '암묵적 가정(Basic Assumptions)' 그리고 그 사이에 존재하는 '표현되는 믿음과 가치(Espoused Beliefs and Values)'로 나눴다.

문화적 장치에서 가장 먼저 선행되어야 하는 것은 '표현되는 믿음과 가치(Espoused Beliefs and Values)'이며, 이것을 기반으로 '인공적 결과물(Artefacts)'을 설정해서 시행해야 한다고 본다. 이후에는 '암묵적 가정(Basic Assumptions)'과 '표현되는 믿음과 가치(Espoused Beliefs and Values)'가 서로 일치하고 있는지 확인하는 것이 중요하다.

한 조직에서 추구하는 가치 중의 하나가 '신뢰'라고 가정해보자. 구성원들에게 신뢰를 심어주기 위해 하나의 장치로 사진 촬영 시 특정 자세를 취하는 것을 '인공적 결과물'로 시행한다면, 구성원들 스스로에게 리츄얼(Ritual, 규칙적이고 의식적인 방식으로 수행되는 일상적인 활동이며, 종교적인 의미나 개인·집단의 정체성 형성, 안정감 제공 등을 위해 중요한 역할) 기반의 장기적인 신뢰가 형성되고 행동 변화가 유도될 수 있다.

이러한 문화적 장치는 인사기획 담당자에 의해 알게 모르게 설정된 부분이 많다. 간략하게는 출근부터 퇴근까지, 장기적으로는 입사부터 퇴사까지 곳곳에 문화적 장치가 작동하고 있다 흔히 우리가 복지적인 측면에서 제공받는 웰컴 키트, 시차 근무 등이 조직에서 추구하는 가치를 인지하고 자연스럽게 따라가게 만들어주기 위한 문화적 장치의 일부라고 보면 된다.

경영철학을 담은 Culture Signature

문화적 장치는 조직의 방향성이 변경되면 그에 맞게 새로운 문화적 장치가 등장하기도 하고, 이전에 빛을 보지 못한 장치들이 새롭게 빛을 보게 되는 경우도 나타난다. 이와 같은 다양한 문화적 장치 중에, 기업의 경영철학을 가장 잘 표현하는 제도를 'Culture Signature'라고 말할 수 있다. Culture Signature는 시대에 변화에 따라 생물체처럼 끊임없이 변화하고 성장한다.

여러분이 현재 근무 중인 기업에서는 '어떤 Culture Signature를 보유하고 있는가?'라는 질문을 던져보고 싶다. 질문과 동시에 떠오르는 Culture signature가 있다면, 여러분의 기업에서도 조직문화에 대해 중요하게 생각하고 잘 설계된 문화적 장치가 작동되고 있는 것이다.

티오더(t'order)의 문화적 장치 사례 소개

Culture Signature는 구성원의 소속감과 기업의 방향성을 견고히 만드는 중요한 장치이다.

조직문화를 만들기 위해 실제 적용했던 사례들과 그를 통해 기업의 방향성에 어떤 영향을 미쳤는지 공유하고자 한다.

1. 리츄얼(Ritual)을 기반의 문화적 장치 t'포즈

t'포즈는 손을 이용하여 t'order의 t를 형상하여 표현하는 동작이다. 사진을 찍을 때마다 이 포즈를 취함으로 회사를 생각하게 되고, 동일한 소속감과 신뢰감을 형성하는 데 도움을 주고 있다.

▲ 2022년 Re-start t'order행사 t'포즈 단체사진

2. 경영철학을 담은 t'무드등

조직이 추구하는 가치 중의 하나인 동반성장을 문화적 장치에 녹여내고자 t'무드등을 기획하였다. 이에는 크게 두가지 기획 의도가 있었다.

첫번째는 구성원 스스로가 성장 방향성을 갖고, 내재동기를 통해 업무를 추진해 가며, 회사와 동반 성장하는 목표를 시각적으로 표현하기 위함이었다. 두번째로는 영어이름으로 t'무드등에 자신을 표현하며, '회사에서의 나'와 '회사 밖에서 나'를 분리시키는 온오프 모드를 통해 업무에 대한 회복탄력성을 갖길 바라는 의도가 담겨 있다.

▲ t'무드등 관련하여, 구성원이 사내게시판에 공유한 글

건강한 조직문화 형성에 필요한 3가지 "인지/인정/인자"

1. 건강한 인지

'인지'는 문제를 인식하는 단계를 의미한다. 특정 이슈가 발생했을 때, 문제를 올바르게 인지하는 것부터 첫 단추의 시작이다. 문제에 대한 인지가 잘못된다면 그것이야 말로 맹인모상(盲人摸像)이란 말처럼 앞이 보이지 않는 사람이 코끼리를 만지는 상황이 될 수 있다.

상호 간에 소통을 기반으로 다양한 입체적인 상황을 공유하고 조직의 시스템 구축이 필요하다. 특정 이슈에 대해, 일부 편향된 정보로만 문제를 인지하고 원인을 확정하게 되면, 다음 단계인 잘못된 인정을 하게 되는 오류를 범하게 된다. 따라서, 건강한 인지를 하기 위해서는 소통과 제도, 시스템이 필요하다.

Chapter 02 Culture Signature

2. 진정성을 갖춘 인정

'인정'은 인지한 부분에 대해 수용하는 단계다. 건강한 인지가 이뤄질 수록, 진정성을 갖춘인정도 쉽다. 인지하는 과정에서 상호 간에 이뤄진 소통을 통해, 문제의 전후 상황이 노출되고 정확한 원인을 공유 받게 되는 것이다. 이 과정에서 메타인지(metacognition, 인지 활동과 인지 능력을 인식하고 이해하는 능력)를 키울 수 있다.

진정성을 갖춘 인정은 '용기'와 '연습'이 필요하다. 인지한 상황에 대해 본인이수용하지 못하는 경우 억지로 인정할 필요는 없다. 다만 상황과 배경에 대해 이해하고 넘어가야 한다. 진정성 없는 인정은 순간을 모면하기 위한 타성에 젖은 인정으로 흘러가기 십상이다.

따라서 진정성을 갖춘 인정을 연습하기 위해선 상황에 대해 인지한 부분을 디브리핑(debriefing, 활동 및 소통이나 사건 이후에 정보를 공유 및 확인)을 진행할 필요가 있다.

3. 심리적 안정감을 제공하는 인자

'인지', '인정' 이후 마지막 단계는 인자함이 필요하다 문제에 대해 지속적인 자책이 이어진다면 자존감이 하락할 수밖에 없기 때문이다.. 문제 해결에 초점을 두는 것이 아니라 문제 원인에만 몰두해 자원을 허비하게 된다.. 이러한 상황이 장기적으로 이어지면 문제의 책임에만 매몰되고, 경직된 문화가 형성되기 쉽다. 경직된 문화는 사일로현상(silo mentality, 조직 내에서 각 부서나 개인들이 독립적으로 업무를 수행하고 정보를 공유하지 않아 협업과 의사소통이 저하되는 현상)을 유발하기 때문이다. 기업은 유기적인 존재이므로 사일로현상은 조직이 병들어가고 있다는 것을 의미한다.

사일로현상을 예방하기 위해 스스로의 인자함과 조직의 인자함이 필요하고 무엇보다 중요하다. '인자'는 자신에게도 필요하지만, 타인에게도 적용되어야 한다. 인자한 마음으로 동료들의 이슈를 받아들이고, 이슈에 대한 대안을 함께 생각하게 됨으로써 본인이 할 수 있는 일들이 보이게 될 것이다.

자신과 타인 그리고 조직에게 동일한 인자함의 기준점을 적용해야 한다. 기준점이 맞지 않게 되면 '내로남불'이 될 수 있기에 유의해야 한다.

구성원 간에 '인자'가 기본 전제가 되어 있다면, 문제/이슈가 발생하더라도 심리적 안정감으로 조직에 대한신뢰가 만들어진다. 문제/이슈를 숨기지 않고 빠르게 노출하기 때문에 신속한 대응과 협업을 유도할 수 있다

건강하게 인지하고 진정성을 갖춘 인정으로, 심리적 안정감을 제공하는 인자로 문제 해결을 지속적으로 하게 된다면 건강한 조직문화가 형성될 것이다. 또한 인지하고, 인정하며 인자함이 높은 구성원은 내재적 역량(Intrinsic competence)인 자아만족, 성장, 개인적 목표 달성 등에 긍정적인 영향을 받게 된다. 즉, 내재적 역량은 내재동기의 연료인 셈이다.

기업의 구성원 모두가 건강한 기업 문화 속에서 웃는 날이 오길 바라며, 글의 마침표를 찍는다.

CHAPTER 03 엔터키의 무게

심광수

IT기업에서 마케터 및 커뮤니케이터로 일했고 스타트업에서 조직문화와 컬처브랜딩을 경험했습니다. 다른 듯한 비슷한 일들의 경험을 바탕으로, 마케팅 소통방식에 기반한 조직문화를 이야기합니다.

"보고서 이메일로 송부해 주세요"

회사에 새로 온 상급자로부터 이런 부탁을 받자 매우 어색했다. 평소 회사에서 이메일은 외부 소통 이외엔 거의 활용하지 않았고, 문서 공유도 클라우드 저장공간의 링크(url)를 메신저로 전달하는 방법이 일반적이었기 때문이다.

이런 방식이 익숙해지자 디지털 소통이 원천인 이메일이 불편하게 느껴지다니, 사람은 적응과 망각의 동물이란 걸 다시 한번 느낀다. 그렇게 이메일을 쓰고 문서를 첨부해 보내기 전 여러 번 내용과 수신인을 살펴보는 교정을 거치며, 이메일의 이러한 정성의 과정 또한 메신저 대화와는 사뭇 다르다는 것을 깨닫고는 영화 속 한 장면이 떠올랐다.

영화 〈인턴(The Intern, 2015)〉의 주인공 줄리(앤 해서웨이)에게는 남 모를 한 가지 고민이 있다. 직장에서는 성공한 사업가로 존경받지만, 개인적으로는 자신을 인정해주지 않는 엄마에게 늘 불만이었다. 줄리는 그날도 잘 풀리지 않는 엄마와의 대화에서 크게 답답함을 느끼고는, 이러한 사정을 잘 아는 가까운 부하직원에게 '내가 엄마 딸인 게 신기해'라고 써 이메일을 브낸다. 하지만 그 메일이 실수로 엄마에게 보내졌다는 것을 깨닫는 데는 오래 걸리지 않았다. 스마트폰의 멍청한 기능 '자동완성' 때문이었다. 크게 당황한 줄리는 어떻게든 이 사태를 해결해 보려고 회사의 엔지니어들을 소집해 도움을 요청하지만 그들도 이렇다 할 방법을 찾지 못한다. 그때, 시니어 인턴이었던 벤(로버트 드 니로)이 아주 고전적이면서도 확실한 해결책을 제시한다. 엄마는 저녁에야 개인 이메일을 확인할 테니, 그전에 집에 도둑처럼 몰래 들어가 노트북을 찾아 그 이메일을 삭제하는 방법이었다. 직원들 모두 말도 안 된다며 만류하지만, 사실 대안이 없음을 누구보다 잘 아는 줄리는 찬성하며 엄마집 현관문 열쇠가 있는 곳을 알려준다. 줄리를 위해 출동한 벤과 직원들은 우여곡절 끝에 집에 침입해 문제의 이메일을 지우는 데 성공한다. 영화 속 한바탕 소동은 이메일을 '공적' 업무에만 드물게 사용하는 요즘엔 역사 속 에피소드에 다름없다.

#정성이 된 트라우마

아마 직장인이라면 최소 한 번은 겪었을 이메일 발송 실수. 과거 특정 개인에게 장난 삼아 회신한 내용이 전체 직원에게 보내져 크게 곤혹스러웠던 일 이후에 이메일을 보내기 전 수신인, 참조, 이메일 내용 하단의 히스토리까지 다시 살피는 버릇이 생겼다. 카카오톡과 같은 일상 소통의 메신저에서도 마찬가지다. 인터넷상에서 집단 소통을 하다 보면 종종 개인적인 이야기를 공적 채널에 하고는 곧 삭제하며 사과하는 사람들을 목격한다. 생각보다 이런 일들은 비일비재하다.

사내 커뮤니케이션 담당자로서 매일 뉴스레터에 소소한 일상의 이야기를 담아 전하던 회사에서의 마지막 날, 고마운 동료들에게 보내는 마지막 메시지에 이런 말을 덧붙였다.

"보내기 버튼이 이렇게 무거운 줄 미처 몰랐습니다"

실수에 의한 트라우마와 마지막 메일이란 의미는, 동기는 달랐으나 정성이란 결과는 같았다.

#디지털 커뮤니케이션 4.0

이메일의 보조수단에 불과했던 메신저가 이제는 자료 공유와 검색 기능까지 강화되며 대부분의 회사에서 사내 협업의 허브로 역할을 하고 있다. 멀리 떨어진 동료뿐 아니라 바로 옆에서 일하는 직원과도 메신저로 대화하는 일이 많다. 기록이 남고, 나중에 파일을 따로 검색해 찾아볼 수 있다는 점에서 신뢰성과 편의성이 높기 때문이다. 일례로 업무용 메신저 슬랙(Slack)은 대화의 검색과 파일 공유가 편리하고 외부 클라우드 드라이브와의 연동이 쉬우며, '채널' 기능으로 주제별 협업이 가능하다. 그리고 캘린더, 문서, 저장공간 등 기본적인 클라우드 기반 써드파티(3rd-party) 협업 도구들을 연결해 이용할 수 있다는 확장성이 매력적이다. 이메일과 다르게, 메시지의 사후 수정과 삭제도 가능해 사용자의 실수에 대한 부담을 줄여준다.

이러한 장점으로 인해 업무용 메신저는 특히 스타트업의 전체 소통량에서 이메일을 빠르게 점유해 왔다. 메신저가 스타트업이 추구하는 간소한 의사결정 구조와 이를 위한 빠른 소통에 적합한 툴로 여겨지기 때문이다. 슬랙은 한 게임회사의 개발자들이 자체적으로 개발해 사용하던 내부 커뮤니케이션 도구였다고 한다. 대체로 소프트웨어 엔지니어링 기술이 경쟁력의 핵심인 스타트업에서 개발자들을 중심으로 슬랙을 선호하게 된 배경이다. 그러므로 슬랙과 같은 메신저 문화를 이야기하자면 먼저 스타트업의 소통 문화를 이해할 필요가 있다.

#스타트업

스타트업(Start-up)은 미국 실리콘밸리에서 처음 생겨난 개념으로 알려진다. 옥스퍼드 사전의 정의에 의하면 스타트업은 '막 운영하기 시작한 인터넷 기업'을 뜻한다. 현재 대중이 인식하는 스타트업은 이보다 더 넓은 의미를 포괄한다. 포브스(Forbes)는, '산업을 혁신하고 세상을 바꾸는 걸 미션으로 스케일 경영을 하는 기업'이라고 스타트업을 소개했다. 가장 성공한 스타트업의 사례로 손꼽히는 FAANG(Facebook, Amazon, Apple, Netflix, Google)이 추구한 업무 방법론으로 알려진 린(Lean)이나 애자일(Agile)은 사실 꽤 오래된 개념이다.

2000년대 초 애자일 매니페스토(Agile Manifesto)는 업무 현장의 테크놀로지스트들에 의해 서서히 방법론으로 정립되었다고 한다. (Isaac Sacolick, 2022) 이와 같이 스타트업이 추구한 업무의 핵심 가치들은 빠른 의사결정을 위한 간소한 절차의 요구로부터 발전했다.

간소한 절차에는 간결한 소통이 필요하고, 소통이 간결해지려면 소통에 대한 인식과 습관의 개선이 필수이다. 이전에 몸담았던 한 스타트업은 직원들에게 오프라인 회의 시간을 30분이 넘지 않도록 하고, 회의에서 꼭 필요한 사안에 대한 논의에만 집중하도록 회의 내용을 사전에 충분히 숙지할 것을 권고한다. 이와 같이 효율을 추구하는 업무 문화와 함께 메신저 소통이 발전해 왔다. 더군다나 Covid-19 팬데믹으로 인해 비대면 업무 방식이 확산되며 이러한 변화는 더 빨라지는 추세다.

#메신저

1300년경 오래된 프랑스어 'message'에서 유래된 메신저(messenger)는 구약성경에서 사자(使者)나 특사를 의미했다고 한다. 여러 자료에 의하면 메신저는 넓은 의미로 천사나 예언자를 뜻하기도 했다. 하지만 우리는 언제나 예측할 수 없다. 메신저 속 대화의 향방을.

이메일을 주로 사용하던 시기엔 대체로 정돈된 문장과 첨부자료 등을 이용해 일종의 폼(form)을 갖춰 소통하는 것이 일반적이었다. 메신저 위주의 소통에선 동료에게 좀 더 간단하게 업무 협조 요청을 할 수 있어 간편하다. 이러한 속성이 있어 메신저 속 대화를 인스턴트 메시지(IM)라 부른다. 많은 이들은 IM이 전체적으로 업무 시간을 줄여준다고 생각한다. 정말 그럴까? IM 소통에서 의외로 업무 처리시간이 더 늘어나게 되는 건, 지나친 간편함에 의한 부작용 때문일지 모른다.

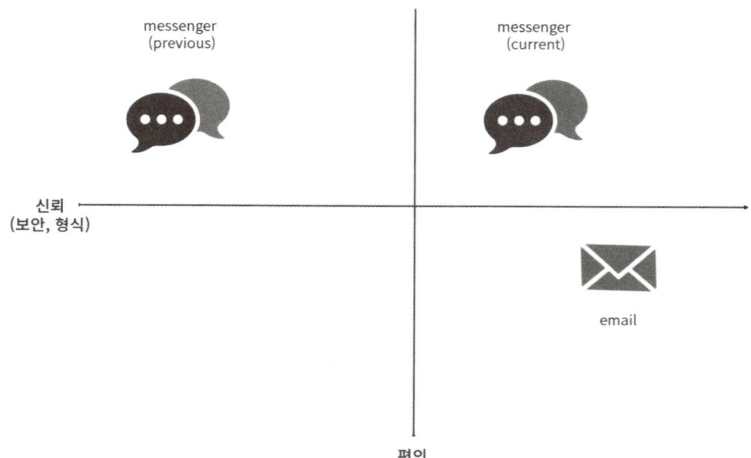

▲ 메신저와 이메일, 편의와 신뢰 사이

예를 들어, 디자인 작업을 담당자에게 의뢰할 때 정돈된 메시지로 참고자료를 더해 요청한 경우 4-5차례의 스레드(thread) 댓글로 처리가 완료되었다면, 사전 준비 없이 대화를 시작하는 경우에는 수십 번의 문답과 정정 요청으로 업무 진행이 원활하지 않게 된다. 한 개발자는, 오픈된 채널에서 형식을 갖춰 요청하면 팀 단위에서 좀 더 투명하고 확실하게 처리될 일을 개인의 친분을 앞세워 메신저로 가볍게 요청해 두세 차례의 절차가 추가되는 불편함이 종종 있다고 말한다. 모두 메신저 속 IM의 편리함이 남용되는 사례다.

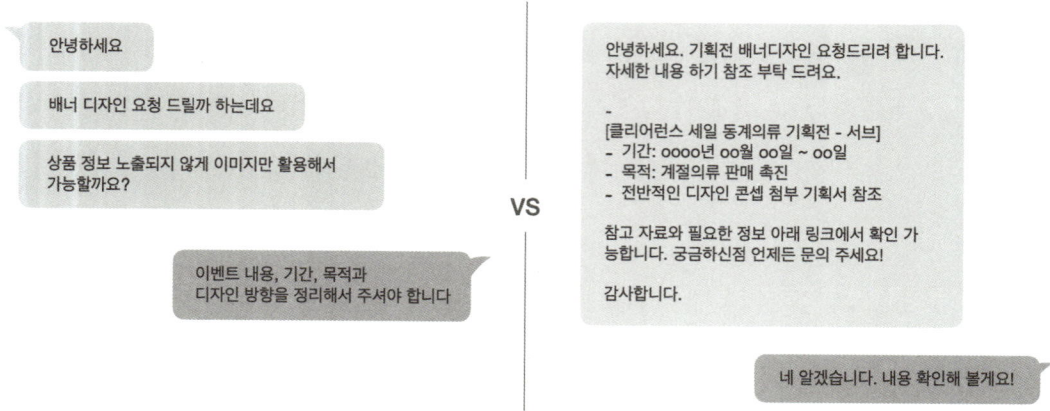

▲ 메신저 대화 - 가벼움과 진정성의 차이

이와 관련해 한 해외 매체는 효율적인 업무를 위한 메신저 대화 속 에티켓으로 이해하기 쉽게 직접적이고 간결한 언어를 사용할 것과 하나의 메시지로 요청할 것을 제안한다. 개인 간의 대화든 여럿이 포함된 채널이든, 메신저는 모두가 공유하는 공간이므로 독점과 남용은 삼가고 최대한 효율적으로 사용해야 한다는 의미일 것이다.

#비동기 커뮤니케이션

많은 업계 관계자는 스타트업의 강점으로 빠른 호흡을 꼽는다. 그들은 불필요한 절차를 생략하고 협업의 도구를 최대한으로 활용하는 업무 문화가 비즈니스 성공의 동력이라고 말한다. 그리고 빠른 협업을 위한 소통채널의 중심에 메신저가 있다. 메신저는 지연 없는 실시간 문답이 가능한 환경을 강점으로 업무상 소통에서 빠르게 이메일의 빈도를 줄여왔다. 하지만 메신저 위주의 소통 환경에서 빠른 호흡만을 추구하는 협업 문화는 종종 비효율과 소통 피로도의 문제를 야기한다. 우리는 대체로 즉시 답변하는 동료를 '일 잘한다'고 평가해 왔고, 이제는 그 평가의 진위를 파악해볼 때다.

빠른 응답이 미덕인 소통 문화에서는 대화가 문제의 핵심을 겉돌거나 결과에 오류가 있을 확률이 높다. 결국 대화의 처음으로 돌아가는 등 심각한 지연이 발생할 수 있다. 학자들은 충분한 고민을 하고 질문하고 상대의 답변까지 인내하고 기다릴 것을 권한다. 비동기 커뮤니케이션(Asynchronous Communication)은 사전 지연을 통한 조정(coordination)을 허용하는 소통 문화이다. 이 개념은 메시지를 보내고 참지 못해 바로 찾아가 요청하거나, 짧은 시간만이 흐른 뒤 거듭 재촉하는 것을 지양하라고 말한다. 상대의 시간을 배려하는 바른 소통문화가 협업의 도구를 완성하는 셈이다.

▲ 비동기 커뮤니케이션 개념도

#엔터키의 무게

〈인턴〉에서 벤은 한 회사의 중역으로 은퇴한 후 생활에 무료함을 느껴 스타트업의 시니어 인턴십 프로그램에 지원한다. 그렇게 인터넷 스타트업에 말단 사원으로 출근한 첫날 하루 종일 자리에 앉아 상사인 줄리의 첫 번째 업무지시 메일을 기다린다. 하지만 좀처럼 오지 않는 새 메일. 빈 메일함은 회사 안에서 벤의 존재와 가치를 나타낸다. 디지털 소통 환경이 익숙하지 않은 벤은 모두 말없이 자판만 두드리는 사무실에서 외로운 섬과 같은 감정적 공허함을 느낀다. 하지만 곧 나름의 방식으로 그런 문화에 적응해 간다.

한 입 베어문 사과 로고가 있는 최신형 노트북이 어색한 벤은 말쑥하게 양복을 차려입고, 사각형 서류가방에서 탁상시계, 계산기와 노트, 그리고 볼펜을 꺼낸다. 평소 디지털 기기만으로 세상을 만나는 젊은 세대의 동료들은 그런 벤을 신기해한다. 하지만 동료들은 곧 예의 바르고, 상대를 진정성 있게 대하고, 주변이 정돈된 그의 모습에 매력을 느낀다.

불가능할 것 같았던 벤의 인터넷 스타트업 적응에 특별한 방법은 없었다. 경청하고, 기다리고, 한마디 한마디 존중과 예의를 담아 말을 건네는 대인 소통의 기본 뿐이었다. 오래전에도 그랬고,

지금도 변하지 않는 소통의 기본은 생산성을 높이는 메신저 대화 속 에티켓과 다름없다.

매일 수십 명과 수도 없이 주고받는 메신저 대화의 일상 중에도, 종종 엔터키의 무게가 이메일의 보내기(send) 버튼에 비해 결코 가볍지 않음을 느낀다.

CHAPTER 04 팬데믹 상황에서 찾아보는 조직 커뮤니케이션의 키

장지혜

기업교육 컨설턴트로 일하며 제조, 유통, 금융 등 다양한 산업, 다양한 규모의 기업들과 행동 변화를 위한 교육 프로그램 개발, 사내 캠페인 기획 일을 하고 있습니다. 백 마디 말보다 작은 넛지 하나가 행동 변화를 끌어 내는데 효과적이다는 것을 믿으며 구성원들의 변화 공감을 돕는 인터널 커뮤니케이션을 연구합니다.

우리에게 지난 2년간의 팬데믹 상황은 많은 곳에서 변화를 만들어왔다. 근무시간의 유연함, 비대면 의사소통의 확산, 디지털노마드를 지향하는 사람들이 늘어나기도 하고 사람들의 가치관도 많이 달라졌다. 특히 코로나라는 특수 상황에서 보여졌던 몇 가지의 행동과 데이터는 조직개발을 연구하는 우리에게 특별한 시사점을 주었다. 이번 글을 통해 코로나가 알려준 시사점에 대해 몇 가지 이야기를 적어보고자 한다.

집단사고와 집단지성

2020년 3월 코로나는 전 세계적으로 4.653억 이상의 확진자와 608만 명 이상의 사망자를 만들어 낸 초유의 전염병이었다. 다음 그래프를 보자. 코로나가 본격적으로 퍼져나간 2020년 3월부터 2020년 7월까지 미국, 영국, 한국의 확진자 그래프이다.

미국과 영국은 전세계적으로 코로나가 퍼진 3월 이후 꾸준하게 확진자 수가 늘거나 한동안 유지된 것에 비해 한국은 3월 이전 시작 시점을 제외하고 낮은 수치로 안정적인 그래프를 그린다. 이들의 차이를 만든 것은 무엇이었을까?

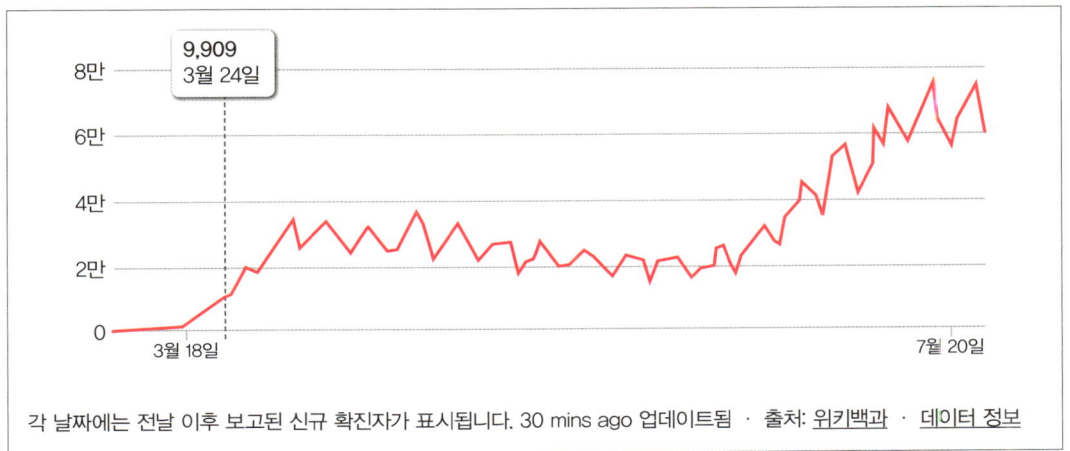

▲ 2020년 3월부터 7월까지 미국 확진자 그래프

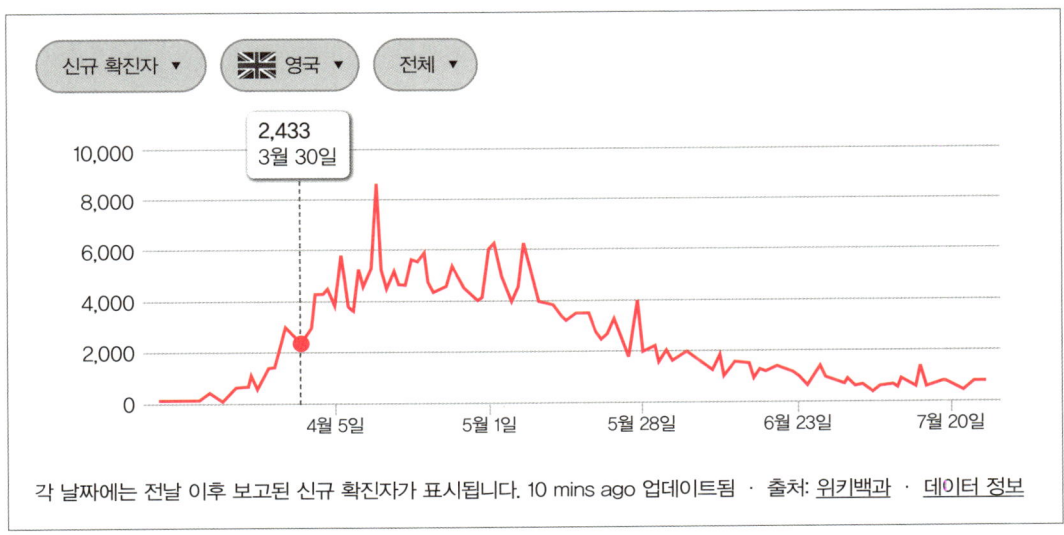

▲ 2020년 3월부터 7월까지 영국 확진자 그래프

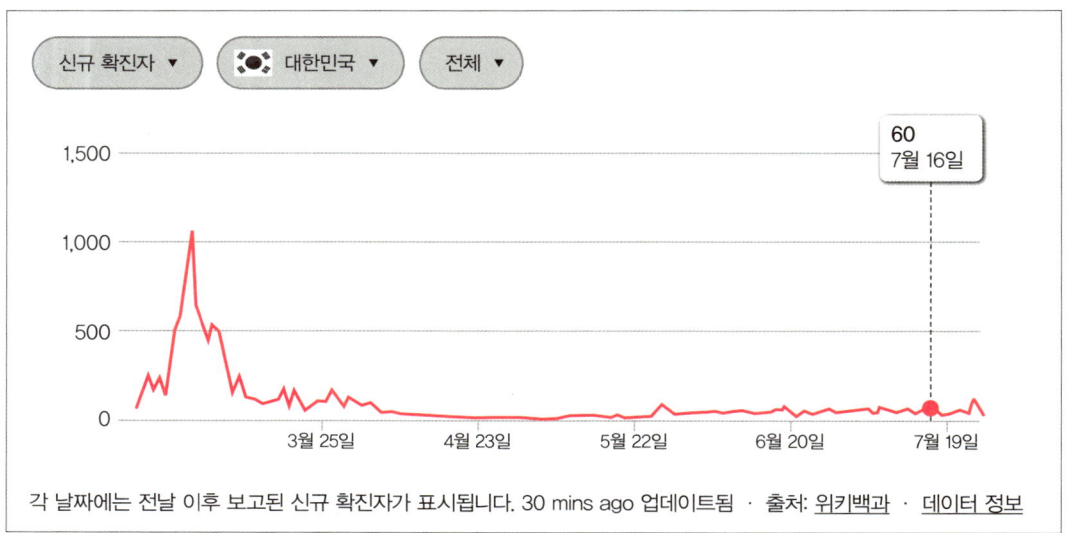

▲ 2020년 3월부터 7월까지 대한민국 확진자 그래프

영국의 왜곡된 생각

코로나가 최초 발병된 1월, 영국의 팬데믹 예측 위원회는 비상과학자문그룹에 "전시" 체제 돌입 필요성을 제기하였다. 그만큼 코로나 바이러스 전염에 대한 철저한 준비와 대응이 필요하다는 것이었다. 그러나 영국정부는 코로나의 위협이 낮다는 결론을 내렸고 3월 초순까지 위험 경보 수준의 "보통" 수준을 유지하고 있었다. 영국정부의 왜곡된 생각은 감염속도를 막기 위해 필요한 조치를 재때 내리지 못하게 하였고 이러한 이유로 초기대응에 난항을 겪게 되었다.

미국의 닫힌 소통

1월 중국에서 온 환자를 시작으로 미국은 세계 최대 코로나 발생국이 되었다. 미국 질병통제예방센터의 경고 메시지에도 불구하고 예산부와 보건부의 분쟁, 각 주별로 다른 의료체계로 인한 혼란 뿐 아니라, 백악관 내에서도 코로나 바이러스는 전염성이 낮다고 판단하여 "잘 준비되어 있다"는 언론 보도만 할 뿐 코로나의 위협에 대해서는 알리지 않았다. 미국 역시 한국과 마찬가지로 코로나 발병 후 진단키트 개발을 일찍 시작하였으나 정부기관 중심으로만 추진하였기 때문에 키트개발에 실패한 경우 또 다른 대안이 없어 더 많은 시간이 소요될 수 밖에 없었다.

한국의 공유 대응

우리나라는 1월 첫 확진 환자 발생 후 의료기기 제조 업체들과 함께 진단키트 개발을 빠르게 추진하였다. 덕분에 먼저 찾아내고 먼저 관리하는 방역 구조가 만들어졌고 검사 센터도 지역 곳곳에 설치하여 빠른 진단이 가능하도록 하였다. 이 뿐만 아니라 끊임 없는 문자 공유와 TV 방송, 지하철역 안내 방송 등을 통해 현황에 대해 공유하였고 개인이 만든 정보공유 어플들이 쏟아져 나오면서 다양한 채널에서 정보가 활발히 공유되었다. 덕분에 초기 대응을 잘 할 수 있었으며 영국과 미국의 그래프와 달리 3월 중순부터는 안정적인 그래프로 관리를 할 수 있었다.

결국 한국이 보여준 1)사실을 축소하지 않고 정확히 인지하는 것 2) 민간업체와의 다양한 협업을 통해 대안을 함께 마련하는 것 3) 코로나 바이러스 위협에 대해 정확히 알리고 국민들과의 공동목표를 만들어 동참을 이끌어 내는 것 이 세가지의 대응 방식이 영국과 미국, 한국의 츠기대응 차이를 만들어 낸 것이다. 한국의 초기대응 단계에서 보여준 이 세가지 모습은 우리가 즈직에서 이끌어 내고자 하는 "집단지성(함께 일하는 개인 그룹이 서로 협력을 이루며 문제를 해결하는 능력)"의 모습과 닮아 있다.

당시 우리나라는 정부 중심의 여러 대응책도 있었지만 많은 사람들이 자발적으로 코로나 정보 공유 어플을 만들거나, 다양한 업체들이 함께 진단키트를 개발하고 곳곳의 자원봉사자들을 중심으로 선별진료소가 오픈 되면서 문제를 함께 해결해 나가는 모습을 보였다. 반면 미국과 영국은 소수의 문제에 대한 왜곡된 판단, 정보를 축소하거나 중앙에서만 공유되는 모습에서 집단지성의 모습보다는 집단사고(집단구성원들이 집단의 응집력과 획일성을 강조하며 반대의견을 억압하는 비합리적 의사결정 구조)의 모습과 닮아 있다.

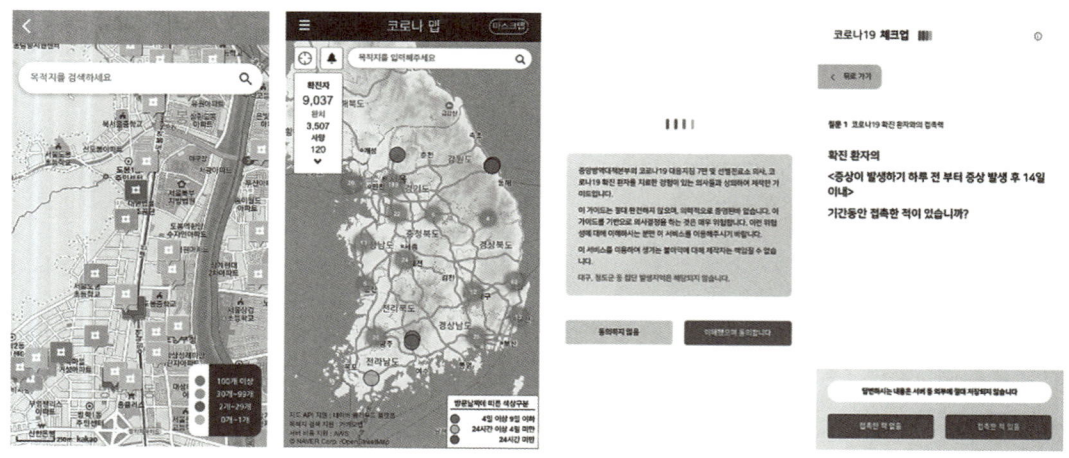
▲ 코로나 정보공유 어플화면

세상은 급변하고 있고 과거에는 통했던 대응 방식이 현재에는 무용지물이 되는 경우가 종종 발생한다. 또 이제는 리더에게 정보가 집중되기 보다 구성원 모두가 다양한 정보를 가지고 있기 때문에 빠르게 변화하는 환경에 대응하기 위해서는 조직내에서도 코로나 초기대응을 만들었던 한국의 모습처럼 정보를 정확히 공유하고 협업을 끌어내고 구성원들과 공동의 목표를 형성하는 노력을 통해 집단지성을 이끌어 내야 하지 않을까?

행동을 이끄는 환경 만들기

조직개발의 또 다른 고민 중 하나는 어떻게 행동규범과 가치관을 내재화 시키고 행동하게 할 것인가 이다. 이러한 고민에 대한 해답은 지난 코로나의 경험 속 마스크를 쓰게 되었던 과정을 파악해보면 어느 정도의 방향을 확인할 수 있다.

2020년 1월 코로나 이야기가 언론을 통해 전해지기는 했지만 당시 우리는 누구도 마스크를 쓰지 않았다. 불안한 마음에 마스크를 쓰고 나가도 그때는 왠지 내가 어디 아픈 것 같고, 오히려 전염병을 가진 것 같은 마음이 있어 이내 벗어버렸던 것으로 기억한다. 그러던 중 코로나 확진이 폭발적으로 늘어나고 마스크 착용이 의무화 되면서 때아닌 마스크대란이 일어났고 최근 마스크 착용 의무가 해제 되었음에도 한동안 마스크를 착용하지 않는 것이 어색해질 정도로 우리에겐 너무 익숙한 행동이 되었다. 이렇게 자연스럽게 마스크를 쓰는 행동이 우리 안에 자리 잡기까지 우리 주위 환경에서는 어떤 장치들이 작동했을까?

행동이론 모델인 com-b 모델에서 그 답을 찾아볼 수 있다.

Com-b모델은 Capability, Opportunity, Motivation, Behavior의 앞글자를 따서 만든 용어로 사람들의 행동기저를 분석해 볼 수 있는 행동이론 중 하나이다.

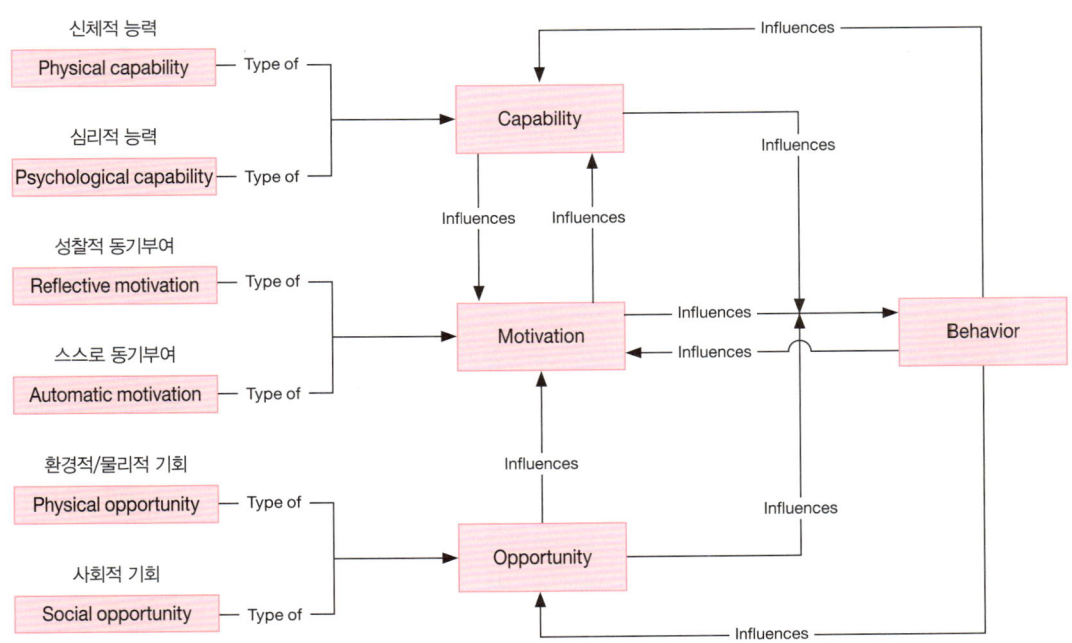

The capability - opportunity - motivation - behaviour (COM-B) model.

출처 : West, R. & Michie, S. A brief introduction to the COM-B model of behaviour and the PRIME theory of motivation. Qeios https://www.qeios.com/read/article/564 (2020).

이 이론에 따르면 사람들의 행동을 이끌어 내는 것은 1) Capability 즉 그것을 할 수 있는 신체적, 심리적 능력 2) Motivation "하고 싶다"를 만드는 동기부여 그리고 마지막으로 3) Opportunity 그것을 계속 행동하게 만드는 다양한 기회들이라는 것을 보여준다. 특히 2) Motivation은 다른 두 가지 요소와 다르게 행동에 직접적 영향을 주며 다른 두 요소로부터 영향을 받기도 하는 가장 중요한 요소 중 하나이다.

코로나 상황에서 우리가 경험한 것을 기반으로 예를 들어보자. 우리가 기대하는 행동이 "마스크 착용하기"라면 Com-b모델을 기준으로 그 행동을 하기 위해 필요한 것이 무엇인지 생각해 볼 수 있다. 아래 그림은 실제 바이러스가 감염된 사람으로부터 다른 사람에게 감염되기까지의 경로를 추적하여 표기한 그림이다.

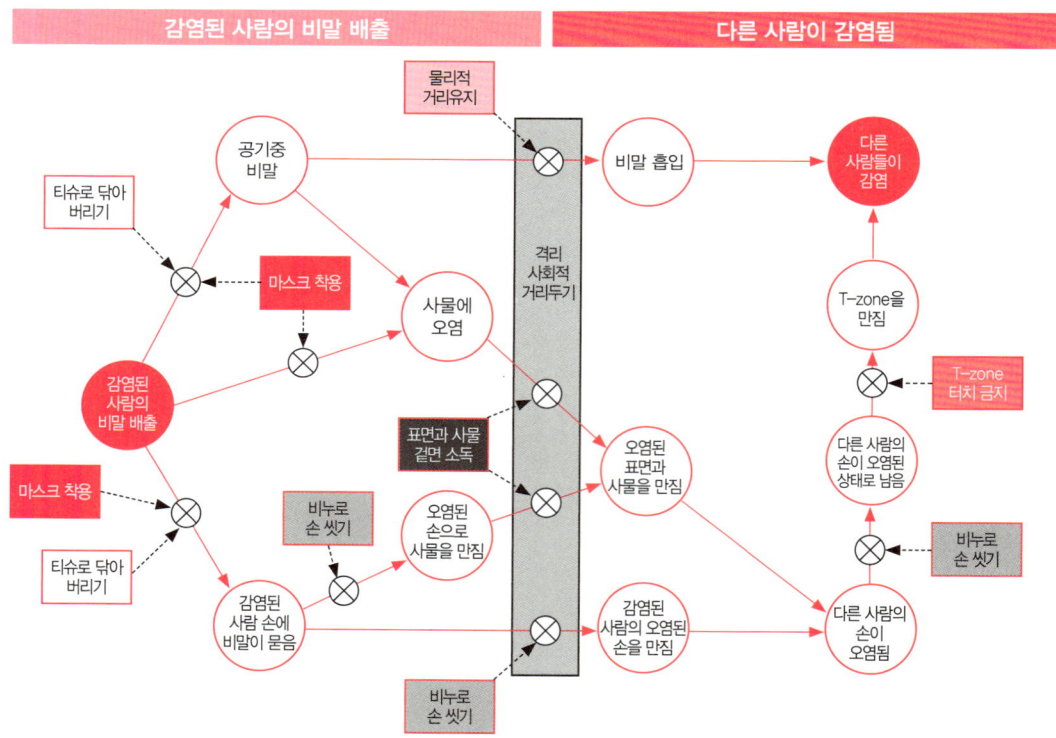

호흡기 바이러스 전파 경로 및 이를 차단하는 데 필요한 행동

출처 : West, R. & Michie, S. Routes of transmission of SARS-CoV-2 and behaviours to block it: a summary. Qeios https://doi.org/10.32388/F6M5CB (2020).

이 그림을 통해 우리가 파악해 볼 수 있는 것은 우리가 기대하는 "마스크 착용하기"가 비말이 배출되어 공기중에 떠다니게 하거나 다른 물체에 비말이 묻게 하는 것을 막기 위해 필요한 행동이라는 것을 확인 할 수 있다. 즉 "마스크 착용하기"에서 더 나아가 "비말의 전파를 막기 위한 마스크 착용하기"로 우리가 기대하는 행동을 조금 더 구체화해서 정의할 수 있다.

이렇게 원하는 행동이 구체적으로 정해졌다면 이제는 Com-b 모델을 기준으로 마스크를 쓰게 하기 위해서 어떤 것들을 갖춰야 하는 것인지 세가지 관점에서 방법을 찾아보는 것이다.

Capability

"비말의 전파를 막기 위해 마스크 착용하기"를 위해 사람들이 갖춰야 할 능력은 무엇일까?

우선 마스크를 착용하는 방법을 정확히 이해해야 한다. 지난 2020년을 돌아보면 여러 다양한 매체에서 〈마스크 올바르게 쓰는 방법〉에 많은 콘텐츠가 공유되었다. 마스크의 위 아래 구분은 어떻게 하는지, 턱스크가 아닌 코에 딱 맞게 착용하는 방법, 얼굴 크기에 따라 마스크 길이를 조절하는 방법등의 내용들이 담겨 있는 콘텐츠였다.

Opportunity

초기 마스크 물량이 부족했을 때 마스크 구매량이 제한적이거나 구하기가 어려웠다. Opportunity는 이러한 부분을 해소시켜 주는 것이다. 언제든지 마스크를 쓰고자 할 때 손쉽게 구할 수 있도록 물량을 확보해두어야 하고 모든 장소와 이동 거리에 "마스크를 착용해라" 라는 표기를 해서 자연스럽게 마스크를 쓸 수 있는 때와 장소를 마련해 주어야 한다.

Motivation

"비말의 전파를 막기 위해 마스크 착용하기"를 이끌어 내기 위해서는 바로 이 "동기" 브분이 가장 중요하다. 이 부분을 이끌어 내기 위해서는 마스크의 필요성에 대해 공감할 수 있도록 하야 하고 주변사람들이 함께 마스크 쓰기에 동참함으로써 마스크를 안 쓰는게 어색해지는 환경을 만들 수 있어야 한다.

이렇게 펼쳐 놓고 보면 "마스크를 착용"하는 하나의 행동이 얼마나 다양한 기재를 통해 발현하는 것이라는 것을 알 수 있다.

마스크 착용하기를 기준으로 생각해 보았던 것처럼 만약 조직 내 리더에게 "구성원에게 건설적 인피드백하기"라는 행동을 이끌어 내고 싶다면 Com-b 모델을 기준으로 다음의 방법들을 생각해 볼 수 있다.

Capability

건설적인 피드백이라는 것이 무엇인지 알려줘야 한다. 피드백의 의미와 피드백을 잘 하기 위한 다양한 프레임을 학습함으로써 실제 피드백을 할 수 있는 능력을 갖추도록 지원해야 한다.

Opportunity

피드백을 할 수 있는 시점을 마련해줘야 한다. 피드백 데이를 만들거나 건설적 피드백에 대한 가이드 포스터를 사내 곳곳에 설치할 수도 있다. 또 사내 캠페인 또는 팀 프로그램 등을 통해 건설적 피드백을 활용해 볼 수 있는 기회를 마련해주는 것도 필요하다.

Motivation

마지막으로 가장 중요한 단계는 리더 스스로 "건설적 피드백"에 대한 필요성을 인식하고 해야 할 동기를 갖게 하는 것이다. 건설적 피드백으로 업무 능력이 향상된 팀원들의 이야기, 건설적 피드백 우수 사례 발표 후 제공하는 작은 보상 등은 "건설적 피드백"에 대한 동기를 만들어 내는 요소 중 하나이다.

"리더십 교육 듣고 오면 뭐해요? 결국 다시 예전처럼 돌아가죠."

"저만 열심히 하면 뭐합니까. 남들 다 안하는데."

"바빠 죽겠는데 리더까지 꼭 해야 하나요?"

위 3가지 이야기는 사람들에게 행동 변화를 요구할 때 자주 듣는 일종의 변명(?)중 하나이다. 우리가 조직문화 활동을 설계할 때 이러한 행동이론 모델을 생각해 봐야 하는 이유는 사람들의 변명(?)들을 변명으로 보지 않고 그렇게 할 수 밖에 없음을 보다 폭 넓게 이해하고 각각의 이유에 대해 효과적인 방안을 설계하는데 좋은 접근이 될 수 있기 때문이다.

코로나라는 극한 상황에서 우리는 집단 지성과 집단 사고의 극명한 성과차이를 볼 수 있었고, 사람들의 행동 기저에 대해 심도 있게 탐색해 볼 수 있었다. 이 기회를 발판삼아 조직의 변화를 설계하는 우리에게도 보다 더 넓은 시각과 행동이론 기반의 다양한 대안들이 나타나기를 기대해 본다.

CHAPTER 05 실제로 작동하는 조직문화 만들기

송민호

대기업에서 초기 스타트업까지 다양한 산업과 규모를 넘나 들며 10년 넘게 HR Generalist의 길을 걷고 있습니다.
현재는 채용솔루션 '그리팅(Greeting)'을 만드는 두들린에서 좋은 인재를 영입하고, 즐겁게 일하는 조직문화와 그러한 문화가 성장을 이끄는 회사를 만들어가기 위해 노력하고 있습니다.

조직문화가 중요하다는 것은 대부분 공감하는 사실이다. 많은 기업에서 조직문화를 개선하기 위해 다양한 고민과 노력들을 기울이고 있으며, 최근에는 조직문화를 주제로 한 도서와 연구들이 많이 등장하고 있다. 조직문화 우수사례를 소개하는 각종 세미나에는 여전히 많은 기업의 담당자들이 모여 각 기업에 적용할 부분들을 벤치마킹하고 있다.

모든 조직은 고유의 문화를 가지고 있다. 즉 기업마다 처한 상황과 문화는 모두 다를 수 있고, 그렇기 때문에 조직문화를 잘 만드는 것에는 정답이 없다. 한때는 조직개발의 한 기법으로 팀 빌딩이 유행처럼 번지며 조직활성화를 위한 각종 이벤트와 캠페인, 교육 중심의 조직문화 활동이 있기도 했다. 최근에는 직원 경험(Employee eXperience)이 화두로 등장하며 조직문화 진단 설문과 함께 구성원의 생애 주기(Life cycle)을 그리며 구성원들의 조직문화에 대한 경험과 생각들을 살펴보기도 한다. 더 좋은 조직문화를 만들기 위한 방법들은 다양하지만, 조직문화가 구성원들로 하여금 조직의 목표를 달성하여 성과를 창출하는데 기여해야 한다는 목적 의식은 여전히 동일하다.

스타트업과 같은 작은 조직일수록 조직문화의 중요성은 더더욱 커진다. 초기 소수의 인원이 모여서 만들어진 규칙, 암묵적인 룰, 분위기, 의사소통 방식 등이 문화로 형성되고, 이러한 문화는 이후 만들어지는 각종 제도와 시스템에 영향을 미치게 된다. 특히, 속도가 중요한 스타트업의 경우 작고 빠르게 시도하며 개선해나가는 Lean한 문화를 만드는 것이 필수적이며, 안정적인 서비스를 더 우선에 두는 기업의 경우에는 전문성을 바탕으로 체계적인 프로세스를 잡아 나가는데 더 많은 노력을 기울이기도 한다.

이렇게 중요한 조직문화는 어떻게 하면 잘 설계하고 운영할 수 있을까? 분명한 건 '조직문화 ≠ 이벤트'라는 것이다. 이벤트는 일회성이고 잠깐의 흥행(boom up)은 가능하겠지만 이벤트 몇 번 했다고 그것이 곧 조직문화가 되는 것은 절대 아니다.

조직문화 연구자의 대표 주자인 에드거 샤인은 조직문화를 이렇게 정의한다.

"조직문화는 한 집단이 외부환경에 적응하고 내부를 통합하고 문제를 해결해나가는 과정에서 그 집단이 학습하여 공유된 기본 가정(shared basic assumptions)으로 정의될 수 있다."

김성준, 〈조직문화 통찰〉 중에서

조직문화는 결국 회사가 사업을 영위하면서 구성원들에게 학습되어 공유된 기본 가정이다. 따라서 조직문화가 조직의 성과를 높이는데 제대로 작동하려면 실제 일을 하는 과정과 연결되어야 한다. 그렇다면, 실제로 작동하는 조직문화를 만들려면 어떻게 해야 될까?

1. 창업자(또는 대표, 이하 CEO)의 생각 파헤치기

조직에 있어 가장 큰 영향력을 행사하는 사람은 누구일까? 바로 CEO이다. CEO의 마인드와 가치관, 스타일에 따라 조직을 운영하는 방식은 달라지게 된다. 또한 조직문화 담당자가 아무리 노력을 해도 CEO가 가진 생각이나 방향과 맞지 않다면, 실현하기 어려운 문화가 된다.

조직문화를 설계함에 있어 가장 먼저 CEO가 추구하는 것이 무엇인지 확인해야 한다. 일반적으로 회사에는 미션과 비전이 설정되어 있을 것이다. 미션 및 비전과 연계해서 보다 구체적으로 왜 이 사업을 시작했는지, 그리고 어떻게 펼쳐나가고 싶은지, 어떤 사람들과 어떤 분위기에서 일하는 방식을 추구하며 회사를 만들어가고 싶은지 등에 대해 확인해야 한다.

또한 CEO의 조직문화 개선에 대한 관심과 의지도 확인할 필요가 있다. 조직문화는 쉽게 만들고 바꿀 수 있는 것이 아니라, 오랜 시간이 걸리는 일이기에 CEO의 지속적인 관심과 지원, 적극적인 참여가 필요하다. 이 과정에서 CEO가 가진 생각과 조직문화 담당자가 가진 생각의 차이가 있다면, 반드시 의견을 조율해 두어야 한다.

2. 실제로 일하는 방식 관찰하기

회사는 기본적으로 일을 하려고 모인 곳이다. 회사에서 일어나는 장면들은 대부분 일을 하는 과정에서 발생한다. 만들고 싶은 문화의 모습을 생각하기 전에, 실제 우리 회사에서는 어떻게 일하고 있는지 파악해 봐야 한다. 우리 조직에서 구성원들 간의 대화는 주로 어디에서 어떤 식으로 이루어지는지, 의사결정은 누가 하며 어떤 과정으로 진행되고 있는지, 어떤 문제나 이슈가 발생했을 때 이를 해결하는 과정은 어떻게 진행되는지, 새로운 아이디어나 어젠다는 주로 누가 어떤 프로세스로 제기하는지, 새로운 의견이 나왔을 때 주변 구성원들은 어떤 반응들을 보이는지 등에 대해 관찰하거나 인터뷰를 통해 면밀히 파악해본다.

앞으로 만들어갈 조직문화는 모두 구성원들이 일을 하는 과정에서 직접 느끼고 실천할 수 있는 것이어야 한다. 실제 일하는 현장과 동떨어진 조직문화는 만들수도, 제대로 작동할 수도 없다.

3. 만들고 싶은 조직문화의 방향성 정하기

CEO의 생각, 실제 구성원들이 일하고 있는 방식을 어느 정도 파악했다면 우리 회사 조직문화의 방향성을 정해보는 단계이다. 이제부터는 보다 현실적으로 생각해볼 필요가 있다. 하고 싶다고 다 할 수 있는 것이 아니듯, 할 수 있는 것과 해야 하는(지켜야 하는) 것들도 함께 고려해야 한다.

이때 중요한 것은 우리 회사의 비즈니스에 도움이 되는 것이어야 한다. 예를 들어, 수평적이고 자유로운 조직문화를 만든다고 할 때, 단순히 조직 내 좋은 분위기를 조성하기 위한 수평과 자율은 아닐 것이다. 조직문화는 우리의 일을 더 잘할 수 있게 만들어서 결과적으로 비즈니스에 긍정적인 영향을 줄 수 있는 것이어야 한다. 회사마다 산업군이나 비즈니스의 속성에 따라 무엇이 효과적인 방법인지는 달라질 것이다. 문화는 우열을 가릴 수 없는 것이기에 어떤 문화적 모습 또는 일하는 방식이 우리 조직의 성과를 높이는데 도움을 줄 수 있는지, 우리 조직과 잘 어울리는 조직문화의 방향성을 정하는 것이 필요하다.

4. 조직문화의 시작은 채용에서부터

"기업 문화의 대략 60%는 창업자, 나머지 40%는 초기 멤버로 결정된다."

신수정, 〈일의 격〉 중에서

조직문화의 시작은 채용에서부터 시작된다. 우리가 지향하는 문화적 방향성에 잘 맞는 구성원을 채용해야 한다. 문화는 조직 내에서 구성원들을 통해 계속 학습되면서 형성되고 굳어지기 때문이다. 경력직을 주로 채용 하다 보면, 조직(문화) 적합성과 직무 전문성 사이에서 딜레마에 빠지게 되는 경우가 많다. 아무래도 당장 투입해서 성과를 낼 수 있는 사람에게 눈길이 갈 수 밖에 없다. 그러나 컬처핏 면접 등을 통해 우리 조직문화에 잘 맞는 사람, 또는 우리가 지향하는 문화에 동의하며 같은 방향성을 공감할 수 있는 사람인지 확인하는 과정을 필수로 거쳐야 한다. 특히, 규모가 작은 스타트업일수록 구성원 한 명 한 명이 주는 영향력은 매우 크기 때문에 어떤 사람을 뽑느냐가 이후 만들어갈 조직문화에서 굉장히 중요하다.

세계적인 경영 구루 짐 콜린스도 〈좋은 기업을 넘어 위대한 기업으로〉에서 적합한 사람들을 버스에 태우는 것이 매우 중요하다는 것을 강조했다. 우리 조직문화에는 어떤 사람들이 적합할지 먼저 정의해보고, 이들을 채용하기 위한 다양한 선발 도구들을 활용해보아야 한다.

5. 방향은 일관되게! 실행은 유연하게!

조직문화가 제대로 작동하기 위해서 가장 중요한 것은 실제로 그렇게 일하는 것이다. 조직문화를 만들어가는 과정에서 일관된 방향으로 진행하는 것이 중요하다. 추구하는 조직문화의 방향이 계속해서 바뀐다면 구성원들의 혼란이 가중되고 나아가 조직을 신뢰하지 못하게 된다. 조직의 모든 제도, 특히 인사제도와 프로그램을 조직문화 방향성과 일치시켜야 한다. 예컨대 자율과 책임의 문화를 만들어 가기 위해서는 업무를 계획하고 실행하는 과정에서 최대한 구성원에게 의사결정의 권한을 부여해야 한다. 그렇지 않으면 자율과 책임이 구호로만 외치는 것이 될 수 있다. CEO와 구성원의 실제 생각과 모습들을 바탕으로 우리 회사에 맞는 조직문화 방향성을 잘 정하고 그러한 문화에 적합한 사람들을 채용했다면, 이후 일관성 있는 운영은 크게 어렵지 않을 것이다.

실행에 있어서는 민첩하고 유연하게 대응하는 것이 필요하다. 빠르게 변하는 외부 환경, 회사의 성장 속도, 구성원의 성숙도에 맞춰 조직문화 개선 활동은 계속 진행중이어야 한다. 일관된 방향성 하에서 실행 과제들을 작고 빠르게 시도하고 점검하며 디벨롭 해나가야 한다. 제대로 작동하는 조직문화를 만들기 위해서는 실제로 그렇게 일하는 것이 중요하기 때문에, 실행 및 운영 과정을 세심하게 살펴보고 보완해야 할 사항이 발견되면 바로 적용하면서 기민하게 대응하는 것이 필요하다. 이런 과정이 계속해서 반복되면 조직문화가 일하는 방식으로 꾸준하게 작동하는 것이 된다.

6. 모든 제도와 프로그램에는 '왜'라는 태그 달기

조직문화 활성화를 위한 프로그램이나 이벤트 같은 일종의 인공물(Artifact)은 가장 마지막으로 고민해야 하는 요소이다. 이때 중요한 것은 'Why'이다. 어떤 제도나 프로그램을 도입해도 그

것이 무슨 취지이며, 우리가 일을 더 잘하게 하는 것과 그래서 비즈니스 성과를 높이는데 어떻게 도움이 되는지 반드시 알려주어야 한다. 자율과 책임도 '우리 조직은 왜 자율과 책임을 추구하는지', '그로 인해 어떻게 일하는 문화를 지향하는지'에 대해 분명하게 메시지를 전달해야 한다.

앞서 에드거 샤인은 조직문화가 '공유된 기본 가정'이라고 했다. 우리 회사가 더 중요하게 생각하고 추구하는 가치가 무엇인지, 제도와 프로그램에는 어떤 생각들이 기본적으로 깔려 있는지가 함께 공유되고 인식되어야 실제 업무 현장에서 조직문화가 작동하는데 도움을 줄 수 있다.

7. 바텀업(Bottom-up)으로 점검하기

조직문화의 방향성을 정하는 것이 탑다운(Top-down)의 방식이었다면, 구성원의 의견을 수렴하고 반영하는 것은 바텀업(Bottom-up)의 방식이다. 조직문화에 대한 구성원의 의견을 수렴하는 것은 조직문화가 제대로 작동하고 있는지 점검해볼 수 있는 중요한 활동이다. 조직문화 담당자나 경영진은 조직문화의 관리자이기 때문에, 누구보다 조직문화의 방향성과 실행 과제들의 목적과 취지에 대해 잘 알고 있다. 반면, 구성원의 입장에서 실제로 어떻게 느끼고 작동하는지는 세세하게 알지 못할 수도 있다. 따라서 실제 일하는 과정에서 조직문화가 제대로 작동하고 있는지를 점검하려면 구성원의 의견을 주기적으로 들어보아야 한다.

구성원 의견을 수렴하기 위해서는 구성원 설문, 인터뷰, 1대1 미팅, 타운홀 미팅 등을 통해 직·간접적으로 확인해볼 수 있다. 또한 조직에 새로 입사한 구성원들을 통해서도 보다 객관적인 제3자의 시각에서 조직문화를 바라보고 새로운 시각에서 느끼고 경험한 부분들을 파악해볼 수 있다. 이러한 과정을 통해 개선점을 발굴하고 보완해 나감으로써 제대로 작동하는 조직문화를 계속해서 만들어갈 수 있다.

조직문화에 정답은 없다. 회사마다 가지고 있는 기본적인 가정, 추구하는 가치, 비즈니스의 종류와 방향성, 구성원의 특성 등이 모두 다르기 때문이다. 그래서 남의 것이 괜찮아 보인다고 무작정 따라하는 것은 좋은 방법이 아니다. 우리가 보는 남의 것은 그들 나름대로의 고민과 실험들을 거쳐 만들어진 인공물일 가능성이 높다. 벤치마킹은 조직문화를 혁신할 수 있는 효율적인 방법이 될 수 있지만, 우리 조직에서 추구하는 방향성과 일치하는지 여부를 반드시 점검해야 하며, 우리 조직의 상황에 맞게 적절하게 변형시킬 수 있어야 한다.

조직문화가 제대로 작동하기 위해서 가장 중요한 것은 실제로 그렇게 일하는 것이다. 그래서 실제로 작동하는 조직문화를 만들고 싶다면 반드시 우리 회사, 우리 구성원, 우리가 하는 실제 일과 연관되어야 한다.

CHAPTER 06 조직문화 전략은 곧 일하는 방식을 변화시키는 것

허은아

진정성 담은 고민으로 때로는 치열하게 논의하며 조직과 성장해 나가는 과정을 함께 합니다. 대기업에서 조직문화파트를 이끌며 다양한 변화를 만든 경험을 하였고, 현재는 Samil PwC의 Culture Change & Communication에서 Contents Strategy를 담당하고 있습니다.

우리는 왜 일하는 방식에 주목할까? 직장인이라면 보통 주 5일 일을 한다. 매일 하는 일인데 많은 기업이 일하는 방식을 돌아보고 개선해 나가려는 이유는 무엇일까? 그 이유는 바로 일하는 방식이 바로 그 기업의 조직문화의 코어(Core)이기 때문이며, 일하는 방식에는 각 기업의 가치관, 신념, 태도, 행동 등이 모두 담겨있기 때문이다. 즉, 조직문화는 곧 일하는 방식으로 볼 수 있으며 조직의 산출물에 큰 영향을 미치는 요소이기에 현재 우리 회사의 일하는 방식이 어떠한 지 현 상태를 인지하고 더 나은 방향이 없는 지 고민하는 것은 매우 중요하다.

최근 많은 기업에서 핵심가치에서 나아가 구체적인 행동규범(Code of Conduct)를 만들며 조직문화를 알린다. 이러한 활동은 한 기업의 브랜드 콘텐츠로 자리잡으며 기업의 매력도를 높이는 역할을 하는데, 구직자에게는 가고 싶은 기업으로, 구성원에게는 지속해서 다니고 싶은 회사로, 일반 대중에게는 이미지가 좋은 기업으로 포지셔닝을 할 수 있다. 그 기업의 일하는 방식 자체를 책으로 출간하기까지 하면서 얼마나 조직문화를 중요한 요소로 생각하는지 알리기도 한다. 현대카드는 굉장히 앞서 있었는데 이미 2012년에 현대카드가 일하는 방식 50가지로 책을 만들었고,

'배달의 민족' 서비스로 유명한 우아한형제들은 오늘보다 더 나은 내'일'을 위한 우아한형제들의 일 문화이야기 담아 '이게 무슨 일이야!'를, 토스는 경계를 부수는 사람들, 토스팀 이야기를 주제로 2022년 '유난한 도전'이라는 책을 출간했다. 이것은 기업이 얼마나 일하는 방식을 중요하게 생각하는지 보여주는 사례로 볼 수 있다.

이미 많은 기업들은 각자의 지향하는 일하는 방식이 있을 것이다. 그렇다면 일하는 방식을 어떻게 조직 내 전파하고 뿌리내리게 할 수 있을까? 어떻게 하면 '우리다움'을 만들어갈 수 있는가에 대해 많은 조직문화 담당자가 고민을 한다. 그들과 조금이라도 고민을 함께 나누고자 더 나은 일하는 문화를 만들기 위해 전략을 수립에 접근하는 방법을 공유하고자 하며, 이것은 국내 대기업에서 조직문화 담당자로서 조직문화 전략을 수립하는 일을 하며 얻은 주관적인 경험으로 여러분께 도움이 되는 부분을 참고하시길 바란다.

💡 전략 수립에 접근하는 방법 : 프레임워크를 그려보자

앞서 말씀드렸듯이 조직문화는 곧 일하는 방식이다. 그렇기에 변화를 꾀하기 위해서는 다차원적인 접근이 필요하며, [그림4]와 같이 구성원, 리더, 조직 그리고 HR제도 측면에서 일하는 방식의 변화와 관련된 전략을 수립해 볼 수 있다. 물론, 제도, 교육, 이벤트, 캠페인 등 기능적 측면으로도 접근할 수도 있으나, 하나의 기업을 완성하는 요소로 볼 수 있는 구성원, 리더, 조직 및 제도 측면에서 접근하고자 하였다. 이 네 가지는 변화하고자 하는 최종적인 모습을 서포트하는 방향으로 구성되어야 하며, 그 방향으로 계속해서 나아간다면 조직문화 차원 지향하는 미래의 모습에 더욱 가까워질 수 있을 것이다.

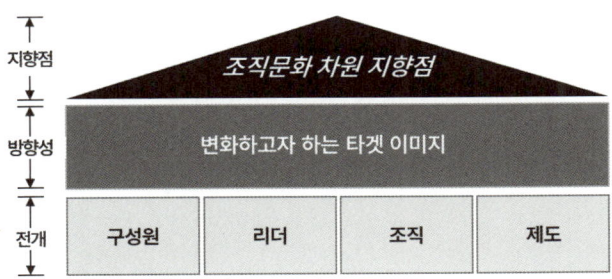

카테고리별 세부 전략 방안 수립하기

구성원

구성원 측면에서는 새로운 일하는 방식에 대한 인지-이해-공감의 프로세스를 경험하게 하는 것이 중요한데, 최대한 많은 긍정경험을 제공하기 위한 특강/교육/테마활동/이벤트를 기획하는 등 다방면으로 전개를 해야 한다. 일하는 방식에 어떠한 명칭이 있다면 최대한 많은 프로그램을 그 명칭과 통일시키는 것 또한 구성원의 인지를 높이는 데 방법이 될 수 있다.

온/오프라인으로 일하는 방식을 다양하게 노출시키고 공지를 발송하며 변화의 시작을 알리고, 매월 혹은 분기별 등 정기적으로 일하는 방식을 바탕으로 테마활동을 시행하여 구성원이 참여하며 인지할 수 있는 기회를 만든다. 일하는 방식에 기반하여 모범을 보인 우수 구성원이나 조직을 선발하여 포상하고 우수 사례를 전사에 전파함으로써 일하는 방식을 잘 실천하면 우리 조직에서는 인정을 받는다는 분위기를 형성하는 것이 중요하다. 구성원의 인사이트를 함양하기 위한 명사 특강의 주제를 일하는 방식과 연결시켜 구성원의 공감과 이해를 강화하고 발현을 지원할 수 있다. 컬처 팝업이나 축제도 구성원에게 큰 긍정경험을 줄 수 있는데, 우리가 변화하고자 하는 이유 및 지향하는 최종 모습 등 일하는 방식의 변화 로드맵을 설명하는 전시존을 구성하여 큐레이션을 시행하는 동시에 즐거움을 느낄 수 있는 콘텐츠를 일하는 방식 키워드에 따라 주제를 만들어 제공한다면 자연스러운 내재화가 일어날 가능성이 높아진다.

변화는 조직문화 담당자가 홀로 고군분투하기 보다는 구성원이 함께할 때 더 나은 방향으로 만들어질 수 있기에 구성원 중 일하는 방식을 함께 선도적으로 변화시켜 갈 협의체를 구성하는 것 또한 좋은 방법이다. Change Agent, 조직문화 주니어보드, 컬처보드 등이 그 예이다. 협의체를 구성할 때는 어떤 조직의 단위이든 소외되는 부서가 없도록 다양하게 구성하는 것이 필요하며, 자발적 신청자로 구성하는 것이 이후 실제 미션을 해 나갈 때 동기부여 측면 효과적이다. 조직문화 보드를 만들 때 기억해야 할 가장 중요한 것은 '함께' 만들어 나간다는 경험을 선사하는 것이다. 담당자는 솔직하게 고민이 되는 부분을 털어놓고 개선 방안에 대해 치열하게 논의하며 작더라도 하나씩 실천해 보는 경험이 매우 중요하다. 또한 진행 상황에 대해 주기적으로 투명하게 정보를 공유해야 신뢰를 바탕으로 더 좋은 아이디어가 나올 수 있다.

리더

일하는 방식을 이야기할 때, 리더는 절대 빠질 수 없다. 일하는 방식의 문제점이 무엇인지 물으면 흔히 '리더가 문제예요.'라는 말이 어렵지 않게 들린다. 그만큼 조직과 구성원에게 매우 중요한 영향을 미친다는 것을 표현하는 말일 것이다. 일하는 방식을 그 조직의 문화로 자리잡게 하고 싶다면 CEO의 선언이 우선적으로 매우 중요하다. 타운홀 미팅, 전사 공지나 이메일 등 구성원에게 CEO는 우리의 일하는 방식을 매우 중요하게 생각하며 비전과 어떻게 연결되는 지 설명해 주는 것은 필수적이다. CEO 타운홀 미팅 이후에는 각 본부나 사업부 등 부문별 타운홀을 통해 지속 동일한 방향으로 구성원과 상호작용을 해야 한다.

리더를 변화시켜야 하는 대상으로 접근하기 보다 리더가 변화를 만들어갈 수 있는 주체로 접근하고 설득하는 것이 중요하다. 실제로 조직문화에 전혀 관심이 없고 조직문화를 저해한다고 생각했던 리더와 오랜 시간 대화를 나누다 보면 방법을 모르거나 시도하는 방법이 맞지 않아서 그런 이미지로 비추어졌던 경우도 있다. 예를 들어 자율과 책임을 강조할 때 자율을 '노는 것', '규칙 없이 마음대로 하는 것'으로 잘못 인지하여 부정적으로 바라보는 리더가 있다면, 자율에 대한 의미 정의 대화부터 시작하여 자율과 책임 조성을 위한 방안으로 대화를 확장해 나갈 수 있다.

한편, 일하는 방식을 주제로 리더 토론회 또는 워크샵을 실행하는 방법이 있다. 우리 조직에서 어떻게 하면 지향하고자 하는 일하는 방식이 실천될 수 있는지 리더의 관점으로 의견을 논의/도출해보는 것이다. 그런 자리를 갖게 하는 것 만으로도 리더에게 일하는 방식의 중요성, 리더로서 변화의 필요성을 각인시킬 수 있으며 맡은 조직을 어떻게 이끌지 제고하는 기회를 제공한다. 실제로 이 과정에서 도출된 결론은 구성원의 이야기를 청취하고 구성원 입장의 의견과 조율하는 과정을 거쳐 반영할 수 있다. 만약 이 과정에서 리더십이 부족한 리더가 염려된다면, 조직 내 리더십 클리닉을 구성하여 서포트할 수 있는데 리더십 클리닉에는 리더를 직접 코칭하는 것, 리더를 코치로 양성하는 것 등을 기본으로 리더십 향상을 위한 다양한 세션을 제공할 수 있을 것이다. 일하는 방식을 기반으로 하는 리더십 클리닉을 열어 상시적으로 도움을 받게 하는 것이 정기 집합 교육 대비 실질적 개선에 도움이 될 가능성이 높다.

조직

조직 관점에서는 조직 내 구성원 간의 연결과 협업을 중시한다. 조직 단위 워크샵, 세미나 등을 통해 조직 차원으로 일하는 방식의 변화 방향성을 동일하게 맞추고 변화의 모습을 만든다. 일하는 방식의 내재화를 위한 워크샵을 기획할 때 역지사지, 협의/합의 과정의 경험, 자율과 책임 기반 정렬을 고려해야 한다. 먼저 역지사지는 서로 입장에 대한 인지 및 공감이며, 입장 차이를 이해함으로써 이후 대화를 발전시킬 수 있다. 협의/합의 과정의 경험은 일하는 방식을 실제 우리의 업무에 적용하고자 할 때 무엇이 우선 순위인지 협의하고 합의하는 지에 대해 체험하는 것인데, 워크샵에서 업무 사례를 활용하여 과정을 기획할 수 있다. 자율과 책임 기반 정렬은 우리만의 일하는 방식을 재정의 해보고 방향성을 맞추어 변화의 추진동력을 확보하는 과정이다.

기획 시 주안점을 두어야 하는 사항이 있다. 먼저 조직의 특성을 고려해야 하는데, 많은 구성원이 시간과 에너지를 투자하는 것이기 때문이다. 예를 들어 전문가 집단의 경우 워크샵의 의미가 명확하고 그 워크샵을 통해 얻을 수 있는 것이 분명해야 시간을 투자할 가치가 있다고 생각한다. 또한 구성원의 참여도를 높이기 위한 흥미/몰입 요소를 고려해야 한다. 마지막으로 작은 성공이라도 달성할 수 있는 결과물이 도출되어야 한다. 이러한 세션들을 참여하게 하는데 있어서는 주관 조직에서 일방적으로 기간을 정해 참여하라고 공지하지 않고 자발적 신청을 통해 과정에 대한 좋은 후기가 퍼지게 하면서 참여자를 더 끌어들이는 것이 참여 구성원의 몰입도에 더 효과적이다. 아울러 조직 내 구성원이 자발적으로 참여하여 만든 조직문화 보드가 있다면 그 보드가 속해 있는 조직을 대상으로 일하는 방식과 연계된 미션을 부여하여 각 조직 내에서 가장 필요한 주제를 선정하고 활동할 수 있도록 지원 가능하다. 활동 기준을 세우고 포인트를 부여하여 경품을 주거나 추후 우수조직을 선발하는 Award에 반영할 수도 있다.

제도

제도는 회사의 법이다. 세상을 바꾸기 위해 법을 개정하는 것처럼 일하는 방식을 변화시키려면 제도도 함께 변화시켜야 한다. 먼저 일하는 방식에 맞는 근무 제도가 갖추어져 있는지 살펴보자. 우리 조직은 어떤 근무환경일 때 가장 큰 퍼포먼스를 발휘할 수 있는지 데이터와 구성원 목소리를 통해 파악해야 한다. 자율과 책임을 외치면서 획일적 근무 태도를 요구하는 것은 모순일 수 있다.

다면평가나 동료평가 같은 평가제도에는 일하는 방식에 기반하여 업무를 수행하는 지 평가하는 문항을 반영해야 한다. 지향하는 일하는 방식의 모습을 보여주는 구성원이 인정받는다는 것을 보여주는 것은 매우 중요하다. 조직을 진단하는 서베이에는 일하는 방식을 측정하는 문항을 삽입하여 강점과 보완이 필요한 점을 파악한다면 의미 있는 개선안을 도출하는 데 도움이 된다. 최근에는 상시적인 변화 흐름을 알 수 있도록 펄스서베이를 시행하는 경우도 많다.

채용 단계부터 우리 조직만의 일하는 방식을 입사 지원자에게 인지시키고 실제 입사 후에도 연속선 상에서 일할 수 있도록 채용 프로세스 내 반영하는 것은 매우 중요하다. 채용 공고, 인터뷰 질문 및 입사 지원서 문항을 활용할 수 있다. 실제로 면접 과정 상 culture fit을 체크하기 위한 과정들을 두고 있는 기업들이 늘어나고 있으며, 대화의 형태를 띤 면접 시간 또한 길게 배정한다. 또한 포상제도를 활용하여 일하는 방식에 기반한 포상을 만든다면 탁월한 성과를 낸 구성원에게 동기부여함과 동시에 구성원의 도전과 노력에 대해 서로 칭찬하고 격려하는 조직문화 조성할 수 있다. 예를 들어 용기 있는 빠른 실패를 통해 성장하는 것이 추구하는 일하는 방식 중 하나라고 가정하자. 성공의 결과는 가시적이므로 누구나 알 수 있지만 만약 실패했다면 그 과정의 의미 있는 노력들은 수면 아래로 사라지게 된다. 실패를 했더라도 그 과정에서의 배울 점을 공유하고, 구성원이 도전을 주저하지 않도록 용기를 주는 심리적 안전감 형성을 위해 '의미 있는 실패상'을 만들 수 있다. 지금까지 구성원, 리더, 조직, 제도 측면으로 어떻게 일하는 방식을 변화시키는 전략을 세워볼 수 있는지 살펴보았다. 이 접근 방식은 정답이라고 말하기는 어렵다. 사실 '일하는 방식'에 있어 정답이라는 것은 있을 수 없다. 지금 우리의 상황에서 더 맞는 방향을 찾아가기 위한 경험들을 공유하며 아주 작은 한 가지라도 도움이 되길 바랄 뿐이다.

조직에서 무언가 새로운 시도를 하는 과정에서 가장 중요한 것은 사내 커뮤니케이션이다. 오늘 회사에서의 나의 모습을 한번 떠올려 보자. '협업 부서에서 협조가 잘 안되는가?', '나의 상사가 보고서에 대해 준 피드백이 공감가지 않는가?', '팀장의 업무 지시가 이해되지 않는가?', '동료와 업무 논의가 잘 이뤄지지 않는가?' 조직의 많은 문제는 사실 커뮤니케이션의 결핍에서 발생한다. 그렇기 때문에 시간이 걸릴 수는 있지만 일하는 방식을 변화하는 과정에서 다양한 구성원 계층의 의견을 수렴하며 나아가는 것이 매우 중요하다.

"Do nothing, and nothing happens"

아무것도 하지 않으면 아무 일도 일어나지 않는다고 오스트리아의 정신의학자 알프레드 아들러는 말했다. 때로는 희망이 저 멀리 있는 것 같더라도 실패를 두려워하지 않고 도전을 지속해야 한다. 그리고 솔직하게 말해야 한다. 그것이 조직문화를 업으로 삼는 사람의 숙명이기에.

CHAPTER 07 핵심가치는 조직에서 어떤 의미를 갖는가

김윤성 이커머스 기업 경영기획본부 인사팀 / gmys507@gmail.com

조직과 구성원이 하나의 조직문화와 가치를 공유하도록, 조직 전체가 공통의 목표를 지향하도록 지원하는 비즈니스 성장 파트너(HRBP) 역할을 하고 있습니다. 스타트업부터 대기업까지 7년간 지겹게(?) 조직문화만 연구하며, 조직의 시너지를 만들기 위해 고군분투 중입니다. 사람과 사람, 경험과 경험, 일과 일을 연결할 때 즐거움을 느낍니다.

심심할 때(?) 마다 꺼내 보는 영상이 하나 있습니다. 이 영상은 경영분야, 특히 마케팅 분야에서는 바이블로 통하기도 합니다. 아 물론, 이제는 HR영역에서도 빼 놓을 수 없습니다. 이 영상에서 나오는 개념이 비즈니스 성패에서 조직문화의 역할과 가치를 설명하기 때문이죠. 그런 이유로, 최근 HR영역에서도 빈번하게 회자 되고 있는 듯 합니다. 영상에서 설명하는 핵심 개념인 Golden Circle의 오랜 신봉자로서 기쁘지 아니할 수 없는 일입니다.

그럼, 이제 본론으로 넘어와서, 잘 차려진 밥상. 아니, 바이블에 숟가락만 얹어 보겠습니다. 바야흐로, 2010년 유튜브가 활성화 되기도 전입니다. 〈나는 왜 일하는가〉 저서로도 유명한 사이먼 시넥은 TED에서 'How great leaders inspire action'제목으로 강연을 시작하며, Golden Circle이라는 개념을 다음과 같이 설명합니다.

1 골든서클은 일종의 커뮤니케이션 패턴이다.
2 위대한 기업과 브랜드는 그들의 고객과 Inside-Out(왜 → 어떻게 → 무엇을)으로 소통한다.
3 사람(대중)들은 보여지는 결과물(What)이 아니라, 신념과 목적(Why)에 열광한다.

4 사람(대중)들의 마음을 움직이려면 사고와 행동의 방향이 안에서 밖으로(Why → How → What) 이루어져야 한다.

2023년으로 돌아와서 이 개념을 복기 해보겠습니다. 사이먼 시넥이 정의하는 골든서클의 프레임을 가장 잘 이해하고, 활용하는 분야는 단연 브랜딩 입니다. 그래서 나이키는 리복 운동화 밑창보다 나이키 운동화 밑창이 왜 더 좋은지, 절대 이야기 하지 않죠. 단지, "위대한 운동선수들에게, 그리고 위대한 스포츠 역사에 경의를 표합니다"라는 그들의 정체성과 존재의 이유만 전달할 뿐입니다. 모 자동차 회사가 '영감을 주는 움직임'이라는 그들의 지향점(Why)을 토대로 사명과 업의 본질을 재정의하고, '세대와 세대를 연결하는 플랫폼'으로 마케팅 메시지를 전달하는 이유도 그 맥을 같이 합니다.

수술용 메스가 가치 있는 이유는 날카로워서가 아니라 사람을 살리기 때문(Why)인 것처럼, 오늘날 대중에게 사랑받는 기업은 그들이 창출하는 가치가 명확하고, 그것을 고객과 Inside-Out으로 소통하고 있기 때문일 겁니다. 이어지는 글에서는 골든서클 개념을 중심으로 1)사랑받는 기업이 되기 위한 조건 2)조직의 핵심가치를 수립하는 방법 3)조직의 핵심가치를 내재화 하는 방법에 대해서 간단히 이야기 해보겠습니다.

사랑받는 기업이 되기 위한 조건

사랑받는 기업이 되기 위한 조건은 무엇일까요? 결론부터 말씀드리자면, 답은 '내부 브랜딩'에 있습니다. 〈배민다움(홍성태, 2016)〉에서는 비즈니스 성패와 지속가능성 여부를 기업이 창출하는 문화(신념과 존재이유)가 소비자의 삶 속에 얼마나 스며드느냐에 달려 있다고 이야기 하며, '다움'을 형성하는 브랜딩 요소 중 하나인 내부 브랜딩을 브랜드 내재화 정도에 따라 4단계로 구분했습니다. 사랑받는 기업을 만들고자 고민하신다면, 브랜드 내재화 4단계를 기반으로 구성한 3 Question에 함께 답변 해보시길 바랍니다.

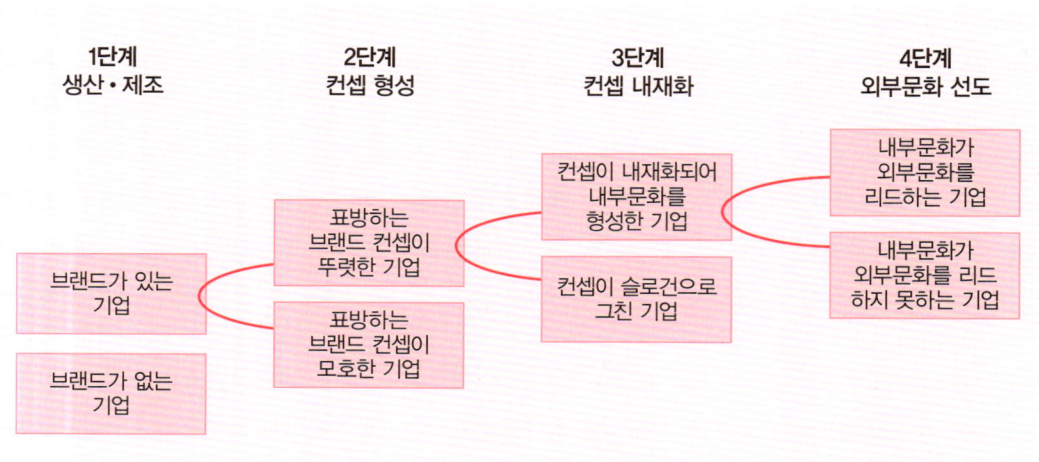

▲ 자료 출처 : 배민다움(배달의민족 브랜딩 이야기) / 홍성태(저)

1. 우리가 창출하는 문화(신념과 존재이유)가 있는가?

근본(본질)을 안다는 것은 참 중요합니다. 뿌리를 알아야 줄기와 잎 그리고 꽃과 열매를 제대로 이해할 수 있듯이, 조직의 맥락을 알아야 관점과 태도가 생기고, 철학이 담긴 프로덕트와 브랜드(What)를 만들 수 있습니다. 그런 관점에서 조직문화는 씨앗과도 같습니다. 조직이라는 땅에 씨앗이 뿌려지면 뿌리를 심고, 줄기와 잎 그리고 꽃과 열매를 이루기 때문이죠. 즉, 일하는 이유(Why)를 정의하고, 그것(미션과 비전 등)을 달성하기 위한 우리만의 원칙과 전략(How)으로 철학이 담긴 프로덕트와 브랜드(What) 특유의 '다움'을 연결시키는 것. 그것이 바로 조직문화의 존재이유(=이음새)입니다.

2. 그 문화가 조직 구성원에게 내재화 되었는가?

조직문화가 이음새로써 작용하기 위해서는 '내재화'가 핵심입니다. 조직이 지향하는 가치와 구성원이 느끼는 온도가 다르다면 조직의 핵심가치가 실제 행동으로 이어질 수도, 조직이 지향하는 가치를 담은 프로덕트가 탄생할 수도 없기 때문입니다. 조직문화가 흔히들 이야기하는 액자 속 글자 또는 구호가 되지 않기 위한 방법들은, 3장 핵심가치를 내재화 하는 방법에서 간단히 다루도록 하겠습니다.

3. 조직이 추구하는 가치가 프로덕트와 브랜드에 연결되어 일관성 있는 메시지와 경험을 주는가?

세상 모든 것에는 생애주기가 존재합니다. 기업도 예외는 아닙니다. 데스벨리를 넘어야하는 도입기부터 J커브를 그리는 성장기를 거쳐 쇠퇴기를 맞이하니까요. 한 통계조사에서 창업 이후 5년 생존율이 25%에 불과하다고 집계된 것을 볼 수 있듯이, 기업이 존속하기 위해 필요한 키워드는 '지속가능함'이 아닐까 싶습니다.

애플을 세계적인 회사로 만들었던 스티브잡스는 이렇게 이야기합니다. "애플이 존재하는 이유는 단지 사람들이 업무를 더 잘할 수 있게 돕는 컴퓨터를 만드는 게 아닙니다. 애플은 다르게 생각하기의 가치를 믿고, 열정을 가진 사람들이 세상을 보다 더 나은 곳으로 바꾸는 것이 가능하다고 믿습니다." 그리고 그렇게 믿는 사람들이 모여, 탄생한 것이 바로 'i-phone, i-max'이라고 말했죠. 애플의 마케팅/세일즈 메시지도, 일하는 방식(How)도 그들의 Why(미션과 비전)에서 비롯됩니다. 또, 그 Why에 공감하는 사람들이 애플의 What(i-phone 등)을 구매하죠. 애플의 시가총액이 우리나라 코스닥 전체기업의 시가총액을 넘어서고, 국내 GDP까지 뛰어넘는 기업으로 멈추지 않고 지속 성장한 이유는, 아마도 기업이 가지고 있는 신념과 그 신념에 공감하는 구성원, 그리고 그 신념이 담긴 제품과 브랜딩으로 이어지는 이음새(조직문화)가 존재했기 때문이 아닐까 싶습니다.

기업의 생애주기에 따라 각자 다른 문제와 고민을 가지고 있겠지만, 부딪히는 한계와 숙제를 계속 풀다보면, 결국 조직문화로 이어집니다. 이것이 바로 비즈니스의 성패에서 조직문화의 역할과 가치라고 이야기하고 싶습니다. 앞으로 이어지는 장에서는 조직문화를 견인하는 조직의 핵심가치를 수립하는 방법과 구성원에게 내재화하기 위한 스타팅 포인트에 대해 이야기 하고자 합니다.

핵심가치를 수립하는 방법

'핵심가치를 수립하는 방법'이라고 호기롭게 소제목을 적었지만, 결코 정답이 아님을 서두에 밝힙니다. 이는 조직문화를 만들어가는 과정에서 경험한 크고 작은 성공과 실패의 과정일뿐, 결코 정답과 표본이라고 볼 수는 없습니다. 단지, 저의 이야기가 조직문화를 고민하는 누군가에게 작은 실마리가 되었으면 좋겠다는 마음으로, 고민했던 관점과 방법들을 조심스럽게 나눠봅니다.

1. 핵심가치가 필요한 이유를 정의하라.

핵심가치 수립은 핵심가치가 왜 필요한가?에 대한 깊은 고민에서부터 시작해야 합니다. 만약 그 이유가, 핵심가치 포스터와 같은 캠페인을 위해서라면, 홈페이지 개편이나 채용 브랜딩 수준의 과업를 백업하기 위해 진행하는 거라면, 핵심가치는 빛 좋은 개살구가 되기 십상입니다. 핵심가치는 앞선 장에서 이야기 했던 Golden Circle의 Why(신념, 존재이유)를 지지하는 How(일하는 방식, 사업전략)로 작용되었을 때, 이음새로써의 본연의 역할을 다 할 수 있습니다. 그렇기 때문에, 우리가 고객에게 제공하는 가치가 무엇이고, 그 가치를 제공하기 위해 필요한 원칙이 무엇인지를 "고민할 이유가 무엇인가?"를 먼저 고민해야 합니다. 그 이유가 '더 큰 성장 모멘텀을 위한 것인지', '인수합병 후 조직을 하나로 통합하기 위함'인지, '조직의 스케일업을 위함'인지 등으로 조직 차원의 컨센서스가 이루어 졌다면, 이미 절반은 성공입니다.

핵심가치 수립은 핵심가치가 왜 필요한가?에 대한 깊은 고민에서부터 시작해야 합니다. 만약 그 이유가, 홈페이지 개편이나 채용 브랜딩 수준의 과업를 백업하기 위해 진행하는 거라면, 핵심가치는 빛 좋은 개살구가 되기 십상입니다. 핵심가치는 앞선 장에서 이야기 했던 Golden Circle의 Why(신념, 존재이유)를 지지하는 How(일하는 방식, 사업전략)로 작용되었을 때, 이음새로써의 본연의 역할을 다 할 수 있습니다. 그렇기 때문에, 우리가 고객에게 제공하는 가치가 무엇이고, 그 가치를 제공하기 위해 필요한 원칙이 무엇인지를 '고민할 이유가 무엇인가?'를 먼저 고민해야 합니다. 그 이유가, 더 큰 성장 모멘텀을 위한 것인지, 인수합병 후 조직을 하나로 통합하기 위함인지, 조직의 스케일업을 위함인지 등으로 조직 차원의 컨센서스가 이루어 졌다면, 이미 절반은 성공입니다.

필요한 이유가 내부적으로 합의되었다면, 조직문화(핵심가치) 내재화 로드맵을 도출해야 합니다. 로드맵을 수립하는 이유는 내재화 단계별 목표에 맞는 실행과제를 전략적으로 선택할 수 있고, 실행하는 과제들의 당위성을 만들어 주기 때문입니다. 가령, 조직문화 내재화 단계를 "set→see→feel→act" 4단계로 분류했을 때, 단계별 목표를 "기반 구축→인지/인식 극대화→이해/공감→실천/내재화"로 구분할 수 있고, 목표에 맞는 과제(일하는 방식 공모전→비전 선포식→핵심가치 중심의 채용, 육성, 평가, 보상)를 단계별로 설정할 수 있지요.

핵심가치 프로젝트의 목적과 로드맵(초안)이 도출되었다면, 경영진 인터뷰를 통해 프로젝트 방향성에 대한 컨센서스를 얻는 작업이 필요합니다. 미션과 비전의 스테이트먼트를 새롭게 도출할 것인지, 미션과 비전은 유지하면서 핵심가치만 도출할 것인지, 프로젝트에 누구를 참여시킬 것인지, 핵심가치 개발 절차를 어떻게 가지고 갈 것인지 등을 보통 논의하게 됩니다.

> 경영진의 컨센서스를 얻는 과정은 보통 방향성 수립과 결과 도출 단계로 나뉘게 됩니다.
> + 방향성 수립 단계의 경우, 1:1 인터뷰 형태로 나누어 진행하는 것이 의견 취합 및 합의에 적절하며,
> + 결과 보고의 경우, 경영진 모두가 참여하는 경영진 회의체에서 합의를 얻는 것이 적합합니다.

2. 핵심가치 및 내재화 플랜수립을 위한 협의체를 구성하라.

핵심가치 수립의 핵심 중 하나는 전사적 참여 입니다. 앞서 언급한 경영진과의 합의 뿐만 아니라, 구성원과의 합의를 반드시 거쳐야 합니다. 기업의 규모가 10-20인 내외라면 전사 워크샵으로, 그 이상이라면 협의체 구성과 핵심가치와 관련된 전사 공모전을 투트랙으로 운영하는 것이 효과적입니다. 조직문화 협의체의 경우, 의사결정을 담당하는 경영진과, 전체 프로젝트의 주체적인 역할을 수행하는 TFT, 핵심가치 도출 등을 담당하는 협의체로 구성하여 운영할 수 있습니다.

TFT의 경우, 인사팀과 마케팅, 디자인팀 등으로 구성되었을 때 시너지가 크며, 협의체의 경우 '조직문화 Maker 1기'처럼 특정 기간, 특정 목적(핵심가치 정의/굿즈 기획/사내 뉴스레터 운영)을 갖고 운영하는 것이 바람직합니다. 핵심가치 정의를 위한 협의체 구성원 선정은 각 조직별로 키맨이 되는 인원으로 구성하되, 협의체 구성원끼리의 시너지도 함께 고려해야 합니다.

협의체 구성원 선정이 완료되었다면, 핵심가치 수립을 위한 워크샵 기획이 필요합니다. 워크샵은 전문퍼실리테이션 그룹에 외주를 줄 수도 있지만, 조직문화 담당자가 직접 기획하고 운영할 것을 추천합니다. 핵심가치 도출 워크샵의 경우, 조직에 대한 높은 이해도가 요구되기도 하고, 조직문화 담당자로서 갖춰야할 필수 역량이기 때문에 직접 기획하고 운영해보는 경험이 반드시 필요합니다.

섹션	구분	목적	시간	내용
1	워크샵 개요 안내	정보전달	14:00~14:30('30)	- 워크샵 목적과 결과물 - 조직문화 리빌딩 목적과 로드맵 - 핵심가치 키워드 도출 프로세스 - 향후 계획 및 기대효과 - 조직문화 리빌딩 추진체계 - 워크샵 진행 순서 안내
		브레이크 타임('10)		
2	핵심가치 - 고객가치 정의 (키워드 도출)	사고심화	14:40~16:10('90)	- 타겟고객 정의 - 타겟고객 프로필(페르소나) 만들기 - 고객에게 기여하는 가치(존재 이유) - 고객여정맵별 매력요인 분석 - 기업의 현재 이미지 & 미래 이미지
		브레이크 타임('20)		
3	핵심가치 - 일하는방식 정의 (키워드 도출)	사고심화	16:30~17:30('60)	- 기업 비전 드로잉 - (비전 달성을 위한) 핵심 키워드 도출 - (비전 달성을 위한) 일하는 방식 정의 - 기업의 현재 문화 & 앞으로의 문화
		브레이크 타임('20)		
4	최종정리 및 마무리	의사결정	17:50~18:50('60)	- (고객가치&일하는방식) 키워드 검증 및 합의 - (비전 달성을 위한) 핵심가치 도출 - 핵심가치별 키메시지(캐치프라이즈) 도출

▲ 자료 출처 : Core value & Way of working 1차 워크샵 개요 / 김윤성(푸우)

핵심가치 워크샵은 리브랜딩(re-branding)워크샵의 프레임웍과 유사합니다. 기업의 타겟 고객을 정의하고, 타겟 프로필(페르소나)별 유저 스토리와 User journey map을 도출하여, 고객에게 어떤 가치를 제공하고 있는지를 확인하는 과정을 거치기 때문이죠. 고객에게 제공하는 가치와 경쟁환경 뿐만 아니라, 기업의 지향점(미션, 비전)과 사업전략 까지를 종합하여, 이미지와 키워드를 최종 추출하고, 추출한 키워드의 캐치프레이즈를 도출하면서 조직의 북극성을 완성합니다. 얼핏 보기에는 간단한 과정처럼 보일 수 있지만, 실제로는 키워드 도출을 위해 협의체(조직문화 Maker) 대상 2차수 워크샵, 도출된 키워드의 Key concept과 Key message를 도출을 위해 TFT(인사팀/UX팀/디자인팀) 대상으로 2차수 워크샵이 진행되고 나서야 비로소 핵심가치와 핵심가치를 전파하기 위한 캐치프레이즈가 완성되게 됩니다. 물론, 아직 현재 진행형 입니다. 경영진 및 구성원분들과 합의하는 과정이 남아 있으니까요.

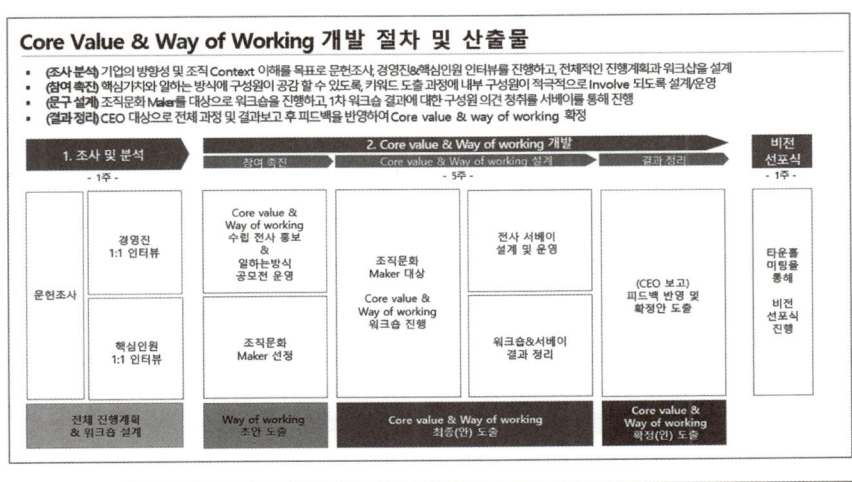

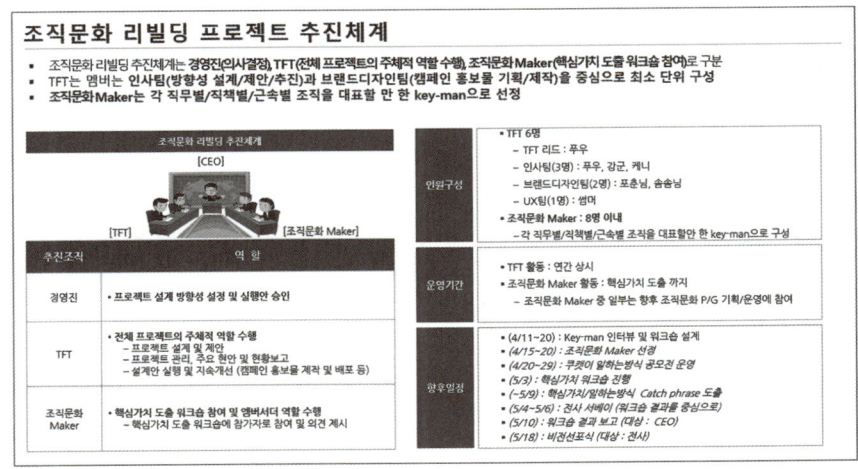

▲ 자료 출처 : Core value & Way of working 수립 기획안 中 / 김윤성(푸우)

3. 핵심가치 수립과 비전 선포식을 진행하라.

워크샵을 통해 결과가 도출되었다면 7부 능선을, 핵심가치의 도출 배경을 논리적으로 설명하기 위한 워크샵 보고서 작성이 완료될 쯤이면 9부 능선을 힘겹게 지나가고 있을 때 입니다. 보고서가 완성되면, 최종 경영진 보고를 통해 핵심가치를 확정하고, 핵심가치 단계별 내재화전략과 마스터플랜을 합의하게 됩니다.

앞서 소개했던 내재화 4단계 중 "set→see→feel→act" 1단계가 비로소 끝나게 되는 것이죠. 이후부터는 속도감 있게 기획/운영이 가능합니다. 핵심가치를 인지/인식 할 수 있도록 극대화 하는 See단계 부터는 비전선포식, 핵심가치 캠페인 등을 진행하게 됩니다. 캠페인의 경우, 캠페인의 소재(미션, 비전, 핵심가치 등)별로 포맷(포스터, 영상, 제작물)을 정해서 다양한 채널(내부 사옥, 타운홀 미팅, 외부 커뮤니티 등)에 전파하는 것이 핵심입니다.

가장 먼저, 핵심가치를 전사적으로 선포하는 비전 선포식을 준비하게 되는데, 이때, 핵심가치 도출과정을 리마인더 하고 조직의 미션과 비전을 달성하기 위해 우리가 기준으로 삼은(또는 앞으로 가져야할) 가치와 원칙을 공유하면서, 선포식을 마무리 하게 됩니다.

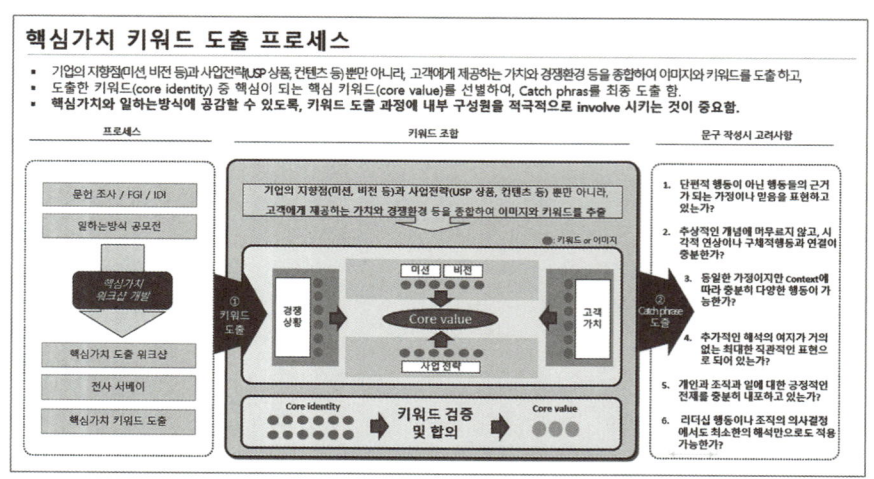

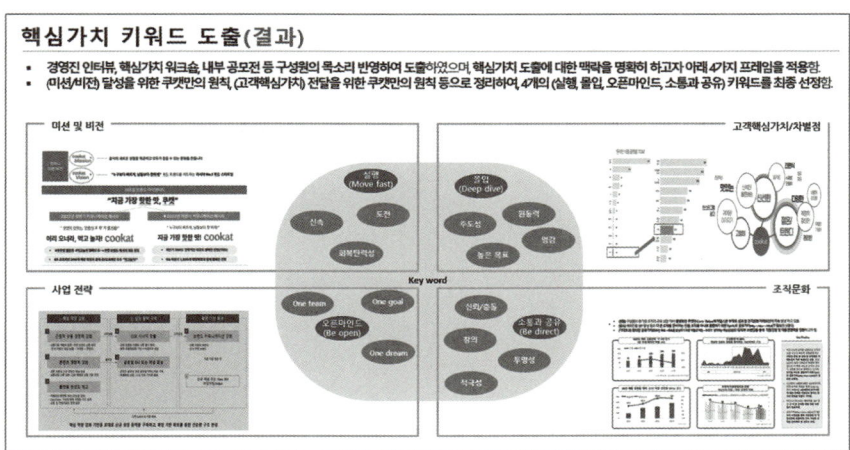

▲ 자료 출처 : Core value & Way of working 워크샵 결과 보고서 中 / 김윤성(푸우)

💡 핵심가치를 내재화하는 방법

조직문화가 흔히들 이야기하는 액자 속 글자 또는 구호가 되지 않기 위한 방법은 무엇일까요? 앞서 밝혔지만, 조직문화가 이음새로써 작용하기 위해서는 '내재화'가 핵심입니다. 마지막 장은 조직이 지향하는 가치와 구성원이 느끼는 온도를 일치시키기 위한 방법들을 아주 짧고, 굵게 소개해 보도록 하죠.

1. 조직문화 프로그램으로 일관된 메시지를 전달하라.

프로그램으로 일관된 메시지를 전달하는 가장 좋은 방법은 서브 브랜드를 만들고 확장(베리에이션) 하는 것 입니다. 마치, 배달의 민족 브랜드 아래, 배민 라이더/배민 커넥트/배민 프레시의 서브 브랜드가 존재 하는 것 처럼 말이죠. 가령, 기업이 F&B산업에 속해 있다고 가정한다면, '시즈닝'을 키워드로, 시즈닝 포럼(타운홀미팅), 시즈닝 토크(지식나눔), 시즈닝 레터(사내 뉴스레터)로 프로그램 명칭을 통일할 수 있고, 자연스럽게, 기업에서 전달하고자 하는 키워드와 이미지를 일관되게 전달할 수 있게 됩니다.

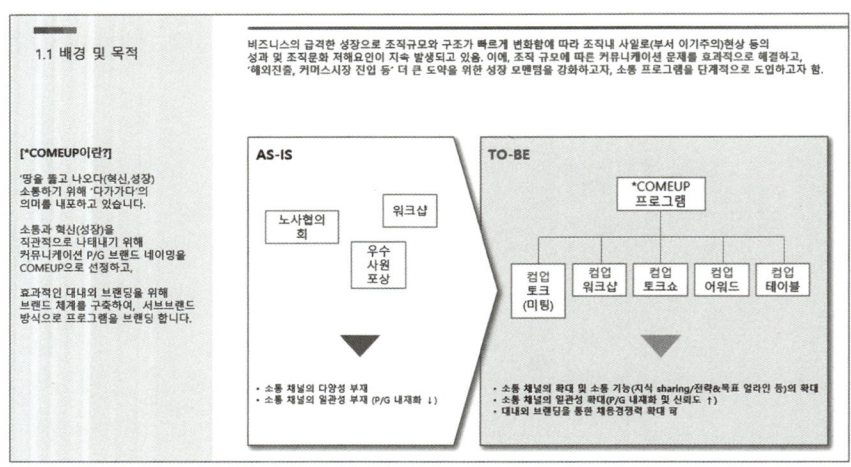

▲ 자료 출처 : 커뮤니케이션 프로그램 기획안 & 내부 브랜딩 이미지 / 김윤성(푸우)

2. 소통의 밀도를 높여라.

    기업의 규모가 크면 클 수록, 전사 단위의 타운홀 미팅을 진행하는 데 한계가 있기 마련입니다. 그래서 조직의 규모가 크면 클 수록 경우, 전사 미팅을 온라인으로 대체하거나 긴 텀을 두고 오프라인 미팅을 진행하게 되죠. 다행히, 온라인으로 주기적인 미팅을 진행하더라도, 소통의 밀도가 내려갈 수 밖에 없는 구조입니다. 온라인 환경상에서도 오프라인과 유사한 수준으로 소통의 밀도를 유지하기 위해서는 나름의 리텐션 전략이 필요합니다. 전사 온라인 타운홀 미팅 전에 사전 서베이를 준비할 수도 있고, 온라인 퀴즈대회를 개최할 수도 있는데, 핵심가치와 조직의 사업방향과 연계해서 진행하는 것이 바람직합니다.

▲ 자료출처 : 이프랜드/퀴즈앤 플랫폼을 이용한 온라인 전사 타운홀 미팅(시즈닝포럼) 中 / 김윤성(푸우)

3. 행사에 의미를 부여하라.

작은 행사부터, 큰 행사까지 전달하고자 하는 일관된 메시지가 필요합니다. 가령, 매년 진행하는 연말 행사의 경우에도, "모두 함께, OO을 나누다"를 주제로 하여, 사내 소통과 성장 모멘텀이라는 메시지를 전달하죠. 21년에는 "모두 함께, 즐거움을 나누다"를 주제로 무려, 456만원의 상금이 걸린 오징어 게임 컨셉의 연말 행사를 진행하고, 22년에는 계묘년을 슬기롭게 맞이하기 위해 "모두함께, 소망을 나누다"를 주제로 토끼 컨셉 행사를 진행 했습니다. 이처럼, 매년 진행되는 행사는 단순한 즐거움을 넘어, 기업이 지향하는 가치를 전달하고, 구성원이 느끼는 온도를 맞추는 중요한 역할을 하게 됩니다.

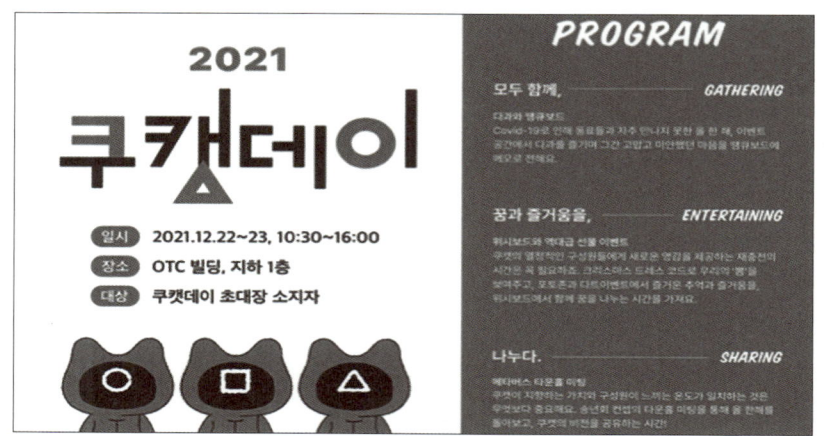

▲ 자료출처 : 2021 연말 타운홀 행사 포스터 中 / 김윤성(푸우)

조직문화의 중요성은 아무리 강조해도 부족함이 없습니다. 그러나, 올바른 조직문화를 만드는 과정은 생각보다 쉽지 않죠. 그래서 조직문화 담당자들은 '단번에 만들어진 문화는, 문화가 아니다.' 라는 문구를 가슴속에 새기고 꾸준히 그리고 다양한 방법으로 조직문화가 내재화 될 수 있도록 움직여야만 합니다. 점이 모여 선을 이루고 선이 모여 면을 이루 듯, 조직도 작은 변화가 모여 큰 변화를 이루기 마련이니까요. 결국, 자신의 생활 터전인 바다를 두려워하는 펭귄 무리 중 처음 바다에 뛰어들어 분위기를 반전 시키는 퍼스트펭귄의 정신을 갖는 것이(또는 조직에 심어주는 것이), 조직문화 담당자의 역할이자 사명이지 않을까 싶습니다.

CHAPTER 08 우리가 '함께' 일하고 성장하는 법

문정현

안녕하세요. HR인사 채용 분야의 전문가로 성장하고 있는 문정현입니다. HR 담당자 뿐만 아니라 인사 업무를 꿈꾸고 있는 모든 분들에게 HR이 얼마나 매력적인 직무인지, 구성원들을 위해 어떠한 고민과 방법론을 구사하고 있는지 다양한 경험을 통한 인사이트를 솔직하고 담백하게 공유하고자 합니다. HR의 길을 열심히 걸어가고 있는 사람으로써 각자의 방식으로 구성원들을 위해 고군분투하는 HR 담당자분들에게 진심으로 응원하는 말을 남깁니다.

"번아웃와서 조금 쉬고 이직 준비 중이예요."

면접이나 세미나를 가면 꼭 한 명은 이렇게 말합니다. 그만큼 직장인 번아웃을 느끼는 사람들이 굉장히 많아졌다는 뜻이겠죠. 번아웃은 성공적으로 관리되지 않은 만성적 직장 스트레스로 인해 발생하는데 크게 정서적 소진, 직업 효능감 저하 등의 증상으로 나타납니다. 원인을 꼽아보자면, 업무 과부하, 업무 자율성 부족, 충분하지 못한 보상, 사회적 지지 부족, 공정성 부족, 가치관 충돌 등이 있습니다. 제가 지금까지 만나보았던 분들은 업무 과부하로 인해 직장인 번아웃을 느낀 사람들이 많이 있었습니다. 자신의 커리어 성장을 위해 달려나가고 고군분투하는 모습도 멋지지만, 너무 달려가다보면 크게 다칠 수 있는 확률이 높고 그만큼 지칠 수밖에 없습니다.

채용담당자로 일을 해오면서 '직장인 번아웃'을 겪는 동료분들을 유심히 보게 되고 조금 더 다가가려고 노력하고 있습니다. 번아웃을 느끼고 퇴사하는 시점에 발견하는 것은 매우 늦었기 때문에 미리 곁에 있는 동료분들을 세심하게 바라볼 필요가 있습니다. 직장 내 중간 관리자나 선배들은 후배의 내재적 가치를 발견할 수 있도록 리딩해야 하며, 조직에서는 평가 제도를 팀 전체 성과 중심으로 진행되어야 합니다. 물론 개인의 업무 자체도 꾸준한 피드백과 성과가 있어야겠지만, 팀 전체적으로 업무 완성도나 업무 양에 대한 조직 차원의 절충이 필요합니다. 추가로 커뮤니케이션 할 때는 업무의 목적과 왜 해야하는지, 이를 통해 어떤 가치를 실현할 수 있는지 먼저 공유해야 합니다. 개인의 노력도 물론 중요합니다. 개인은 내적 동기를 발견하고 개인의 가치관을 확립하기 위해 부정적인 시각보다는 긍정적인 시선으로 자신을 바라보아야 합니다.

현대사회에서 회사를 다니다보면 스트레스 받는 일이 있기 마련이고 사실 그럴 수 밖에 없다고 생각합니다. 다만 여기서 개인이 어느정도 그 충격이 덜 할 것이냐가 중요한 포인트이죠. 그럴 때 서로 다름을 인정하고 고마움을 표현하고 실수와 모자람을 인정하는 태도가 중요합니다. 중요한 것은 직원들이 '심리적 안정감'을 느낄 수 있게 분위기와 환경을 조성하는 것이 핵심입니다. 직원들이 각자의 개인 생각을 이야기하더라도 비난받지 않고 벌을 받지 않을 것이라는 안정감을 갖춘 환경을 구축해야 합니다. 그럼 그러한 분위기를 만들기 위해 시작을 어떻게 해야하는지 고민이 들 때, 직원들의 솔직한 피드백을 직접 설문지를 통해 받아보거나, 그런 창구를 열어두는 방법이 가장 쉽고 효율적인 방법입니다. 안정감을 갖춘 분위기의 가장 중요한 핵심은 개인을 믿어주는 조직 문화를 만드는 것입니다.

"일한테 먹혀버린 것 같아요… 조용히 이직 준비 중이예요"

지친 모습으로 제 지인이 걸어들어오면서 했던 말입니다. 회사 생활을 하다보니 야근이 일상이 되고 퇴근 후에도 메신저를 확인하고 휴가 기간에도 노트북을 껴안고 업무를 진행하는 경우가 허다합니다. 사실 회사에서 받는 월급은 고정되어 있는데, 해야 할 업무는 시간이 갈수록 늘어나기만 하는 상황이죠. 요즘 워라밸 이야기를 많이 하지만 많은 회사들이 다른 세상 이야기로 듣는 경우도 허다합니다. 물론 아닌 곳도 있지만요. 사실 팬데믹 이전만 해도 회사는 직원들에게 최대의 시간과 노력을 업무에 쏟아부을 것을 요구하는게 당연한 시대였던 때였습니다. 열심히 일해야 생산성을 높일 수 있고 그래야 치열한 시장 경쟁에서 승리할 수 있기 때문입니다.

팬데믹을 지나며 재택근무가 보편화 되고 '일과 생활'의 경계선이 모호해진 것 또한 번아웃 증후군을 호소하는 직장인들이 많아지는 이유가 된 건 아닐까 싶습니다. 딜로이트 글로벌이 최근 발표한 '2022 Z세대 및 밀레니얼 세대' 설문 조사에 따르면 MZ세대는 자신들이 근무할 회사를 선택하는 데 '일과 삶의 균형(Z세대 32%, 밀레니얼 39%)'을 최우선 조건으로 여긴다고 답했습니다. Z세대의 46%와 밀레니얼 세대의 45%는 자신들이 업무 환경으로 인해 '번 아웃'을 겪고 있다고 응답했고 Z세대의 44%와 밀레니얼 세대의 43%가 업무 압박으로 인해 최근 직장을 떠난 경험이 있다고 답했습니다.

일과 삶의 균형을 중시하는 세대가 오면서 기업들도 기존 제도나 문화만을 고집하는 것은 앞으로의 경쟁에서 밀릴 가능성이 크다는 것을 암시하고 있습니다. 인재 전쟁의 시대에서 승리하기 위해서는 직원들의 눈과 귀를 세심하게 살필 필요가 있습니다. 리더들은 나의 팀원들이 정말 업무에 만족을 하면서 일을 하고 있는지, 힘들거나 심리적으로 압박이 있지 않은지 등을 최대한 가용할 수 있는 범위 내에서 케어를 해야합니다. 특히 최근 늘어난 기업 평판 사이트를 통해 기업의 내부 문화와 분위기, 대략적 처우에 대해 상당한 정보를 갖고 있다는 점도 과거 구직자 분들과 크게 달라진 모습이기 때문에 객관적으로 회사 내부를 보고 그에 따른 개선을 빠르게 도출해야하는 것이 기업의 역할입니다.

MZ세대 직원과 일하는 방법

'공감' 리더십

기성세대 리더들은 소위 '까라면 까고', '알아서 눈치껏' 일하는데 익숙한 관점인데 반면, MZ세대들은 일의 목적과 Why를 묻고 시작하는 경우가 많습니다. 그저 명령이 아니라 함께 공유하는 업무 자리를 형성하여 업무의 배경과 목적을 충분히 설명하는 것이 좋습니다. 따라서 리더는 업무를 지시할 때 목적을 분명하게 제시하고 당위성에 대한 공감을 이끌어내야 합니다.

예를 들어 현업 부서 직원에게 콘텐츠 게시물을 새롭게 기획하라는 임무를 줘야 하는 상황을 가정해본다면, "좀 다른 콘텐츠 게시물을 올려보는 건 어때요, OO님이 한 번 기획해 보세요"라는 지시에 OO님은 무슨 생각을 할까요. '어떤 부분 때문에 다른 콘텐츠를 만들라고 하는거지?' 라는 의문을 가질 수 있습니다. 이때 OO님이 업무에 목적 의식과 주인 의식을 갖고 일에 몰입할 수 있도록 만들기 위해서는 '왜(why)'에 대한 설명을 곁들여야 합니다.

"이번에 인테리어를 좋아하는 고객 분들 대상으로 새롭게 콘텐츠를 기획해보고자 합니다. 주된 목적은 고객 층의 니즈에 맞게끔 가구의 인테리어를 홍보하는 목적으로 보면 됩니다. 실제 저희 가구가 들어간 인테리어를 보여주면서 요즘 세대의 눈높이에 맞는 콘셉트의 기획물을 만들려면 OO님의 아이디어가 필요할 것 같아요. 그런 면에서 기획 경험은 물론 가구에 대한 이해도가 충분한 OO님이 다른 사람들보다 잘할 수 있을 것 같은데, 어때요"라는 식으로 말을 하는 것이 좋습니다."

OO님이 충분히 납득했다면 그 다음 예상되는 어려움은 무엇인지, 어떤 지원이 필요한지 함께 고민을 나눠보는 것이 넥스트 스텝입니다. 이 과정을 통해 OO님은 주도적으로 업무의 방향을 설정할 수 있게 되고, 보다 더 효율적이고 효과적인 방법을 찾아낼 수 있습니다.

실제로 일을 잘 해내는 직원에게 업무가 몰리는 경우가 있는데, 이 과정이 번복되면 번아웃이 오기 쉽습니다. 특히 기여한 만큼 보상이 이뤄지지 않는다면 회의적인 생각이 들기도 합니다. 이를 지켜보는 다른 직원들은 '본인에게는 성장의 기회가 주어지지 않는다'라는 생각을 할 수 있습니다. 이러한 갈등을 사전에 차단하는 것이 중요합니다. 팀 전체적으로 돌아가고 있는 업무 현황들을 투명하고 꼼꼼하게 공유하는 것이 서로에게 큰 도움이 됩니다.

MZ세대는 유독 성장 욕구가 크고 일의 의미를 찾고 싶어하는 경우가 많습니다. 이들은 자신의 성장에 도움이 되고 세상에 긍정적인 영향을 끼친다면 더욱 몰입해서 업무를 합니다. 그래서 업무를 진행할 때 동기요인을 자극할 필요가 있으며 주의할 점은 '진정성'이 담긴 대화를 이어가야 합니다. 진정으로 리더가 나의 성장에 관심을 갖고 있는지, 아니면 그저 업무를 넘기기 위해서 하는 말인지는 듣는 사람은 다 알고 있습니다.

대표적으로 다음 3가지 상황일 때 업무 몰입도가 굉장히 높아지고 구성원은 리더를 믿고 따르게 됩니다. 1. 자기 자신의 성과만 챙기는 사람이 아니라 조직 전체의 성과를 위해 한 팀으로 움직이고 있다고 생각이 들 때 2. 리더가 평소 중요하게 내세우는 원칙과 가치에 일관성이 있고 언행일치가 될 때 3. 리더가 구성원을 수단이 아닌 경력 개발에 대해 꾸준히 관심을 갖고 응원하고 지원하는 모습을 보일 때입니다. 가장 효과적인 리더십과 팔로워십은 결국 구성원 스스로 자발적으로 실천했다고 느끼게끔 하는 것이고 이는 조직 내에서 조용하지만 강력한 힘이 될 수 있습니다.

'경청' 원온원

팬데믹으로 인해 재택근무가 활성화되면서 전면 재택하는 곳도 늘어 리더와 팀원, 팀원과 팀원이 만나지 못한 상황이 많았지만 다시금 사무실 출근을 하는 곳이 많아졌습니다. 팀으로써 나아가기 위해서는 '함께'의 의미와 동료애, 구성원들간의 돈독함이 있어야 그 시너지가 발휘될 수 있는데 조금 더 효과적으로 할 수 있는 방법을 찾고자 하는 분들에게 '원온원 미팅'을 추천하고 있습니다. 이는 빠르게 실행할 수 있는 작은 모임으로, 작지만 큰 영향을 서로에게 끼칠 수 있습니다. 말 그대로 리더와 구성원이 일대일로 만나 이야기를 나누는 것을 의미합니다. 이 때 처음에는 개개인의 이슈나 스몰 토크를 진행하면서 사적인 내용으로 편하게 시작해도 좋습니다.

의미있는 원온원 미팅이 되기 위해서는 리더가 고민해야할 핵심은 '어떤 질문을 할까' 입니다. 무엇을 이야기할지 보다 무엇을 들어야 할까를 생각해야 합니다. "리더인 내가 어떤 것을 도와주면 좋을까요", "요즘 어떤 고민이 있나요" 와 같은 질문이 효과적입니다. 사실 리더와 팀원과의 관계는 다소 편하기가 어려운 관계일 수 있습니다. 터놓고 말하지 못하는 부분들도 많습니다. 다만 이런 원온원 미팅을 한 번으로 끝나는 것이 아니라 지속적으로 업무나 상황에 맞춰서 꾸준히 하는 것이 가장 중요합니다. 특히 해당 미팅은 고민해결상담소가 아니고 서로 커뮤니케이션을 하며 공감대를 형성하고 경청을 하는 자리입니다.

원온원 미팅의 가장 큰 부분은 바로 신뢰와 진정성입니다. 원온원이 잘 실행되고 있는 조직을 보면 리더와 구성원 간의 관계가 매우 친밀하면서도 유기적입니다. 서로의 특징을 잘 이해하고 있고, 각자의 강점과 약점, 스킬과 경험뿐만 아니라 현재 하고 있는 일에 어떤 장애가 있는지, 혹은 어떤 결과가 예상되는지도 다 파악하고 있기 때문입니다. 구성원의 다소 4차원스러운 의견에도 긍정적으로 반응해주는 등 리더는 계속해서 구성원들이 자신의 생각과 의견을 적극적으로 제시할 수 있도록 돕습니다. 또는 구성원의 부족한 스킬과 경험을 채워주고, 갈등이나 업무상의 장애물들을 같이 제거하기도 합니다. 이렇듯 리더는 구성원의 성장과 성공으로 조직도 함께 성공을 거둘 수 있다는 믿음을 갖습니다. 이를 통해 구성원도 본인이 조직 안에서 스스로 성장할 수 있다고 믿게 됩니다. 이렇게 서로 간에 두터운 신뢰가 쌓이면서 구성원은 리더에게 적극적인 팔로워십을 보여줍니다.

이런 원온원 미팅이 많이 있는 회사일수록 리더와 팀원 간의 유대관계가 잘 형성되어 있고 조직 간의 끈끈함과 믿음이 존재합니다. 만약 없다면 빠르게 만들어서 팀원들과 1:1 자리를 만들어 보는 것을 적극 추천합니다.

'덕분에' 회복탄력성

조직에서의 일은 항상 힘들고 그만두고 싶습니다. 업무량은 물론 많기도 하고 어려운 상황이 닥칠 때도 있어 그럴 때는 상위 리더와 협의해서 해결하고자 노력하면 됩니다. 일이 힘든 진짜 이유는 '나의 의지'를 벗어나는 상황이 계속 생기기 때문입니다. 자기 자신은 최선을 다해서 주말근무를 하며 이뤄놓았는데, 어떤 상황으로 인해 또는 사람으로 인해 엎어진다면 힘이 쫙 빠지기 마련입니다. 누구나 주변에서 흔히 볼 수 있는 일이고 오늘 그러셨던 분도 있습니다. 그럴 때 일을 놓아버리는 것이 아니라 더 좋은 결과를 만들어 내는 것이 정말 일 잘하는 분이라고 생각됩니다. 심리학에서는 이를 '회복탄력성' 이라고 말합니다. 역경이나 시련, 실패가 왔을 때 두너지지 않고 원래의 안정적 상태로 되돌아오는 능력입니다.

1. '이 방법이 아니네, 다시 돌아가야 하잖아, 괜히 이 방식대로 업무했어'
2. '이 방법이 아니네, 그래도 나중에 아는 것보다 지금 알아서 다행이다, 덕분에 명확한 방법을 알기 되었어'

만약 머릿속에 2번이 먼저 떠올랐다면 회복탄력성이 높은 편에 속합니다. 바로 '격분에' 라는 키워드 때문입니다. 어려운 상황에 '덕분에'를 떠올린다는 것은 물론 어렵습니다. 조금 더 쉽게 다가갈 수 있는 것은 '감사함'을 갖는 마음입니다. 매일 같이 벌어지고 있는 일상이지만 지금 있는 일상이 없다고 생각하면 순간 막막함이 들 수 있습니다. 불평 투성이로 세상을 바라보는 것보다 작은 생각의 변화로 감사를 전할 수 있는 사람이 되는 것이 자신이 가장 빛날 때라고 생각합니다. 의무적으로 해야하는 일이지만 그것 역시 어떻게 바라보느냐에 따라 힘든 고민이 될 수 있고 내일을 위한 성장이 될 수 있습니다. 내가 있는 조직에서 더 나은 가치를 주기 위해 무엇을 해야할지, 옆에 있는 동료를 위해 더 노력해야할 것은 무엇인지를 감사한 마음으로, 덕분에 라는 마음으로, 찾는 것이 자신에게 있어서도 긍정효과로 돌아오게 됩니다. 이런 사람이 동료로 있다면 주변 사람들에게도 역시 '감사'의 영향을 받게 되어 서로에게 좋은 변화를 주고 받을 수 있습니다.

필자는 오늘도 버티자 라는 말을 별로 좋아하지 않습니다. 삶을 버티며 살아가는 것은 하루하루가 위기이고 역경으로 생각되는 것 같아서 '버티자'라는 말을 하지 않습니다. 버티자 라는 말 대신 '오늘은 어제보다 더 좋은 하루가 될거야', '좋은 일만 가득할 것 같아' 라고 주문처럼 외우고 출근을 하는 편입니다. 오늘 하루도 출근하고 열심히 업무를 마치고 퇴근하는 모든 직장인 분들을 향해 진심 가득 담아 응원의 말씀을 남깁니다.

APPENDIX
일하는 방식을 고민하는 다양한 서비스

CHAPTER 01_ 오비스, 기업의 일하는 방식에 영향을 주는 HR 서비스

CHAPTER 02_ 현직 HR담당자가 같이 만든 AI 채용 솔루션 '뷰인터HR'

CHAPTER 03_ 그래버HR을 왜 만들었을까? (적합한 일자리, 적합한 인재)

CHAPTER 01 오비스, 기업의 일하는 방식에 영향을 주는 HR 서비스

 재택근무와 사무실 출근

코로나 상황으로 인해 기업은 사무실 출근을 피해 재택근무를 시행했습니다. 하지만 코로나 상황이 어느 정도 안정화되면서, 기업들은 다시 오프라인 사무실로 돌아가고 있습니다. 오프라인 사무실로 돌아가는 현상은 비단 재택근무가 불필요하게 느껴져서는 아닙니다. 재택근무와 사무실 출근의 장단점을 알아보고 어떻게하면 밸런스를 맞추고 다양한 장점을 한 번에 얻을 수 있는지 알아보겠습니다.

재택근무의 장점은 주로 출퇴근 시간과 비용을 절약하고 개인의 환경에 맞춰 업무를 진행할 수 있다는 것인데요. 가족과 함께 할 수 있는 시간이 늘어 일과 가정의 균형을 유지하기 쉽다는 장점 또한 있습니다. 하지만 코로나 때 갑작스러운 재택근무로 인하여 발생한 문제 때문에 기업은 더 이상 재택근무를 진행하는 비용이 오프라인 사무실에서 일하는 비용보다 크다고 느끼게 되었습니다. 이는 동기 커뮤니케이션이 부족해져서 생산성이 떨어질 수 있다는 점, 출퇴근 시간이 없어서 일과 가정의 경계가 모호해질 수 있다는 것과 개인적인 문제가 생겼을 때 출근해서 동료들의 도움을 받기 어렵다는 단점 때문입니다.

반면에 사무실 출근의 장점은 다음과 같습니다. 첫째, 동기 커뮤니케이션이 원활해져서 생산성이 향상될 수 있다는 것입니다. 둘째, 출퇴근 시간을 활용해서 일과 가정의 경계를 유지하기 쉽다는 것입니다. 셋째, 출근해서 동료들과 함께 업무를 진행하면서 지식과 경험을 공유할 수 있다는 것입니다. 하지만 사무실 출근의 단점도 있습니다. 첫째, 출퇴근 시간과 비용이 많이 들어간다는 것입니다. 둘째, 사무실 내 환경이 개인의 취향과 맞지 않을 수 있다는 것입니다. 셋째, 사무실 내 공간이 협소하거나 소음이 심할 수 있다는 것입니다.

따라서, 동기 커뮤니케이션을 가능케하는 툴을 사용하여 재택근무와 사무실 출근을 유연하게 이용한다면 다양한 장점을 한 번에 얻을 수 있습니다. 그렇다면 유연한 업무는 어떻게 시행할 수 있을까요?

💡 유연 근무, 또 다른 업무 방식

일하는 장소와 시간에 구애를 받고 이는 과도한 출퇴근 시간과 거주지의 선택에서 문제가 발생할 수 있고 대량생산의 경제모델에서는 집약적인 것이 효율적이라는 개념때문에 개성은 희생될 수밖에 없습니다. 인력 확보에 문제가 없을 때는 평준화를 통해 안정적인 생산성 확보가 가능하여 문제가 없을 수 있지만 효율의 관점이 변한 현대 사회에서는 개성이 중요시 되어 개성을 희생하지 않으면서도 효율성을 높이는 방식을 선호하게 됐습니다. 특히 개인의 개성을 희생하지 않는 환경에서 낸 퍼포먼스는 상향 평준화에 직결되는 문제입니다. 산업의 다양한 인구감소 등으로 인재확보가 어려운 현대 사화에서는 개인의 퍼포먼스를 최대화할 필요가 있습니다.

유연근무는 일하는 장소와 시간에 대한 물리적인 제약을 최소화하여 개인의 역량과 심리적 안정감을 찾을 수 있도록 하는 새로운 업무 방식입니다. 동기 커뮤니케이션은 모두 함께 일해야하는 장소가 필요하기 때문에 물리적인 제약이 생기는 반면, 유연근무는 개인의 생활 패턴과 업무 요구사항에 따라 유동적인 일정을 가질 수 있기 때문에 출퇴근 시간과 거주지의 제약이 없어져 시간과 비용을 절약할 수 있습니다. 이는 개인의 업무 집중도와 생산성 향상으로 이어질 수 있고요. 유연근무는 개인의 업무와 일상 생활의 균형을 맞출 수 있도록 해주기 때문에 업무와 생활의 조화를 이룰 수 있고, 이는 직원들의 업무 만족도를 높여 업무에 대한 책임감과 참여도를 높일 수 있습니다. 또한, 인재 확보 및 경쟁력 강화 측면에서도 유연근무는 장점을 가집니다. 유연근무는 개인의 역량을 최대한 발휘할 수 있는 환경을 제공하기 때문에 기업에 대한 인재의 선택지가 더 넓어지고, 이는 기업의 경쟁력을 강화할 수 있는 긍정적인 요인이 될 수 있기 때문입니다.

또한, 유연근무를 도입함으로써 기대되는 효과 중 하나는 업무 유연성 증대입니다. 직원들은 자신의 일정과 생활 패턴에 맞게 일할 수 있으므로, 업무와 개인 생활을 균형 있게 조절할 수 있습니다. 이는 직원들의 업무 만족도를 높이고, 직원의 스트레스와 갈등을 줄일 수 있어 더 나은 직장 분위기를 조성할 수 있습니다. 하지만, 유연근무를 도입하는 것에는 몇 가지 예상되는 문제점이 있습니다. 첫째, 직원들이 재택근무를 하면서 생산성이 저하될 수 있다는 것입니다. 직원들이 자신의 업무에 집중하기 어렵고, 동기 부여도 어려울 수 있습니다. 둘째, 직원들 간의 동기 부여와 협업을 위한 소통이 어려울 수 있습니다. 세컨드, 직원들이 서로 다른 장소와 시간에 일할 경우, 업무 협업이 어려울 수 있습니다.

따라서, 유연근무를 도입하기 전에, 이러한 문제점들을 예방하고 대비하기 위한 철저한 계획과 전략이 필요합니다. 예를 들어, 회의나 업무 협업을 위한 도구를 잘 활용하거나, 일정한 스케줄을 유지하고, 팀원들과 빈번하게 소통하여 직원들의 협업과 동기 부여를 촉진할 수 있습니다. 또한, 직원들의 생산성을 높이기 위해 자기 관리 능력과 집중력을 강화하도록 교육하는 것도 좋은 방법입니다.

일반적인 재택근무는 동기 커뮤니케이션이 부재하기 때문에 생산성이 저하되었으므로 기업이 기피하는 경향이 있습니다. 기업은 재택근무를 복지의 일환으로 다루기 때문에 멀리보면 제대로 작동하지 않을 수 밖에 없기 때문이죠. 그렇기 때문에 기업에게는 동기 커뮤니케이션 툴을 도입하여 워크스타일로서 다룰 필요가 있는 것입니다.

💡 유연 근무 환경 인프라를 구축하는 오비스

　이로서, 물리적인 제약이 없다면 가져올 이점을 생각하여 새로운 업무 문화를 정착시킬 필요가 있습니다. 물리적 제약이 없어진다면 출퇴근 시간에서 자유로울 수 있으며 거주지 선택의 폭이 넓어집니다. 이때 확보된 자금과 시간으로 개인의 역량과 심리적 안정감을 찾을 수 있는 것이죠. 이는 결국 직원의 업무 만족도에 영향을 미치고 기업의 채용 경쟁력이 강화됩니다.

　오비스(ovice)는 유연 근무 환경을 온라인에서 구축할 수 있는 인프라를 제공합니다. 이러한 환경을 구축하면서 가장 큰 이점은 동기 커뮤니케이션에서 발생하는 데이터를 활용할 수 있다는 것입니다. 동기 커뮤니케이션에서는 물리적인 사무실에서의 인터랙션과 다르게, 대화나 활동에 관한 데이터가 저장됩니다. 이 데이터를 활용하면 HR전략을 비롯한 경영 전략에 활용할 수 있습니다. 또한, 오비스에서는 커뮤니케이션 허브인 키맨이 중요하다고 강조합니다. 키맨은 주로 상담을 받는 사람으로, 그와의 인터랙션이 떨어지면 충성도가 저하될 수 있습니다. 뿐만 아니라, 오비스는 비동기 커뮤니케이션에서도 분석이 가능하지만 동기 커뮤니케이션에서는 감정적인 요소가 더 많이 포함되어 있기 때문에 더 많은 정보를 가지고 있고, 이를 활용하는 방법은 무궁무진합니다. 이러한 방식으로 오비스는 유연 근무 환경을 구축하고, 동기 커뮤니케이션에서 발생하는 데이터를 활용하여 경영 전략에 활용하는 등 현대적인 인프라를 제공하고 있습니다.

　오비스는 유연 근무 환경을 구축하기 위해 현실과 같은 사무공간을 디자인하고, 온라인 상에서도 실제로 소통할 때 필요한 음성과 리액션 기능을 아바타를 통해 제공합니다. 이를 통해 동료들과의 대화를 자연스럽게 이어갈 수 있고, 누구든지 쉽게 참여할 수 있습니다. 오비스는 상호작용을 위해 음성 및 화상 회의 및 프라이빗 회의 공간, 채팅, 파일 공유, 업무 일정 및 할 일 목록 관리 등 다양한 기능을 제공하며, 모든 기능은 웹 브라우저에서 쉽게 사용할 수 있습니다.

　특히, 오비스는 '연결'을 강조하며 동료들과의 대화를 더욱 풍부하게 만들어주는 음성 및 리액션 기능을 제공하고 있습니다. 아바타로 쉽게 접근하여 음성을 통해 실시간으로 동료들과 소통할 수 있으며, 리액션 기능은 채팅이나 회의 중에 이모티콘을 보내어 감정을 표현할 수 있습니다. 얼굴을 드러내는 화상 회의의 부담을 줄이기 위해 아바타 안에만 작게 나타나는 라이브 아바타 기능을 개발하였으며 이는 친밀감은 높이고 부담을 줄여 '연결'을 더욱 효과적으로 할 수 있게 도와줍니다. 또한, 오비스는 협업에 필요한 노이즈 캔슬링 기능을 제공합니다. 원격 근무는 주로 집이나 카페에서 이루어지는 경우가 많은데, 사무실이 아닌 외부 공간에서는 어쩔 수 없이 주변의 소음이 발생하기도 합니다. 이러한 소음이 협업 활동을 방해하거나 집중력을 저하시킬 수 있습니다. 하지만 오비스의 노이즈 캔슬링 기능을 사용하면, 주변의 소음을 효과적으로 차단하여 협업에 집중할 수 있습니다. 노이즈 캔슬링 기능은 오비스의 음성 통화 기능에서도 제공되므로, 명확하고 원활한 커뮤니케이션을 위한 환경을 제공합니다. 이를 통해 커뮤니케이션의 효과를 높일 수 있으며, 팀 내부의 연대감을 높이고 업무 생산성을 향상시킬 수 있습니다.

CHAPTER 02 현직 HR담당자가 같이 만든 AI 채용 솔루션 '뷰인터HR'

코로나 팬데믹 이전 2019년 상반기는 4차 산업혁명과 Digital Transformation 이 대두되며 일하는 방식의 혁신에 대해 고민과 논의가 태동하던 시기였다. L그룹 역시 그룹 경영전략 회의에서 위 주제에 대해 매번 심도있게 논의할 만큼 DT가 경영전반의 핵심 전략의 주요 키워드로 자리 잡기 시작했다.

HR도 예외가 될 수 없었다. HR Digital Transformation이라는 개념조차 생소했던 시절, HR의 일하는 방식을 개선하고 디지털화하기 위해, 필자는 채용팀장으로서 채용 전반의 Pain Point를 DT를 통해 해결할 수 있는 방안을 고민하기 시작했다. 그동안 L그룹은 신입채용은 그룹 주관, 경력채용은 각 계열사 주도로 진행되고 있었기 때문에, 그룹주관의 신입공채를 DT화했을 때 그 효과성을 검증하기가 더욱 용이할 것이라 판단하여 상/하반기 신입공채의 고민들을 정리하고 해결안을 도출해 보기로 하였다.

당시 신입공채의 "서류전형"과 "면접전형"에서 Pain Point가 존재했는데, 먼저 서류전형에서는 서류평가에 시간이 오래 걸린다는 점과 다수의 지원자로 인해 모든 지원자의 개별역량 평가가 어려워, 서류상의 스펙 위주로 평가할 수밖에 없는 한계점이 존재했다. 면접전형에서는 인사담당자 또는 여러 면접관들이 지원자를 평가한 결과에 대한 객관성을 담보할 수 없고, "올바르게 면접이 진행되고 평가되고 있는가"에 대한 확인을 할 수조차 없다는 것이 가장 큰 Pain Point로 나타났다. 이러한 두 전형에서의 Pain Point를 AI로 개선하기 위한 가설을 다음과 같이 수립하였다.

첫째, AI를 활용하여 신입공채에 지원한 수만명의 지원자들에 대해 스펙 중심이 아닌 역량

중심의 평가를 진행한다면 전형 초기단계에서부터 우리 회사에 Fit 한 인재를 선발할 수 있을 것이다.

둘째, AI를 활용하여 일관된 평가기준과 일관된 면접 질문을 제시하여 면접관이 저지를 수 있는 휴먼에러를 최소화하고, 객관화된 면접 평가를 진행할 수 있을 것이다.

이 가설을 검증하고 실행하기 위해서는 우선 AI 및 빅데이터 관련 전문가들의 의견을 들어볼 필요가 있었다. 먼저 사내 AI・빅데이터 관련 부서들과 미팅을 진행했다. AI를 통한 서류전형과 면접전형의 진행 가능성에 대해서는 그들도 동의했다. 하지만 이들은 회사 내부 사업에 더 우선순위가 있어 HR DT를 지원하기에는 여력이 없었기에 외부의 도움을 받기로 하고 여러 채용 관련 AI 솔루션 업체들을 찾아서 미팅하기 시작했다.

첫 번째 업체는 AI로 자소서를 분석하는 업체였다. 당시에는 경쟁 업체를 찾을수도 없을 만큼 텍스트 기반의 자연어처리에 독보적인 AI기술을 보유하고 있는 업체였다. 업체와 함께 결함/ 표절 등 기본적으로 그들이 제공하는 분석에 더해, 고성과자 자소서와의 비교, 합격 자소서와의 비교, 직무기술서와의 비교 등 그동안 우리가 축적해놓은 데이터를 기반으로 할 수 있는 다양한 추가 분석 기능을 요구하여 AI를 활용한 자소서 분석을 진행하였다. 그 결과 자소서 평가의 근거를 AI를 통해 확보하고, 객관적이고 일관적인 평가결과를 도출함으로써 이전의 서류전형에서는 적극적으로 반영할 수 없었던 자소서 평가의 배점을 확대할 수 있었다. AI를 통해 스펙 중심의 서류전형에서 역량 중심의 서류 평가로 한발 나아가게 된 것이다.

두번째로 인/적성과 1차 면접 사이에 적용하기에 적합한 AI솔루션을 찾다가 먼저 인성검사와 게임기반의 AI 평가 솔루션을 제공하는 업체와 만남을 가졌다. 해당 업체가 제공하고 있는 AI평가솔루션은 그룹 차원으로 진행하고 있는 인/적성 검사와 평가요소나 평가목적이 유사했다. 같은 요소를 두개의 도구로 평가하기에는 다소 무리가 있었고, 그렇다고 기존의 인/적성 검사를 AI솔루션으로 대체할 수도 없는 노릇이었다. 이에 따라 해당 업체와는 진행이 힘들다고 판단하였고,

다른 방식의 솔루션을 제공하는 업체를 찾았지만 쉽지 않은 상황이었다. 혹시나 하는 마음에 내부 AI관련 부서에 직접 개발도 요청해 봤지만 비용과 인력이 많이 투입될 것같아 선뜻 의사결정 하기 어렵다는 피드백만 돌아올 뿐이었다. 그러다 AI관련 부서에서 AI업체 명함 하나를 전달받았고 그 회사가 바로 필자가 지금 속한 제네시스랩이다. 당시 제네시스랩은 "뷰인터"라는 지원자를 대상으로 한 화상·대면·AI면접 연습 솔루션을 보유하고 있었다. "뷰인터"는 지원자들이 질문에 답변을 하면 해당 영상에 대한 면접 소프트스킬을 분석해주는 솔루션이다. 비록 기업·기관을 대상으로 하는(B2B) 채용을 위한 AI솔루션이 구축되어 있진 않았지만 "영상 기반의 소프트스킬 AI평가"라는 점이 매우 흥미로웠고, 채용솔루션으로 충분히 활용할 수 있겠다 라는 생각이 들었다. 이와 관련하여 제네시스랩의 CEO, CTO와 여러번에 걸쳐 심도깊은 미팅을 진행했고 그 과정에서 AI 학습원리와 작동원리를 이해함과 동시에 CEO, CTO가 공대 석/박사이지만 HR 영역에 대한 이해와 열정이 아주 높은 것을 느낄 수 있었다.

오랜기간 미팅을 통해 제네시스랩과 함께 해볼만하겠다는 결론을 내렸다. 19년 하반기 신입 채용에 활용하기로 결정한 후 여러 요구사항들을 전달하고 제네시스랩은 이를 민첩하게 반영하며 빠르게 솔루션을 완성시켜나갔다. 그 과정에서 단순히 요구사항만 전달하는 것이 아니라 시스템 기획, UX/UI 디자인 등 세부적인 논의와 피드백을 주고받았으며, 더 나아가 내부 직원에 의해 직접 AI모델을 검증하는 절차도 진행하였다. AI면접평가도구의 성능은 사람이 보는 관점과 AI가 보는 관점이 유사한가가 핵심이기에 그것을 검증하기 위해 인사팀과 면접관들이 AI과 같은 기준을 놓고 평가를 진행하여 그 결과를 비교해보았다. 그 결과 사람평가자와 AI평가자 간 신뢰도가 0.6이상으로 사람과 AI가 매우 유사하게 평가한다는것을 확인할 수 있었다.

다만 당시 한 가지 아쉬웠던 부분은 언어적 분석, 즉 답변 내용을 분석하는 기능이 없었다는 점이다. 당시 이런 아쉬움과 함께 단어나 키워드가 아닌 사람 면접관이 평가하듯이 문맥과 맥락 속에서 지원자의 역량을 평가하는 것이 필요함을 전달하였는데, 놀랍게도 이듬해에 해당 기능이 개발된 것을 확인할 수 있었다. 당시 우리의 니즈를 알게 된 제네시스랩은 곧바로 한국능률협회와 제휴하여 BEI 기법으로 질문하고 답변 내용을 AI가 평가하여 DX역량을 진단하는 솔루션을 개발한 것이다. 이에 따라 기존 소프트스킬 분석에 더하여 답변기반의 DX역량을 분석하는 기능을 20년 하반기 신입채용에 추가 도입하였다.

면접 전 AI면접을 통해 지원자들이 답변한 내용과 그 답변에 대한 평가결과를 확인하여 심층면접질문을 준비함으로써 면접관들은 과거보다 제한된 면접시간을 효율적으로 활용할 수 있었고, 지원자 역시 자신의 역량을 더 잘 드러낼 수 있는 기회를 부여받게 되었다. 모든 지원자들이 공통적으로 부여받는 질문에 대해서는 사전에 답변한 것을 확인하고, 대면 면접 상황에서는 지원자별 특화된 질문을 심층적으로 물어볼 수 있게 되었다는 점에서 면접관들의 만족도가 굉장히 높았다.

더 나아가 수치적으로 AI면접의 도입효과를 확인하기 위해 채용 data를 분석했으며, 그 결과 소프트스킬 AI와 DX BEI AI 평가 결과가 높을수록 1차와 2차 대면 면접 합격률이 높다는 유의미한 결과를 얻을 수 있었다. 이에 따라 data가 축적되고 검증하는 과정을 조금 더 거치면 언젠가는 AI면접으로 대면면접을 대체하는 것이 가능할 수 있겠다는 확신이 들었다.

이러한 나의 확신은 한 회사의 채용 담당에서 나와 비슷한 고민을 하고 있는 HR, 채용 담당자들에게 AI솔루션을 활용하여 도움을 주는 직무로 전환하게 된 계기가 되었다.

아직도 HR분야는 Digital Transformation이 타 분야에 비해 빠르게 이루어지지 못하고 있는 실정이다. 아무래도 "사람"을 다루는 분야이다보니 디지털만이 능사는 아니라는 생각이 아직도 지배적이기 때문일 것이다. 그래서인지 아무리 Digital Transformation의 중요성을 강조해도 인적자원에 대한 자료들을 데이터화 하고 그것들을 축적하는 과정이 험난한 탓에 몇번의 시도 끝에 좌절되고 "그럴줄 알았다" 라는 결론으로 끝나는 것이 다반사고, 내부에서도 사업과 직접적인 분야가 아닌 탓에 뒷전으로 밀리고 그러다보면 또 잊혀지기 마련이었을 것이다. 하지만, 뻔한 이야기일 수도 있지만, 그래도 무엇보다 담당자의 의지와 실행력이 가장 중요하지 않을까. 혼자서 고군분투 하라는 것은 아니다. 나와 같은 고민을 하는 HR담당자들과 함께 방법을 찾거나 기술적으로 도움을 줄 수 있는 업체들과 함께 협업을 하는 방법도 적극적으로 추천한다. 필자가 제네시스랩이라는 원석의 회사를 찾은 것처럼. 생각보다 좋은 기술력을 가졌지만 세상에 제품으로 선보이지 못한 회사가 많고, 기업과 함께 제품을 발전시켜나가고 싶어하는 회사들도 많다. HR담당자들의 HR분야 지식과 현업의 생생한 고민, 업체의 기술력이 더해진다면 HR분야에 한 획을 그을 HR 솔루션이 나오는 것은 시간문제이지 않을까 한다.

이 글을 읽는 HR, 채용담당자들은 Data driven HR, HR Analytics, HR digital transformation을 적어도 한 번쯤은 관심을 가지고 심도 깊게 고민해본 분들이리라 생각한다. 때로는 눈앞에 쌓여있는 업무들로 외면하기도 하고, 마음먹고 시작했다가도 현실에 좌절하기도 하겠지만, 조금만 더 의지를 갖고 HR의 디지털화에 하나씩 도전한다면 언젠가는 HR분야도 레거시에서 벗어나 Digitalization을 선도하는 분야가 될 수 있지 않을까. 이 글을 읽는 모든 HR담당자들에게 응원을 보낸다.

**제네시스랩의 뷰인터HR은 자체 영상 분석 기술과 생성 기술을 보유한 회사로 면접자의 답변을 음성 인식 기술 및 자연어처리(NLP) 기술로 분석하고, 얼굴 표정·태도·시선 등 비언어적 행동까지 분석하여 다양한 기업 별 인재상에 맞춤화된 AI 면접 솔루션을 제공하고 있다. 현재 국내 유수의 대기업 및 공공기관에 뷰인터HR이 자리잡고 있으며, 2022년 12월에는 한국정보통신기술협회(TTA)에 AI 신뢰성 평가를 의뢰하여 우수한 성적으로 통과하였다. AI 면접 솔루션이 TTA 인증을 받은 것은 국내에서 이번이 처음인데, 이렇듯 제네시스랩이 신뢰 가능한 AI를 중요시하고 강조하는 이유는 HR, 특히 채용 분야에서의 AI 기술은 신뢰성 검증이 반드시 필요하기 때문이다. 사람을 평가하기 위해 마련된 HR 분야의 AI 기술은 AI가 내린 판단이 과연 옳은지를 계속 의심하고 검증해야 한다. 제네시스랩은 이를 위해 자체 AI 윤리 가이드를 마련하고, AI 기술의 신뢰성을 확보하기 위해 노력해왔다. 특히, AI 모델 설계부터 알고리즘 개발, 데이터 확보 등의 작업을 투명하게 진행하고, AI가 부정확하거나 편향된 결과를 내고 있지는 않은지 지속적으로 모니터링하고 하고 있다.

이를 통해 지원자에게는 자신의 역량을 충분히 보여줄 수 있는 기회를, 인사담당자에게는 기업에 더욱 FIT한 인재를 효율적으로 선발할 수 있도록 지원하는 것이 제네시스랩 뷰인터HR의 지향점이다.

CHAPTER 03 그래버HR을 왜 만들었을까?
적합한 일자리, 적합한 인재

Julia (오지연)

- LG CNS 분설설계전문가, 응용 아키텍트 10년
- LIG System 방법론전문가, 전사품질전문가 4년
- TrueHR 헤드헌터, HR컨설턴트 5년
- 現 그레이비랩 설립자, 대표이사, 연구소장

채용의 신세계

그레이비랩을 설립하기 전, 처음 헤드헌터가 되었을 때, 나는 HR을 모르는 헤드헌터였다.

가끔 오는 헤드헌팅 전화에 전가의 보도처럼 써먹는 "회의중입니다." 말고는 건네본 말도 별로 없었다. 리크루팅, 헤드헌팅이라는 용어조차 낯설었던 내가 그 세계로 뛰어들었던 이유는, 이제는 말하기도 진부한 '출산과 육아로 인한 비자발적 경력 단절 때문' 정도로 해두겠다.

어떤 이유였든 나는 IT전문가에서 헤드헌터가 되었고, 곧 채용의 매력에 흠뻑 빠-져버렸다. 그 당시 국내 최대 규모의 잡사이트에서 2개 이상의 단어를 조합하여 후보자를 검색하면, 조건에 맞지 않는 사람들은 조회되고, 조건에 맞는 사람들은 검색되지 않는 재미있는 현상이 빈번했었다. Java, spring을 검색했는데 홍보전문가가 검색된다던지 하는.

'아.. 내가 설계하고 개발하면 이렇게 안되게 할 수 있는데.'

오결과를 바탕으로 DB모델과 데이터를 추측하며 나만의 검색 방법을 만드는 건 금방이었다. 개발자 출신 답게 독보적인 개발자 서칭 역량으로 여러 기업들에 순조롭게 인재를 추천했고 순식간에 입사가 확정되었다. 이렇게 쉬운데 왜 채용이 어렵다고 하나 궁금했던 시간은 길지 않았다.

"저…안 가려구요"

입사 전날 저녁 6시 취소.

전화에 대고 왜냐고 물을 필요는 없었다. 그가 무엇 때문에 이직을 고민했고, 어떤 조건 때문에 최종 수락을 망설였었는지, 그의 위치 상 재직기업에서 그를 반드시 잡으리라는 것까지도 이미 알고는 있었으니까.

모 핀테크 기업에선 마케팅 리더를 뽑고 있었다. 3명을 추천했고 3명 모두 순차적으로 합격했으며 순차적으로 합격 취소되었다. 모두 대표이사의 고민끝에 내려진 결정이라고 했다. 마지막 순번으로 최종 취소 결정된 후보자는 이전 직장에 이미 사직서를 냈다며, 법적 대응을 하겠다고 불같이 화를 내어 중재를 해야했다.

모 솔루션 기업에선 대기업출신 경력 디자이너를 수습 기간 내 해고했다. 디자인이 올드하다는 이유였던가. 그 디자이너는 몇 년 간 병원을 전전했고 디자이너 일을 완전히 그만두었다.

짧은 일화만 읽으면 입사취소를 알린 사람은 무책임하고 생각없는 사람으로, 채용 취소를 한 대표는 악덕업주이며, 디자이너를 해고한 기업은 가해기업처럼 보일 것이다.

사실, 역량이나 경력은 동일 업계 동일 직무에서 근무했던 선배라면 대략의 인터뷰로 쉽게 판단이 가능하다. 후보자가 재직했던 기업 내부 사정을 속속들이 알고 있다면, 그가 아무리 이력서를 현란한 단어로 포장하더라도 어떤 업무를 했는지, 어떤 수준인지 판단할 수 있다. 레프리(referee[1])들을 활용해서 비공식적으로 확인하는 일 또한 어렵지만은 않다. 그러나 헤드헌터가 인

---

[1] Refree : reference check(평판조회) 시 후보자에 대한 평판정보를 제공하는 사람

재를 추천하기 위해, 기업이 인재를 채용하기 위해, 그리고 한 개인이 현직장을 떠나 새로운 출발을 하기 위해 가장 중요한 것은 '어떤 일을 할 줄 아는가'가 아니라 '그 곳과 잘 맞는가'라는 점이었다.

상호 맞지 않는 '무엇' 때문에 이직자는 입사를 결정하고도 번복하고, 기업은 채용을 결정하고 취소를 하기도 한다. 맞지 않는 점은 때로 앞서 이야기한 디자이너의 사례처럼 서로 양보할 수 없는 드러난 역량이기도 하지만, 또 어떤 때에는 정확하게 설명되지 않는 '일하는 방식'이거나 '습관', '환경', '관계'와 같은 것일 수도 있다. 우리가 흔히 말하는 '조직문화' 또는 '일하는 방식'이라고 하는 것 말이다.

적합한 일자리, 적합한 인재

사실 나의 첫 추천 후보자는 개발자였다. 조금 늦은 나이에 iOS개발자로 전향하여, AR/VR 쪽에서 꽤 훌륭한 포트폴리오를 만들었었던 기억이 난다. 나는 그를 수차례 면담했고, 심사숙고하여 모 기업에 추천했으나, 최종 면접에서 드랍되었다. 이 곳이 인연이 아니었을 뿐, 잘 맞는 더 좋은 기업이 있을 거라는 응원의 말로 추천은 종료되었다. 그리고 2주 정도 지난 어느 금요일, 그에게서 전화가 걸려왔다. 저장된 번호를 확인하고 전화를 받았을 때, 지하철의 소음이 그의 목소리 뒤로 들려왔다.

"저 다음주 월요일부터 출근해요."

내 헤드헌터 생애 첫번째 후보자는 자신의 힘으로 원하던 곳에 입사했고, 자신에게 용기를 주었다며 내게 감사의 인사를 전했다. 그러나 그 기업은 내가 찾아서 연결한 곳이 아니었다. 그가 원했다던 기업에 추천해줄 수 없었던 건, 그 곳이 내 고객사가 아니었을 뿐만 아니라, 전혀 모르는 기업이었기 때문이었다.

어찌되었든 그는 운이 좋은 사람이다. 원하는 일을 찾았고, 원하는 기업이 있었으며, 그 곳에 합격했으니까. 그러나 모두가 알고 있듯, 대부분은 그렇지 못하다. 무엇을 원하는지 모르거나,

어디가 맞는지 모르거나, 원하는 곳이 있어도 들어가지 못한다. 그래서 잘 맞는 직장을 찾는 일은 어렵고, 인재를 기다리고 선별해야 하는 기업은 피로하고 지친다. 인력으로 모든 구인구직 정보를 소화하고 적합성을 판단할 수 없다.

그래서, 그래버(GrabberHR)

헤드헌터로서의 5년간의 경험이 준 결론은, 한 개인이 만들어내는 연결의 힘은 미약하며, 채용의 문제는 석기시대부터 지금까지 크게 달라지지 않았다는 점이었다. 누군가는 방법을 찾아야한다고 생각했고, 그렇게 그레이비랩을 설립했다.

기업부설연구소에서 우리는 좌충우돌하며 광활한 인터넷에서 데이터를 스크래핑하고, 자연어처리와 생성 기술 구현을 위한 기계학습 모델 생성에 매달려왔다. 스타트업의 시간은 빨랐지만 기술개발의 속도는 그렇지 못했다. 빅데이터로부터 기업들의 조직문화 피쳐(feature)를 뽑아내고 AI가 지원자와 기업의 적합성을 진단하는 모델을 구현하는 사이에, 어느새 많은 기업들이 인공지능 기술을 앞세워 추천서비스와 비대면 진단을 제공하고 있다. 한편으론 변화의 걸음마가 반갑고 다행스러우면서도, 우리가 이야기하는 일과 사람의 관계에 대해 빨리 세상에 내놓고 싶어져 조바심이 나고 있다.

그래버는 그래버만의 이야기로 채용을 풀어갈 것이다. 원하는 일자리를 부여잡을 수 있는 기술, 딱 맞는 인재, 적합한 인재를 확인할 수 있는 기술. 그 '딱 맞는다'는 것이 무엇인지, 서두르지 않고 적합성(fit)에 대한 고민, 그 근본에서 출발하는 솔루션으로 세상을 바꿀 수 있기를 바란다. 기업과 인재가 서로를 꼭 잡을 수 있도록.

그레이비랩은 자연어처리(NLP, NLI) 기술과 빅데이터 수집, 분석 기술을 활용하여 Culture fit이라고 하는 조직문화 적합성 영역의 AI진단 기반 채용 솔루션 그래버HR(GrabberHR)을 개발하고 있다.

설립 초기에는 구직자 관점의 개인맞춤형 AI 커리어 코칭 플랫폼으로 시작했으며, 플랫폼 개발 당시 채용 정보의 수집 분석을 위한 Data scraping, mining 기술을 자체 ETL 솔루션으로 구축하는 등

데이터 분석과 기계학습 기술에 강점을 가지고 있다.

그래버HR은 헤드헌터의 직감과 머릿속 시스템을 인공지능으로 구현하고자 기획된 솔루션으로, 조직의 일하는 성향, 가치관과 지원자의 부합도를 진단하는 솔루션이다.

에필로그

우리의 기업 문화는 언제부터 관심 대상이 되었을까요?

우선 학술적 연구에 따르면 1984년에 조직문화적 접근을 통한 상징주의 연구의 필요성이 제기되면서 라고 볼 수 있을 겁니다. 90년대 들어서면서 Quinn의 경쟁가치 모형에 따른 문화적 프로필과 조직효과성(직장생활 만족도, 조직몰입) 간의 관계를 규명하는 실증적 연구가 시작 되었습니다(박성언 & 김영조, 1995). 그러다 조직 몰입과 연관된 학술적 연구가 1997~1998년도에 양적 성장이 이루어졌고 2000년 초기부터 '대기업'을 중심으로 하는 기업문화가 관심 대상이 되기 시작합니다.

초기 조직 내 기업 문화는 기업 내 복지 또는 교육적인 관점에 집중되어 있었습니다. 그래서 기업 문화와 관련된 기획 및 활동은 타사의 우수 사례 중심으로 발달되었죠. 그러다 보니 대부분 교육팀이나 총무팀에서 기업 문화와 관련된 활동을 운영했던 것 같습니다. 이런 상황들을 고려했을 때 기업 문화가 명확한 정체성을 갖고 국내에서 논의된 것은 20년이 채 안 되었다고 볼 수 있을 겁니다.

그런데 많은 조직에서 문화 형성에 대해 관심을 보이다가 최근 그 관심이 줄어든 듯 보입니다. 많은 기업들이 코로나 이후 기업의 매출 등 성과에 더 집중을 하다 보니 단기적인 성과를 약속할 수 없는 기업 문화는 관심 대상에서 제외하는 경우가 많아지고 있기 때문이죠.

하지만 기업 문화의 정체성이 갖추어 진지 얼마 되지 않다 보니 문화가 형성되는 과정에 대해 우리가 간과하기 쉬운 것이 있습니다.

조직문화에 형성 과정을 연구한 에드거 샤인(Edgar H. Schein)에 따르면 '조직 문화'는 한 집단이 외부환경에 적응하고 내부를 통합하고 문제를 해결해나가는 '과정에서' 그 집단이 학습하여 공유된 기본 가정(shared basic assumption)이라고 합니다.

이런 관점에서 봤을 때 조직 내의 문화는 매출 등의 지표가 안정되고 직원들을 통합하기 위해 내세우는 어떤 결과물이 아닙니다. 매출 등 성과에 집중하며 기업을 안정시키는 '과정'에서 고려해야 하는 것이죠.

같은 결과물이 각기 다른 과정을 통해 만들어지는 것이 '문화'입니다. 그렇기 때문에 어느 회사의 최종 결과물에만 집중하지 않고 문화를 만들어가는 과정을 함께 나누고 학습할 필요가 있습니다. 그래서 현업에 종사하고 있는 여러 필진들과 함께 그 다양한 '과정'을 담아 그 시작을 해보고자 합니다.

"문화(Culture)의 어원이 Cultivate(경작하다)"라고 합니다. 우리가 현재 접하고 있는, 그리고 만들어가는 중인 문화는 어떤 바람과 어떤 토양과 만나 자라나고 있는 중일까요. 각자의 이상을 가지고 우리는 오늘도 기업문화를 만들어가는 중입니다.

㈜투삼십육점오 대표 김범석
noregret02@yonsei.ac.kr